20世纪国际格局的演变
与大国关系互动研究丛书

『十二五』国家重点图书出版规划项目

美英核合作关系资料选编

（1940~1945）

Selected Documents on the Nuclear Partnership of
US-UK 1940-1945

耿 志／编

社会科学文献出版社
SOCIAL SCIENCES ACADEMIC PRESS (CHINA)

本书为国家社科基金重大项目"20 世纪国际格局的演变与大国关系互动研究"（11&ZD133）的阶段性成果

总　序

　　本套丛书研究的是 20 世纪国际格局的演变与大国关系的互动之间的关系。其中既要考察 20 世纪主要大国之间关系的发展变化，也要探讨大国之间的关系变化对国际格局演变的影响，以及在一定历史时期内相对稳定的国际格局对大国关系形成的反作用。

　　之所以选择研究这个课题，主要有以下几点考虑。

　　第一，大国关系与国际格局的演变密切相关。自近代民族国家产生以来，大国之间的关系始终是最重要的国际关系，对世界历史的发展、国际格局的变动、国际秩序的构建、各民族国家的命运，都产生过十分重要的影响。特别是 20 世纪以来，世界历史发生的各种重大事件以及国际格局从欧洲中心到两极格局、再到多极化趋势发展的巨大变化，无不与大国之间关系的发展变化紧密相连。换句话说，大国和大国集团的力量对比和关系变化构成了世界格局的重要基础，是国际格局变动的决定性力量。与此同时，国际格局也实际影响并制约着一定历史时期内的国际秩序，并进而影响着一国的战略选择和政策制定。

　　第二，加强对 20 世纪国际格局的演变与大国关系的互动研究是当今国际形势发展及中国国力增长的需要。进入 21 世纪以来，国际形势发生了深刻变化，经济全球化迅速发展，世界多极化不可逆转。但是，在今天的世界上，民族国家仍然是国际行为的主体，因此，民族国家如何在国际竞争中有效地维护自己的国家主权，捍卫自己的国家利益，如何在国际合作中取得双赢和多赢的结果，仍然是每一个民族国家面临的重要问题，也是正在崛起的中国面临的重大问题，更是一个关系到中国长远稳定和平发展的重大战略问题。可以预见，随着中国改革开放政策的稳步推进，随着中国国力的不可阻挡地快速发展，随着中国在国际经济、政治、军事、文化等领域的重要性不断提升，在今后的几十年时间里，中国与外部世界特别是与一些大国之间的关系必将呈现出更多的冲突、摩擦、竞争与合作的错综复杂的局面。因此，研究英国、美国、法国、德国、日本、俄国/苏联等大国在构建有利于自己的国际格局、国际体系时所做出的外交努力，研究 20 世纪国际格局的变动与大国关系变化之间的互动，对于当今的中国如何在大国关系演变、国际格局和国际秩序的变革中发挥负责任大国的作用，构建有利于中国的国际格局和国际体系，有着重要的参考价值和借鉴作用。

第三，研究这一课题是学术发展的需要。鉴于大国关系与国际格局的重要性，国内外的学者在历史学领域和国际政治学领域的相关研究已有颇多建树。

在历史学领域的研究，主要是运用历史学的实证方法，通过对档案资料的研究和解读，或对双边或多边大国关系中的具体个案进行微观的深入探讨，或从外交史出发对大国关系进行通史性论述，以揭示主要大国之间的错综复杂的关系发展。一些著作已经涉及了 20 世纪的国际格局、国际体系、国际秩序等问题，对国际组织的活动也有所探讨。这些成果，为我们提供了重要的研究基础。但是这些研究仍然比较缺乏宏观的视野、辩证的思考和应有的理论深度。西方学者的研究成果虽然有许多可取之处，但是其基本主导思想是以西方特别是以美国的理念来改造世界（尽管美欧之间也有分歧），建立西方主导的国际格局和国际秩序，并维护这种秩序，因此只具有借鉴意义。

在国际政治学领域的研究，主要是依据欧美大国关系的发展历史和处理国际关系的经验而发展出来的一系列国际关系理论，通过对历史案例的解读和相对宏观的论述，说明大国之间的关系以及对国际格局、国际秩序的影响，以此分析当今的国际问题和国际形势发展趋势，并提出对策。这种把国际政治学和国际关系史结合起来的研究方法，以及通过对当前的国际问题的研究为中国外交提出对策的视角，对本课题的研究具有重要的启发和借鉴作用。但是这些研究较缺乏基于原始资料的历史考察，以及缺少对大国关系的发展与国际格局、国际秩序的建立和演变之间互动关系的历史研究。西方学术界运用其国际关系理论来看待 20 世纪国际格局和大国关系的发展，带有很大的片面性，往往把西方大国崛起时的对外扩张视为普遍真理，并以此来看待正在发展的中国，宣扬"中国威胁论"，这是我们不能接受的。

因此，将历史学与国际政治学二者结合起来、将微观研究与宏观考察结合起来，具体探讨国际格局、国际体系、国际秩序的构建和演变与大国之间关系变化的互动关系，是本课题研究的学术发展空间。

　　第四，与近年来国外大量新解密的原始档案资料特别是外交档案资料相比，中国国际关系史的资料建设相对落后，一些整理汇编的资料集多以20世纪50年代~70年代翻译的资料为主，严重制约了中国的国际关系史研究。因此，本课题在进行研究的同时，将密切跟踪不断解密的国内外档案文献，精选、翻译、编辑一些重要的国际关系史料并陆续出版。

　　鉴于国际格局的演变是一个比较长期的过程，要经过许多重大的事件导致国际关系特别是大国之间的关系发生一系列变化的量化积累，最后才会导致国际格局发生质变，因此本课题的研究着眼于20世纪的较长时段，突出问题意识，以唯物史观为基本指导，运用历史学与国际政治学的交叉研究方法，以历史学的微观探究为手段，以国际政治学的宏观战略高度为分析视角，通过对20世纪重要大国之间关系发展的一系列重大问题的专题实证研究，力图深层次多角度揭示大国关系的发展及其与国际格局、国际秩序演变之间的互动关系，为今天正在和平发展的中国如何处理与其他大国的关系，包括如何处理与目前由大国主导的国际组织的关系、如何在当今世界积极发挥自己作为负责任大国的作用，从而构建有利于中国发展的国际格局、国际体系、国际秩序、国际机制和国际安全环境，提供历史借鉴、重要启示和基本的理论与现实支持。与此同时，本课题的研究也希望能够在培养具有世界眼光、了解大国之间关系发展的历史、知晓国际关系的复杂性和曲折性、具有对世界多元文化的认知与理解力、从而能够在纷繁复杂的国际关系现实中处变不惊的人才方面，有所贡献。

　　为了将本课题的研究成果集中呈现，首都师范大学国际关系研究中心和社会科学文献出版社联合推出这套"20世纪国际格局的演变与大国关系互动研究"丛书。这套丛书包括专著、资料集和论文集等若干种，这些成果也是国家社科基金重大项目"20世纪国际格局的演变与大国关系互动研究"（项目号：11&ZD133）的组成部分。

徐　蓝

2014 年 4 月

目　录

第三部分　战时美英之间的核合作

前　言

从 19 世纪中期到 20 世纪中期，欧美物理学家和化学家在原子物理和放射性元素领域的不断发现和探索，不但建立起核物理学这一知识学科，而且其研究成果在第二次世界大战期间被美英两国政府成功运用到现实之中，研制出了原子弹。原子弹加快了战争结束的进程，同时也使人类文明自此进入一个喜忧相伴的发展阶段。

如果第一次世界大战因主要参战国在欧洲战场上广泛使用毒气而被称为"化学的战争"的话，那么第二次世界大战因原子弹的成功研制和使用可以被称为"物理的战争"。1945 年 7 月 16 日，世界第一颗原子弹问世。同年 8 月 6 日和 9 日，美国对日本先后使用了两颗原子弹，促使日本政府决定接受无条件投降，第二次世界大战由此结束。战时在美国开展的研制原子弹的"曼哈顿工程"，主要是美英两国政府和科学家出于担心纳粹德国首先研制出原子弹而共同努力奋斗的结果。两国政府的核合作关系成为两国战时同盟关系中一个重要的组成部分。

可是，尽管"曼哈顿工程"取得了成功，但英美两国政府之间的核合作关系并不如看上去的那样融洽。事实上，它经历了一个美方主动寻求合作而英方漠然视之到英方渴望参与美国的"曼哈顿工程"而美方勉强接受的变化过程，甚至在后来的合作过程中，一直伴随着美方对英方的不信任和限制，以及英方为此发出的诸多抱怨。在英美核合作关系的整个发展过程中，除最初是美国主动向英国提出合作而遭到拒绝之外，无论是在 1942 年后战时的大部分时间里，还是在二战后的冷战时期，都是英国政府千方百计地主动寻求与美国建立核合作关系，并在这种关系中处于相对弱势的地位。这在一定程度上体现了英国和美国这两个大国之间国际地位的历史转变。

二战时，英国一度濒临遭受纳粹德国入侵的险境。丘吉尔政府不得不将大部分资源用在维系国家的生存方面，因此需要耗费巨大资源的英国原子弹项目实际一直没有超出理论阐释和实验室研究的阶段，而且英国本土存在易遭受敌军空袭的劣势，也使得英国政府难以在开展大规模核工程的同时不被敌方发现并遭到破坏。鉴于这些不利的因素，英国政府希望在北美的加拿大或美国开展核工程的研发。但如果完全在加拿大开展，从"曼哈顿工程"最终耗费 19 亿美元（以 2014 年美元计算约为 260 亿美元）看，是英国和加拿大政府财政难以承受的，而且英国和加拿大的科学家数量相比美国而言非常有限，在原子弹工程的工业开发方面更是没有美国那样强大的技术和实力。因此，英国政府只能选择与美国合作。

但是，英美双方的核合作形式并不是对等的，而是采取了英方融入美国项目之中的做法，而且丘吉尔接受了对英方不利的由美国总统决定战后英国原子能工业开发的条款，英方获得技术情报的前提条件是该技术有利于促进共同的战争努力，也就是说，美方可以英方战时未开展原子弹研制工作为由而拒绝提供这方面的技术情报。因此，最终建立起来的核合作关系对于英方来说多少是不平等的。但是，从另一个角度看，如果没有英国科学家的参与，可以客观地说，"曼哈顿工程"不可能在战争结束之前及时取得成功。英国科学家从战时的合作中也获得了宝贵的知识和经验，为后来英国发展独立的核力量发挥了一定的积极作用。

第二次世界大战一结束，除保留共同获取世界核原料方面的合作关系之外，美国政府迅速停止了两国间的核合作。1946 年 8 月 1 日生效的《麦克马洪法案》，更是打破了英国政府将两国战时的核合作关系延续到战后的希望。冷战的爆发没有对英美核合作关系的恢复起到立竿见影的推动作用，直到 1958 年 7 月 3 日两国政府签署《英美为共同防御目的利用原子能的合作协定》，才最终建立起了正式的核同盟关系，而此时英国已独立研制出了原子弹。

战时英美的核合作关系，充分体现了英美两国在第二次世界大战期间形成并一度达到顶峰的"特殊关系"。为共同打败轴心国，战时英美建立起了相互依存度非常之高的军事、政治和经济同盟关系，而反法西斯同盟中的其他国家难以与英美达到如此深度的合作。然而，英美关系虽然特殊，但英国和美国毕竟是两个不同的主权国家，民族国家主权至上的政治原则没有就此失去效力。在各自国家利益的驱使下，战时的核合作关系充满了不和谐的音符，战后甚至一度中止。原子弹作为一种破坏力空前的武器无疑不同于任何传统的武器，它使得任何首先拥有这种武器的国家都不会轻易将其授于他人，即使是最亲密的盟友。因此，核合作关系又是英美"特殊关系"中最特殊的领域。

在撰写《美英核同盟关系研究（1940～1981）》这一专著的过程中，限于篇幅和行文，笔者深感不能将所利用到的一些重要的大篇幅的原始文件从头至尾原封不动地引述，从而便于更全面深入地理解问题，于是打算编写一部较完整的相关资料集。但由于时间和精力有限，遂决定只选择和翻译第二次世界大战期间的资料，再结合自身在撰写专著过程中的认识和理解，编写成这部《美英核合作关系资料选编（1940～1945）》。

除少数中外文专著、回忆录、个人文件集、期刊论文和网络资源外，本书最主要的资料来源是：

1. 丘吉尔首相文件 PREM 3 系列（Prime Minister's Office：Papers Concerning Defence and Operational Subjects，1940 – 1945，Winston Churchill）。主要涉及 1940～1945 年丘吉尔任首相和国防大臣期间与战争有关的军事和外交方面的文件（少数文件的时间早至 1937 年或晚至 1946 年），包括书信、电报、备忘录、报告、会议记录等。1999 年英国亚当·马修出版公司（Adam Matthew Publications）整理出版，共 191 个缩微胶卷。

2.《布什 - 科南特文件》（*Bush-Conant Files Relating to the Development of the Atomic Bomb*，*1940 – 1945*，Records of Office of Scientific Research and Development，Record Group 227，National Archives Microfilm Publications，M1392，Washington D. C.，1990），共 14 个缩微胶卷，是万尼瓦尔·布什（Vannevar Bush）和詹姆斯·科南特（James B. Conant）的工作文件。前者是美国国防研究委员会主席（1940～1941）、科学研究与发展局主席（1941～1946）、军事政策委员会主席（1942～1945）以及临时委员会成员（1945 年 5～6 月）；后者是布什的副手，国防研究委员会主席（1941～1946）、S - 1 执行委员会主席（1942～1943）、军事政策委员会临时主席（1942～1945）、格罗夫斯的科学顾问（1943～1945）以及临时委员会成员（1945 年 5～6 月）。少数文件的时间早至 1939 年或晚至 1947 年。重点呈现科学研究与发展局、科学家在原子弹研制中的角色。

3.《哈里森 - 邦迪文件》（*Harrison-Bundy Files Relating to the Development of the Atomic Bomb*，*1942 – 1946*，Record Group 77，National Archives Microfilm Publications，M1108，Washington D. C.，1980），共 9 个缩微胶卷，是

陆军部长亨利·史汀生的两名特别助理乔治·哈里森（George L. Harrison）与哈维·邦迪（Harvey H. Bundy）有关原子弹事务的工作文件，少数文件的时间早至 1940 年或晚至 1950 年。哈里森和邦迪为史汀生与格罗夫斯等官员之间的联络官，由于戈登·阿尼森（Gordon Arneson）作为哈里森和邦迪的行政秘书保管这些文件，所以《哈里森－邦迪文件》亦被称为《阿尼森文件》（Arneson Files）。

4.《史汀生日记》（The Henry L. Stimson Diaries，New Haven：Yale University Library，1973），共 52 卷，9 个缩微胶卷，时间跨度为 1909～1945 年。亨利·史汀生，1940～1945 年任美国陆军部长，由于罗斯福总统对海军的不满，导致"曼哈顿工程"被置于陆军部的管理之下，因此史汀生是研制原子弹项目的总负责人、英美联合政策委员会主席，其日记具有较高的史料价值。

本书得到国家社会科学基金重大项目"20 世纪国际格局的演变与大国关系互动研究"（11&ZD133）的支持。同时，要感谢首都师范大学历史学院姚百慧教授和美国斯蒂文斯理工学院艺术与文学学院助理教授亚历克斯·韦勒斯特恩（Alex Wellerstein）在资料提供方面所给予的大力帮助。在此一并表示由衷的感谢！

第一部分　核时代的来临

19世纪后期至20世纪上半叶是核物理学发展史上的黄金时代。第一次世界大战前后，国际核物理学研究形成了三个主要中心：剑桥大学、哥本哈根大学和哥廷根大学。到20世纪30年代，19世纪晚期出现的物理学国际化，此时进一步得到发扬光大。

核物理学作为世界第一颗原子弹研制成功的理论基础，它的发展基本经历了电子、原子核、中子、人工放射性、裂变和链式反应这几个至关重要的科学发现阶段。

1897年，剑桥大学卡文迪什实验室的实验物理教授约瑟夫·汤姆森（Joseph J. Thomson）发现了电子，并在数年后提出了"葡萄干布丁"原子模型。汤姆森的成果，"冲破了两千多年来原子不可分和不可变的框架，使人类的物质观和科学观由宏观物质转向微观的物质组成领域，并导致新能量——原子能的发现"[①]。

1909年，汤姆森的学生、来自新西兰的物理学家欧内斯特·卢瑟福（Ernest Rutherford），在助手德国物理学家汉斯·盖革（Hans Geiger）和来自新西兰的研究生欧内斯特·马斯登（Ernest Marsden）的协助下，通过用钋发射的带正电荷的α粒子轰击极薄的金箔，发现了原子核，并在1911年提出自己的原子模型——太阳系模型或行星模型，推翻了汤姆森"葡萄干布丁"模型的设想，被誉为"自德谟克利特时代以来，我们物质观念的最大变化"[②]。

1919年，卢瑟福接替约瑟夫·汤姆森担任第四任卡文迪什教授。他用α粒子轰击氮原子，这个过程用公式表达为 $He^4 + N^{14} \rightarrow O^{17} + H^1$，从而产生

---

① 阎康年：《卡文迪什实验室：现代科学革命的圣地》，河北大学出版社，1999，第153页。

② Edward N. da C. Andrade, *Rutherford and the Nature of the Atom*, New York：Doubleday, 1964, p.1.

了一个氢核和一个氧核（即质子），证明了放射性能够使一种原子变成另一种原子，打破了元素不会变化的传统观念。

值得一提的是卢瑟福的学生、丹麦物理学家尼尔斯·玻尔（Niels Bohr）。1913 年，玻尔借助德国物理学家马克斯·普朗克（Max Planck）和阿尔贝特·爱因斯坦（Albert Einstein）的量子理论，提出了原子结构的"玻尔模型"，即电子环绕原子核作轨道运动，外层轨道比内层轨道可以容纳更多的电子，较外层轨道的电子数决定了元素的化学性质，如果外层轨道的电子落入内层轨道，将释放出一个带固定能量的光子。尽管"玻尔模型"只是针对氢原子结构做出的解释，也无法揭示氢原子光谱的强度和精细结构以及更复杂原子的光谱，因此遭到了包括卢瑟福在内的诸多物理学家的质疑，但玻尔的成果为后来的物理学发展铺平了道路。有人称玻尔为"对 20 世纪物理学的贡献位列第二，仅次于爱因斯坦"[1] 的物理学家。

1920 年 6 月 3 日，卢瑟福在皇家学会发表"原子的核构成"的演讲，预言了原子中存在中性粒子的可能性。卢瑟福的另一名学生兼助手詹姆斯·查德威克（James Chadwick），则决定去证明中性粒子（中子）的存在。

最初查德威克的探索未取得进展，但其他科学家的发现为他提供了灵感。1930 年 8 月，德国物理学家瓦尔特·博特（Walther Bothe）和他的学生赫伯特·贝克尔（Herbert Becker）报告了他们用 α 粒子轰击某些轻元素，特别是铍、硼、镁或铝，会产生一种穿透力非常强的辐射。最初，这种辐射被认为是 γ 辐射。1932 年 1 月，法国物理学家和化学家居里夫人（Marie Curie）的女儿伊蕾娜·居里（Irène Curie）和她的丈夫弗雷德里克·约里奥（Frédéric Joliot）报告了他们的实验结果。他们发现，在 α 粒子的轰击下，铍产生的辐射比博特和贝克尔报告的更具穿透性；用铍辐射轰击石蜡或其他含氢化合物时，会释放出高速粒子。

读到约里奥－居里夫妇的论文后，查德威克通过重复和改进约里奥－居里夫妇的实验，得出了自己的结论并致信《自然》杂志，做出了他的中子解释。这样，查德威克发现了中子。中子是引发原子核裂变并释放出能量的关键性因素。

在量子力学得到发展的同时，1905 年爱因斯坦提出了狭义相对论，成为理解原子和亚原子粒子的重要基础。量子力学和相对论共同奠定了现代

---

[1]　Richard Rhodes, *The Making of the Atomic Bomb*, New York: Simon & Schuster, 1986, p. 54.

物理学的基础。爱因斯坦著名的质能方程 $E = mc^2$，揭示了一切物质都潜藏着质量乘以光速平方的能量，尽管在当时"对大多数应用物理学家和工程师而言，这个结论看上去是一个没有任何实际意义的数学假定。甚至爱因斯坦也几乎未能预见到这个结论在今天的多种用途，不过早在 1905 年他就明确地说过，质量和能量是等价的，并指出这种等价关系大概可以通过研究放射性物质而得到证明"[1]。

研究放射性元素，如同爱因斯坦所说的那样，能够更好地证明这种质量和能量的等价关系。自法国物理学家亨利·贝克勒尔（Henri Becquerel）发现天然放射性以来，这种仅为少数重元素所具有的特性一直吸引着物理学和化学领域的科学家们。

1902 年，卢瑟福和其助手索迪（Frederick Soddy）提出了放射性元素衰变说：放射性元素都有一个半衰期，就是辐射减弱到之前强度一半所用的时间；半衰期标志着一种元素的一半原子转变成别的元素的原子，或者转变成同种元素的一个物理变种的原子——同位素。1903 年，他们再次联合发表论文，阐述了放射性衰变释放能量值的计算结果：

> 因此可以说，镭的衰变期间的总辐射量不会小于 10^8 ［也就是 100000000］卡/克，可能介于 10^9 卡/克和 10^{10} 卡/克之间……氢和氧结合产生水释放大约 4×10^3 ［也就是 4000］卡/克的能量，而这种放射性反应比起给定重量的任何其他已知化学变化释放更多的能量。因此，放射性变化的能量一定至少是化学变化能量的 2 万倍，并且可能是百万倍，大大高于任何分子变化的能量。[2]

卢瑟福因此开玩笑地说，"实验室当中的某个傻瓜，可能在自己还不知道的情况下，把宇宙炸开了花"[3]。

尽管卢瑟福上述说法在当时只是一种他自己也未当真的推理想象，但给英国作家、历史学家赫伯特·威尔斯（Herbert G. Wells）创作科幻小说《获得自由的世界》（*The World Set Free*）提供了灵感。而这部小说给匈牙利

---

[1]　Henry D. Smyth, *Atomic Energy for Military Purposes*, Pennsylvania: Maple Press, 1945, p. 2.

[2]　Richard Rhodes, *The Making of the Atomic Bomb*, p. 43.

[3]　詹姆斯·马哈菲：《原子的觉醒——解读核能的历史和未来》，戴东新、高见译，上海科学技术文献出版社，2011，第 26 页。

犹太物理学家列奥・齐拉特（Leó Szilárd）留下了深刻的印象，促使他思考某种元素被一个中子分裂后又释放出两个中子从而产生链式反应的情形。1934 年 2 月，《自然》杂志刊登了约里奥－居里夫妇发现人工放射性的论文，使齐拉特立即意识到，"探索这种链式反应可能性的手段就在眼前"[1]。齐拉特向英国的一些物理学家阐述链式反应的现实可能性，但是没人接受这种观点。1934 年 6 月，他向英国政府申请了两项专利，同样未受到重视。

1934 年 3 月，意大利物理学家恩里克・费米（Enrica Fermi）受到约里奥－居里夫妇的启发，开始尝试用中子轰击所有能弄到的元素，创造了他所说的"超铀元素"。在这一过程中，费米还发现了含氢和碳的石蜡能使轰击的中子因碰撞而减速。事实上，费米可能第一个做到了分裂铀原子，然而他当时并没有认识到铀发生了裂变。

与此同时，德国威廉皇帝化学研究所所长、化学家奥托・哈恩（Otto Hahn），与奥地利物理学家莉泽・迈特纳（Lise Meitner）以及年轻的德国化学家弗里茨・施特拉斯曼（Fritz Strassmann）一道探求中子轰击天然铀的结果。1938 年 6 月迈特纳因犹太人身份被迫流亡到瑞典斯德哥尔摩之后，哈恩和施特拉斯曼继续进行关于铀的研究。12 月 17 日，哈恩和施特拉斯曼重复了他们之前曾批判过的法国的伊蕾娜・约里奥－居里和南斯拉夫的物理学家帕维尔・萨维奇（Pavel Savitch）做过的实验。实验得出了一个在化学上无可怀疑，但在物理学上解释不通的结果，中子轰击铀后得到的元素实际上是钡。它的位置在元素周期表的中间，它的重量稍微超过铀的重量的一半。

哈恩将他无法解释的发现结果写信告知了迈特纳。迈特纳和她的外甥、年轻的物理学家奥托・弗里施（Otto R. Frisch）受尼尔斯・玻尔原子核"液滴"模型的启发，对这一发现做出了铀原子核裂变的解释。1939 年 2 月 11 日，《自然》杂志以来信的形式刊发了迈特纳和弗里施对哈恩实验做出的裂变解释。[2]

然而，即使中子击中了铀原子核，也未必会产生链式反应，因为它可能被吸收或被散射，其他没有击中原子核的中子也可能从铀原料的表面逃离。除非所失去的中子数小于成功引发裂变的中子数，否则不可能产生链式反应。

---

[1]　Spencer R. Weart and Gertrud W. Szilard, eds., *Leó Szilárd: His Version of the Facts, Selected Recollections and Correspondence*, New York: William Morrow and Company, INC., 1970, p. 17.

[2]　"Disintegration of Uranium by Neutrons: A New Type of Nuclear Reaction," *Nature*, vol. 143, No. 3615, Feb. 11, 1939, pp. 239–240.

1939 年 5 月，约里奥－居里研究小组的弗朗西斯·佩兰（Francis Perrin）提出了临界体积的概念以及关于快中子和慢中子倍增的近似理论。不久，英国伯明翰大学的德裔数学物理学家鲁道夫·派尔斯（Rudolf E. Peierls）发展了佩兰的理论。通过测量计算核反应截面的值表明，快中子轰击天然铀难以实现链式反应，但是慢中子恰是可能的；通过使用像氢这样的轻元素，可以使中子减慢至所需的速度，比如水、重水和石墨等。1939 年 8 月，弗雷德里克·约里奥－居里研究小组用水作减速剂，实现了铀裂变链式反应，但不是自持性的。虽然出现了中子倍增，但水吸收了太多的自持性反应所需的中子。一般而言，链式反应有三种模式：使用减速剂、浓缩铀－235 和使用钚－239。像约里奥小组这种铀和减速剂构成的慢中子诱发裂变链式反应的系统适用于工业化生产核动力，制造原子弹则需要由快中子诱发铀－235 或钚－239 产生裂变链式反应。

到第二次世界大战爆发的时候，核物理学领域已经取得了许多重大的进展。从理论上看，进行原子能的工业化开发利用和制造原子弹是可能的。但是，当时的研究成果都停留在理论阶段或实验室阶段，要实际利用原子能仍需突破一些至关重要的环节。因此，到 1939 年时，还存在着诸多的不确定性，即使是最著名的核物理学家也对原子能的实际应用前景表示怀疑，只有像齐拉特这样极个别的人还抱有幻想。尽管如此，在物理学家和化学家不断推陈出新的研究发现中，核时代如幽灵般悄悄地来临了。

欧内斯特·卢瑟福宣布发现原子核[①]
——《α 和 β 射线的散射与原子的结构》（摘要）
（1911 年 3 月 7 日）

众所周知，α 和 β 粒子因与物质的原子碰撞而偏离它们的直线路径。由

---

① Abstract of a paper read before the Society on March 7, 1911, *Proceedings of the Manchester Literary and Philosophical Society*, IV, 55, pp. 18－20，转引自 Ernest Rutherford, *The Collected Papers of Lord Rutherford of Nelson*, vol. 2, New York: Routledge, 2014, pp. 212－213。欧内斯特·卢瑟福（Ernest Rutherford），1871 年出生于新西兰，1895 年进入剑桥大学卡文迪什实验室，成为英国著名物理学家约瑟夫·汤姆森的学生，1898～1907 年在加拿大麦吉尔大学任教，后出任曼彻斯特大学物理系主任，1908 年获得诺贝尔化学奖，1919 年接替汤姆森任卡文迪什实验室主任，1925 年当选英国皇家学会主席。他创建了原子核的行星模型，最先提出放射性半衰期概念，成功在氮与 α 粒子的核反应中将原子分裂，并发现了质子。——编者注

于其较小的动量和能量，β 粒子的散射通常比 α 粒子更为明显。看上去毫无疑问的是，这些迅速移动的粒子事实上穿过了原子系统，而对发生转向所做的细致研究应该能够揭示原子的电子构造。通常认为，观察到的散射是众多小散射的结果。最近 J. J. 汤姆森爵士[1]（《剑桥哲学学会会刊》第 15 卷，1910，第 5 部分）提出了小散射的理论，而克劳瑟[2]（Crowther）做了有关 β 射线的实验，以检验该理论的主要结论（《皇家学会会刊》第 84 卷，1910，第 226 页）。根据该理论，原子被认为是由一个带正电的球体构成，它包含数量相同的带负电流的微粒。通过实验与理论的对比，克劳瑟得出结论，一个原子中微粒的数量约等于它就氢而言的原子量的三倍。然而，有一些关于散射的实验表明，α 或 β 粒子在单一的碰撞中偶尔发生超过 90°的偏转。比如，盖格（Geiger）和马斯登（Marsden）（《皇家学会会刊》第 82 卷，1909，第 495 页）发现，一小部分入射金箔的 α 粒子发生了大于直角的转向。[3] 考虑到实验中观察到的小散射数量，概率理论难以对如此大角度的转向做出解释。看上去可以肯定的是，这些 α 粒子大角度转向是由单一原子碰撞造成的。

　　为了对这些和其他的结果做出解释，有必要假定，带电粒子穿过了原子内的强电场。带电粒子的散射被认为是这样一类原子，它由集中在一个点的中心电荷组成，并被均匀球形分布的同等数量的相反电量所包围。按照这种原子排列状态，一个 α 或 β 粒子，当它接近原子的中心时，发生了大角度的转向，即使这种大角度转向的概率很小。根据这种理论，转向发生在 ∅ 和 d∅ 角度之间的带电粒子的数量是 $\frac{\pi}{4}ntb^2\cot\varnothing/2\mathrm{consec}^2\varnothing/2d\varnothing$，其中 n 是散射物质单位体积中的原子数量，t 是微小物质的密度，而 $b=\dfrac{2NeE}{mu^2}$，其

---

① 约瑟夫·汤姆森（Joseph J. Thomson），英国物理学家，1876 年进入剑桥大学三一学院，1884 年当选皇家学会会员并出任第三任卡文迪什实验室主任，1906 年获得诺贝尔物理学奖。他首先发现了电子并建立"葡萄干布丁"原子模型。——编者注

② 詹姆斯·克劳瑟（James A. Crowther），英国实验物理学家，约瑟夫·汤姆森的学生。——编者注

③ 汉斯·盖革（Hans W. Geiger），德国物理学家，1907 年到曼彻斯特大学成为卢瑟福的学生和助手。欧内斯特·马斯登（Ernest Marsden），英国物理学家，1909 年成为卢瑟福的学生和助手，1915 年前往新西兰。1909 年，盖革和马斯登进行了著名的"盖革－马斯登实验"，否定了汤姆森的原子模型，为卢瑟福提出新的原子模型创造了条件；另外，1908 年盖革设计了一种 α 粒子计数器，1928 年盖革与他的德国学生瓦尔特·米勒（Walther Müller）在原有的基础上创制了"盖革－米勒计数器"。——编者注

中 Ne 是原子中心的电荷，E 是带电粒子的电荷，m 是它的质量，u 是它的速度。

接下来，从射线束的入射点开始的恒定距离的单位面积散射粒子的数量变化则是 $\mathrm{cosec}^4\phi/2$。盖格对 α 粒子所做的实验已对这种分布规律进行了测试，并发现可保持在实验误差的范围内。

从对不同物质散射的一般结果的角度考虑，原子的中心电荷被发现几乎与它的原子量成正比。中心电荷的确切数值尚未确定，但对于一个金原子来说，它对应于约 100 个单位电荷。从大散射和小散射理论对比的角度出发，得出的结论是，这种影响主要受制于大散射，特别是当散射角度相当大的粒子数量极少时。这一大散射理论很大程度上解释了克劳瑟得到的结果，尽管毫无疑问的是它们在一定程度上受到了小散射的影响。可以得出这样的结论，对不同物质而言，大角度散射的粒子与 NA^2 成正比，其中 N 是单位体积的原子数量，而 A 是物质的原子量。

大散射的主要结果与中心电荷的正负并不相关。目前尚未找到确切解释这一现象的可能性。

在解释一些与 α 和 β 粒子散射和被物质吸收有关的结果方面，可发现该理论是有帮助的。目前盖格博士正利用闪烁法在 α 射线的情况下对该理论的主要推论进行研究。

赫伯特·威尔斯的科幻小说《获得自由的世界》片段[①]
（1914 年）

战争史上从来没有出现过可以连续爆炸的爆炸物。直到二十世纪中期，人们所知的爆炸物只不过是完全在瞬间爆炸的易燃物。那天晚上科学突然强加给世界的原子弹，甚至对使用人来说，也是陌生的东西。同盟国所用的材料是纯卡罗烈钠姆块，外面涂上未氧化的烯多奈特引爆物，再将它密封在有隔膜的盒子里。装在炸弹把手之间的一个小小易燃环，很容易扯掉

---

① 引自该书中译本《获得自由的世界》，何江胜译，太白出版社，2004，第 68 ~ 70 页。赫伯特·威尔斯（Herbert G. Wells），英国著名小说家、历史学家、社会学家，他创作了多部科幻小说，其中 1914 年出版的《获得自由的世界》（*The World Set Free*），描写了原子弹的问世和人类的核战争场面，原子弹（atomic bomb）这一说法即最早出自该书。尽管只是虚构的科幻场景，但其促使匈牙利犹太物理学家列奥·齐拉特思考制造原子弹的现实可能性，使得齐拉特成为第一个为引起英美政府重视这种可能性而四处奔走的科学家。——编者注

让空气进入引爆物，引爆物马上会活跃起来在卡罗烈钠姆球体的外层引发放射性。放射性又释放出新的引爆物，几分钟之内，整个炸弹就会熊熊燃烧，连续爆炸。中欧国家制造的炸弹其原理是一样的，只不过他们体积大点而且引爆装置更复杂些而已。

在以前的战争中，人们发出的炮弹和火箭弹用的总是瞬间炸药。他们在瞬间爆炸，炸完就停了。如果在爆炸和碎片飞扬的范围内没有生命和有价值的东西的话，炸弹就等于白炸。但卡罗烈钠姆则属于被希斯洛普称作的"暂缓蜕变"β组元素。它的蜕变过程一旦被引发，就会出现剧烈的能量放射，对此，什么东西也无法阻挡。在希斯洛普所有的人工制造元素中，卡罗烈钠姆储存的能量最多，生产和使用起来也最危险，当今，它仍是公认的最具烈性的蜕变物质。二十世纪早期，被化学家们称为的半个周期是十七天。也就是说，在十七天内，这一蜕变物质在其分子内释放出整个能量储存的一半，下半个周期则是它向外倾泻能量的阶段。就放射性物质来说，这种卡罗烈钠姆尽管每十七天其威力要减少一半，尽管它会不断地减少，少到人们难以察觉，但是它永远不会完全耗尽。直到今天为止，人类历史上那段疯狂时期内的战场上和原子弹的爆炸地仍布满着放射性的物质，仍然是那些难以消除辐射的中心……

一旦易燃环被打开，引爆物质就开始氧化、活跃，蜕变的物质缓慢地成了爆炸物。爆炸开始一会儿后，炸弹基本上仍是一个惰性的球体，爆炸发生在球体表面。一个不活跃的核子被紧紧地裹在火焰中燃烧，在轰鸣声中爆炸。从飞机上扔下来的原子弹落地后就处于这一状态，他们主要是固体，能烧熔泥土和岩石，再钻入地下。在地下，越来越多的卡罗烈钠姆活跃起来，炸弹只要伸个懒腰，地下就会是一个能量无比的巨大洞穴，洞穴的底部很快就会成为一个小型活跃的火山。卡罗烈钠姆在洞穴里无法散发，自由自在地钻进熔土与熔土中沸腾的物质和过热的蒸汽搅在一起，并且不停地旋转，向外喷发。喷发要持续数年、数月、数日，时间不等。喷发要取决于炸弹的大小和卡罗烈钠姆散发机会的多少。炸弹一旦发射就绝对不可接近和控制，直到它所有能量几乎耗尽为止。浸透了卡罗烈钠姆浓浓白炽雾气和剧毒岩石的泥巴从炸开的喷口向外喷射，飞得高高的，飘得远远的。

这就是军事科学所取得的最大胜利，这就是"最后一招"解决战争所用的最终的爆炸物……

詹姆斯·查德威克致《自然》杂志编辑的信件[①]
——《中子的可能存在》
(1932 年 2 月 27 日)

博特[②] (Bothe) 和其他人已经揭示，当受到钋的 α 粒子轰击时，铍会发射出具有巨大穿透力的放射线，在铅中其吸收系数大约为 0.3^{-1}。最近，约里奥–居里[③] (Joliot-Curie) 夫妇发现，当使用带有很薄窗玻璃的容器测算这种铍射线所产生的电离作用时，在窗玻璃前面放置含有氢的物质会使电离作用增加。这种效应似乎是由于速度几乎达最大值 3×10^9 厘米每秒的质子的发射所造成的。他们提出，通过一个与康普顿效应[④]相似的过程，能量被转移到了质子，并且估算铍射线具有 50×10^6 电子伏的量子能量。

我做了一些实验，使用电子管计数器来检查在铍中所激发的这种射线的特性。电子管计数器由连接到放大器的小型电离室构成，粒子进入瞬间所释放的离子，例如质子或 α 粒子，将被示波器偏转的指针所记录。这些实验表明，射线从氢、氦、锂、铍、碳、空气和氩气中释放出了粒子。从氢中释放出的粒子，在射程和电离力量方面表现得像质子一样，并且速度达到了大约每秒 3.2×10^9 厘米。从其他元素中释放的粒子具有很大的电离力量，在每一种情况下似乎都是该元素的反冲原子。

如果我们把质子的释放归因于一个来自 52×10^6 电子伏的量子的康普顿反冲，那么由相似过程所释放的氮反冲原子所具有的能量应不大于

---

① "Possible Existence of a Neutron," *Nature*, No. 3252, vol. 129, Feb. 27, 1932, p. 312. 詹姆斯·查德威克 (James Chadwick)，英国物理学家，中子的发现者，1935 年获诺贝尔物理学奖。——编者注

② 瓦尔特·博特 (Walther Bothe)，德国物理学家，1943 年制造了德国第一台离子回旋加速器，1954 年获得诺贝尔物理学奖。——编者注

③ 即法国物理学家和化学家居里夫人 (Marie Curie) 的女儿伊蕾娜·居里 (Irène Curie) 和她的丈夫弗雷德里克·约里奥 (Frédéric Joliot)，1926 年结婚后不久，两人决定将自己的姓氏改为约里奥–居里。——编者注

④ 1923 年，美国物理学家阿瑟·康普顿 (Arthur H. Compton) 在研究 X 射线通过物质发生散射的实验时，发现了一个新的现象，即散射光中除了有原波长 λ0 的 X 光外，还产生了波长 λ > λ0 的 X 光，其波长的增量随散射角的不同而变化。这种现象被称为康普顿效应 (Compton Effect)。——编者注

40 万伏特，应释放不多于 1 万个离子，并且在空气中标准温度和压力下的射程大约为 1.3 毫米。事实上，在氮中一些反冲原子释放了至少 3 万个离子。在费瑟博士[①]（Dr. Feather）的协助下，我在扩大的云室中观察了反冲原子，视觉估计它们的射程有时在标准温度和压力下达 3 毫米。

如果在碰撞中能量和动量保持守恒，那么，我从实验工作的过程中得出的这些和另外一些结论就很难解释铍所释放的射线是一种量子辐射的假设。然而，如果设想这种射线由质量为 1、电荷为 0 的粒子或中子所构成，这些困难就消失了。α 粒子被 Be^9 原子核俘获可以被认为应是导致了 C^{12} 原子核的形成和中子的释放。从这一过程的能量关系的角度看，向前射出的中子的速度很可能是大约每秒 3×10^9 厘米。这种中子与其所穿过的原子之间的碰撞引发了反冲原子，而所观察到的反冲原子的能量与这种观点非常一致。此外，我观察到，通过激发与已激发的 α 粒子方向相反的射线，氢释放的中子看上去要比那些方向向前的射线所释放的中子在射程上要短得多。这为在中子假说方面再次获得了一个简单的解释。

如果认为射线是由量子构成的，那么 Be^9 原子核俘获的 α 粒子将构成一个 C^{13} 原子核。对 C^{13} 质量缺陷的准确认知足以表明，在这一过程中，所释放的量子的能量不会大于 14×10^6 伏特。因此，难以将所观察到的结果归因于这样一个量子。

可以预料的是，一个中子通过物质所产生的一些效应应类似于一个高能量子的效应，而在两种假说之间做出最终的结论并不容易。迄今，所有的证据都倾向于中子，而量子假说只在能量和动量守恒在某一点被解除的情况下才能成立。

J. 查德威克

卡文迪什实验室

剑桥 2 月 17 日

---

① 诺曼·费瑟（Norman Feather），英国物理学家，1925 年毕业于剑桥大学三一学院，1931 年在剑桥大学获得博士学位。——编者注

齐拉特致英国通用电气公司创始人
雨果·赫斯特爵士的信件①
（1934 年 3 月 17 日）

> 哈里维克路 6 号
>
> 伦敦 N. 10 区
>
> 1934 年 3 月 17 日

亲爱的雨果爵士：

当你在度假时，你可能会为了消遣而阅读我送给你的 H. G. 威尔斯所写书中的几页内容。我肯定你会发现第一章（"新的能源"，第 42 页）的前三段是有趣且引人入胜的，而该书的其他部分则相当的乏味。值得注意的是，威尔斯应是在 1914 年写的这些内容。

当然，所有这些都是镜花水月，但是我有理由相信，就目前物理学发现的工业应用而言，作家的预言可能被证明会比科学家的预言更加准确。对于为什么我们目前不能为了工业目的而创造一种新的能源，物理学家有确凿的理由；我则不太确定他们是否没有错过这一点。

在你返回之后的一段时间，这个问题也许会更加明确一些，同时我希望你无论如何都会乐意对这几页瞥上一眼。

祝你度假愉快！

> 你忠实的
>
> 列奥·齐拉特

---

① Spencer R. Weart and Gertrud W. Szilard, eds., *Leó Szilárd: His Version of the Facts, Selected Recollections and Correspondence*, Cambridge, MT: The MIT Press, 1978, p. 38. 列奥·齐拉特（Leó Szilárd），又译为列奥·齐拉或列奥·西拉德，1922 年在爱因斯坦、普朗克、劳厄等大师所在的柏林大学获得物理学博士学位，后在威廉皇帝化学研究所从事博士后研究，1924 年在其导师劳厄的理论物理研究所担任助手和无薪讲师，与爱因斯坦成为同事和好友，两人曾一起注册了 17 项技术专利。1933 年 3 月底因身为犹太人而逃离德国，9 月抵达英国，倡导建立学者救助委员会（Academic Assistance Council），1936 年该组织更名为科学与学术保护协会（Society for the Protection of Science and Learning）。至战争爆发，这一由卢瑟福为主席的组织安置了超过 2600 名难民学者。由于一直未取得理想且固定的职位，1938 年 1 月齐拉特移居美国，1943 年成为美国公民。他战后转向生物学研究，执教于芝加哥大学。齐拉特被认为是"不安分的"且最具独特预见性的科学家，尤其是政治预见性，正是他最早向英国和美国政府呼吁应重视核能的潜在利用价值，尤其在美国政府决定研制原子弹方面发挥了重要的推动作用，被一些人誉为"原子弹之父"。——编者注

莉泽·迈特纳和奥托·弗里施关于铀裂变的解释①
——《铀因中子而发生裂变：一种新型的核反应》
（1939 年 2 月 11 日）

关于中子轰击铀，费米（Fermi）及其同事②发现，至少产生了四种放射性物质，其中两种物质被认为原子数大于 92。进一步的研究③表明，至少存在九种放射性周期，其中六种被归为超铀元素，为了阐释它们的化学变化以及演变关系，不得不假定为核同质异能现象。

在做化学归属方面，一直设想这些放射性物质拥有接近被轰击元素的原子数，因为已知原子核只发射出具有电荷数为 1 或 2 的粒子。例如，与锇性质相似的一种物质被设想是类锇（Z＝94），而不是锇（Z＝76）或钌（Z＝44）。

在居里（Curie）和萨维奇（Savitch）发表观察报告之后，④ 哈恩（Hahn）和施特拉斯曼（Strassmann）发现，⑤ 至少有三种中子轰击铀之后形成的放射性物质在化学性质上与钡相似，因此推测是镭的同位素。然而，进一步的研究表明，⑥ 不可能从钡当中将这些物质分离出来（尽管钍——一种镭的同位素，在同一实验中被轻易地分离了出来），所以哈恩和施特拉斯曼不得不得出结论，钡（Z＝56）的同位素是中子轰击铀（Z＝92）产生的结果。

乍一看，这一结果似乎非常令人难以理解。之前考虑过产生远低于铀

---

① Lise Meitner and O. R. Frisch, "Disintegration of Uranium by Neutrons: A New Type of Nuclear Reaction," *Nature*, vol. 143, No. 3615, Feb. 11, 1939, pp. 239 – 240.

② Fermi, E., Amaldi, F., d'Agostino, O., Rasetti, F., and Segrè, E., *Proc. Roy. Soc.*, A, 146, 483 (1934). 恩里克·费米（Enrico Fermi），美籍意大利物理学家，1929 年任意大利皇家科学院院士，1938 年获诺贝尔物理学奖，当年年底因妻子为犹太人而移居美国。——编者注

③ See Meitner, L., Hahn, O., and Strassmann, F., *Z. Phys.*, 106, 249 (1937).

④ Curie, I., and Savitch, P., *C. R.*, 203, 906, 1643 (1938). 帕维尔·萨维奇（Pavel Savitch），南斯拉夫物理学家，伊蕾娜·居里的同事。——编者注

⑤ Hahn, O., and Strassmann, F., *Naturwiss.*, 26, 756 (1938). 奥托·哈恩（Otto Hahn），德国化学家，1901 年获博士学位，曾跟卢瑟福学习，1912 年任威廉皇帝化学研究所放射化学部负责人，1928 年任所长。弗里茨·施特拉斯曼（Fritz Strassmann），德国化学家。1938 年，哈恩和施特拉斯曼共同进行了铀的裂变实验。——编者注

⑥ Hahn, O., and Strassmann, F., *Naturwiss.*, 27, 11 (1939).

的元素，但出于物理原因一直未被接受，只要化学证据没有完全落实。按照伽莫夫[①]（Gamov）的 α 射线衰变理论，由于"库伦势垒"的小穿透性，在很短的时间内，大量带电粒子的发射可被排除在外。

但是，在目前关于重原子核变化理念的基础上，[②] 显现出与这些新的裂变过程完全不同且基本的标准图景。由于它们组合紧密、能量交换强大，在一个重原子核中的粒子预计会以集体的方式运动，有些类似于液滴的运动。如果这种运动因额外的能量而足够剧烈，那么一个液滴会分裂为两个较小的液滴。

在讨论原子核形变所涉及的能量时，已用到核物质表面张力的概念，[③]它的值是根据核力量的简单因素来估计的。但是，必须记住的是，一个带电液滴的表面张力因其电荷而削减，而粗略的估计表明，当原子数为 100时，随着核电荷增加而减少的原子核表面张力可能会变为 0。

弗雷德里克·约里奥研究小组关于铀裂变
释放中子数的解释[④]
（1939 年 4 月 22 日）

近期的实验表明，在慢中子轰击下所引起的铀核裂变中释放出了中子：次级中子被观察到显示出空间[⑤]、能量[⑥]或时间[⑦]方面的特性，不同于初级中子拥有的或可能获得的那些特性。但这些发现没有提供每一原子核分裂所产生的中子平均数的信息；这个数 υ 可能非常小（不超过 1），并且实验的结果仍然是可以确信的。

现在，我们能够提供有关 υ 的值的信息。让我们想想代表围绕初级中子

---

① 乔治·伽莫夫（George Gamov），俄裔美国物理学家、宇宙学家，列宁格勒大学毕业后前往欧洲多所大学任教，1934 年移居美国。——编者注

② Bohr, N., *Nature*, 137, 344, 351 (1936).

③ Bohr, N., and Kalckar, F., *Kgl. Danske Vid. Selskab, Math. Phys. Medd.*, 14, Nr. 10 (1937).

④ H. von Halban, F. Joliot and L. Kowarski, "Number of Neutrons Liberated in the Nuclear Fission of Uranium," *Nature*, vol. 143, April 22, 1939, p. 680. 这篇论文引起了英国科学家的注意，并促使他们与英国政府的相关部门联系。——编者注

⑤ von Halban, jun., H., Joliot, F., Kowarski, L., *Nature*, 143, 470 (1939).

⑥ Dodé, M., von Halban, jun., H., Joliot, F., Kowarski, L., *C. R.*, 208, 995 (1939).

⑦ Roberts, R., Meyer, R., Wang, P., *Phys. Rev.*, 55, 510 (1939).

源的水溶液中减慢的中子密度分布的曲线；[①] 该曲线的 S 区域与 $Q. \tau$ 成正比，Q 代表中子源每秒释放或是溶液中形成的中子数量，而 τ 代表中子在被俘获之前在溶液中所存在的平均时间。假设溶液只含有依据 $1/\upsilon$ 定律（该定律的唯一例外情形一会儿再阐释）吸收中子的原子核，τ 与 $1/\Sigma c_i \sigma_i$ 成正比，这里 c_i 是吸收核的浓度（每升的原子克数），σ_i 是速率 1 的中子俘获有效截面，而指数 i 被延伸适用于可归因为溶液中所存在核的各种中子吸收反应。用符号 A_i 替代 $c_i \sigma_i$，用 A_{tot} 替代 ΣA_i，我们同样得出：

$$\frac{\triangle S}{S} = \frac{\triangle Q}{Q} - \frac{\triangle A_{tot}}{A_{tot}} \tag{1}$$

忽略所有更高的阶的情况，比如那些包含 $(\triangle Q)^2$，$\triangle Q. \triangle A_{tot}$ 等。

用符号 $\triangle$ 代表我们以往实验[②]中使用的两种溶液（铀酰和铵）所观察到的差别。在 A_{tot} 的定义（不论铀酰的还是铵的值）不确定之前可以忽视 $\triangle A_{tot}$，因为从数量上看 A_{tot} 是不重要的，可以通过采用算术平均值 $[A_{tot}$（amm.）$+ \triangle A_{tot}/2]$ 进行约化。

在数量上，铀核 $\triangle A_{tot}$ 可以由代表不同中子俘获方式的几个单独的项加以表述（见下面）；用 A_f 作为引发裂变的俘获的项。每一个中子都具有 A_f/A_{tot} 的可能性引发裂变，而由于一次单一裂变过程平均释放了 υ 个中子，因此产生的中子总数 $\triangle Q$ 是 $Q \cdot \dfrac{A_f}{A_{tot}} \cdot \upsilon$，并且方程（1）可以重写为如下：

$$\upsilon = \frac{\triangle S}{S} \cdot \frac{A_{tot}}{A_f} + \frac{\triangle A_{tot}}{A_f} \tag{2}$$

让我们根据这一公式，估算一下计算 υ 所需的所有量的值。域的变化 $\triangle S/S$ 可以从我们以往信中所给的图表中读取，误差不到 20%（由于内推法和外推法的不确定性；为了方便后一种方法，我们在曲线上增添另外一个 $r = 29$ 厘米的实验点）。在铵溶液中，A_{tot} 的值可以轻易地根据已知的浓度和俘获有效截面（氢、氮和氧）计算出来。A_f 等于 C_U（在我们的实验中为 1.6），并因安德森（Anderson）等人近期一篇论文所给出的 σ_f 的

① von Halban, jun., H., Joliot, F., Kowarski, L., *Nature*, 143, 470 (1939).

② von Halban, jun., H., Joliot, F., Kowarski, L., *Nature*, 143, 470 (1939).

值[1]而倍增。△Atot 包含了一个表示两种溶液不同氢含量的细微差别的项；与铀相关的三个项，即已经解释了的裂变项 Af，热中子俘获项 Act——它可以通过最近发现的 σct 值[2]来加以计算，最后是需要做一些解释的共振俘获项 Ar。

我们的推理假设，在热状态下，所有引入溶液中的中子实际都被使用和吸收。只要 $1/v$ 定律对所有有关原子核中中子的吸收都是有效的，情况即是如此；因此，对铀而言并非是完全正确的，因为显示大约 25 伏特明显是中子共振俘获。[3] 进入溶液的一定比例的中子必然会进入这一共振频带中，并因共振而被吸收；因此，它将永远不会达到热状态。这一比例取决于共振频带的幅度和浓度 C_U；在我们符号系统中，它的值等于 Ar/Atot，并且在数量上是由所报道的其他地方的实验所确定的。[4]

将所有的数值放入方程（2）中（有效截面单位为 10^{-24} 平方厘米），也就是 $\triangle S/S = 0.05 \pm 0.01$；$Atot = 36 \pm 3$；$Af = 1.6 \times 2 = 3.2$；$\triangle Atot = 8.7 \pm 1.4$ 分解成 $AH = 1.2 \pm 0.1$，$Act = 1.6 \times (1.3 \pm 0.45) = 2.1 \pm 0.7$，$Ar = 6.4 \pm 1.1$ 以及 $Af = 3.2$，我们发现：

$$v = 3.5 \pm 0.7$$

我们不能允许 Af 出现误差，因为安德森等人的实验所给出的 σf 值未包含可能的误差迹象。任何 σf 的误差将以成反比的方式影响到 $v - 1$；无论如何，v 将一直大于 1。

作为一种产生一连串核反应的方式，这里讨论的兴趣现象在我们之前的信中已经提及。现在能够从这里报告的结果中得出一些进一步的结论。让我们想象一种只包含铀与核的介质，其全部的中子吸收量，相比铀的中子吸收，可以忽略不计（例如只包含一些用于中子减速的氢）。在这样的介质中，如果 $\dfrac{Af}{Atot} \cdot v > 1$（Atot 现在只包括铀项），那么裂变链式反应将自己永远进行下去，只有在到达限制介质的壁垒之后才会停止。我们的实验结果显示，这种情况很可能会得以实现（数值 $\dfrac{Af}{Atot} \cdot v - 1$，尽管为正数，但会

---

① Anderson, H., Booth, E., Dunning, J., Fermi, E., Glasoe, G., Slack, F., *Phys. Rev.*, 55, 511 (1939).

② von Halban, jun., H., Kowarski, L., Savitch, O., *C. R.* (in the Press).

③ Meitner, L., Hahn, O., Strassmann, F., *Z. Phys.*, 106, 249 (1937).

④ von Halban, jun., H., Kowarski, L., Savitch, O., *C. R.* (in the Press).

很小），特别是如果一个人密切留意到 Ar 项，由于共振线的自反转，当介质中的铀含量增加时，相比其他铀项增加得更缓慢。

汉斯·冯·哈尔班
弗雷德里克·约里奥
卢·科瓦尔斯基
核化学实验室
法兰西公学院
巴黎
4 月 7 日

第二部分　英美核项目的启动

弗雷德里克·约里奥－居里研究小组在 1939 年 4 月 22 日的《自然》杂志上所发表的有关一个铀原子核裂变可产生 3.5 个中子的论文，引起了英国伦敦大学帝国学院物理学家乔治·汤姆森（George P. Thomson，约瑟夫·汤姆森之子）和卡文迪什实验室主任威廉·布拉格（William L. Bragg）的关注。他们认为，英国政府应当采取相关的行动，尤其是控制铀矿资源，不让其落入德国人手中。

乔治·汤姆森的想法辗转传到了防空科学研究委员会[①]（Committee on the Scientific Survey of Air Defence）主席、伦敦大学帝国学院院长亨利·蒂泽德爵士（Sir Henry T. Tizard）耳中。蒂泽德认为，尽管军事利用原子能的可能性只有十万分之一，但也不能对此无视，于是建议应当立即购买比利时境内的 300 吨铀化合物，即使这些铀化合物是从铀矿石中提取镭之后的废料。此外，国防协调大臣[②]（Minister of the Co-ordination of Defence）查特菲尔德勋爵（Lord Chatfield）获知此事后也赞同蒂泽德的看法。

4 月 26 日，查特菲尔德联系了财政部和外交部，建议购买比利时的铀矿石和铀化合物。5 月 10 日，蒂泽德会见了比利时矿业联盟总经理埃德加·森吉尔（Edgar Sengier），但森吉尔拒绝把比属刚果欣科洛布韦铀矿的全部开采权转让给英国政府，只是答应随时将有关铀矿的任何异常需求及时告知他。而蒂泽德此时对于控制铀矿石的热情实际已经开始消退，而且

[①] 1934 年 11 月成立，隶属于空军部，主要工作是打造英国的雷达防空体系，以应对德国空军的威胁。

[②] 1936 年 3 月设立的职位，隶属于首相而不是内阁，没有相应的部级机构，只拥有少量的隶属于其个人的办事人员，用以协调国防相关各部之间的关系，相比军事战略问题，事实上更多的是解决各军种军费支出上的竞争问题。在首相缺席时，负责主持帝国国防委员会和参谋长委员会。1937 年 5 月张伯伦任首相后，影响开始越来越重要，1940 年 4 月 3 日该职位被取消。

当时也拿不出科学证据证明花 7000 英镑买下 300 吨铀化合物废料是合理的。蒂泽德相信铀的军事价值被夸大了，但他鼓励乔治·汤姆森在防空科学研究委员会之下继续开展相关研究。

第二次世界大战的爆发没能促进英国政府对于核研究的重视，相反，许多物理学家被政府招募去从事与战争紧急需要相关的工作，如雷达技术、潜艇技术等，制造原子弹的可能性此时被普遍认为是极其渺茫的，或者需要倾一国之力且耗时长久。

到 1940 年春季时，乔治·汤姆森小组关于铀化合物的自持性链式反应的研究，无论是利用慢中子还是快中子，都未取得成功，这使得原子能为当时那场战争服务的前景令人生疑。与此同时，伯明翰大学的奥托·弗里施和鲁道夫·派尔斯的一份联名备忘录，首次从理论上推测使用快中子轰击纯铀－235 可以引发裂变和链式反应，从而制造出原子弹，同时他们对于备忘录中的结论是不是也已被德国科学家所认识表现出了极大的担忧。

他们将备忘录交给伯明翰大学物理系主任马克·奥利芬特（Mark Oliphent）。3 月 19 日，蒂泽德从奥利芬特那里获得这份备忘录，并将其转交给乔治·汤姆森。于是，蒂泽德决定在他的空战科学研究委员会（Committee on the Scientific Survey of Air Warfare，即之前的防空科学研究委员会）之下成立一个专门委员会。

4 月 10 日，乔治·汤姆森主持召开专门委员会首次非正式会议。专门委员会讨论后认为，依据弗里施－派尔斯备忘录开展小规模的实验是可行的，但要成为真正具有军事意义的项目则不大可能。4 月 16 日，汤姆森写信邀请查德威克加入委员会并介绍了弗里施－派尔斯备忘录的观点。查德威克赞同弗里施－派尔斯备忘录的观点，甚至表示自己也得出了类似的结论，只是正亟待更多的实验去加以证明。

4 月 24 日，专门委员会召开第一次正式会议，决定要认真对待利用铀－235 制造原子弹的问题。于是，英国政府决定采取以下行动：经济作战部（Ministry of Economic Warfare）着手转移比利时的铀矿石；情报部门去获取德国核科学家的研究状况；英国驻美国大使馆的科学专员去探询美国科学家关于铀的研究；同时开始进行新的实验。6 月，空战科学研究委员会被撤销，专门委员会开始隶属于飞机生产部（Ministry of Aircraft Production），汤姆森给委员会取了个代号——"莫德"（MAUD）。

1941 年 7 月 29 日，莫德委员会向飞机生产部科学研究局局长戴维·派伊（David R. Pye）提交了两份由查德威克起草的报告,[①] 一份名为《关于利用铀制造炸弹的报告》（On the Use of Uranium for a Bomb），另一份名为《关于利用铀作为动力源的报告》（On the Use of Uranium as a Source of Power），统称为莫德报告。第一份报告主要从机制原理、方式方法、原料提取、工厂设计建造和破坏力估计等多个方面，对制造一颗原子弹的现实性进行了细致的论证说明。第二份报告则论述了利用铀取代煤炭、石油作为能源的构想。8 月 27 日，莫德报告被提交至英国政府内阁。内阁下属的科学咨询委员会国防事务小组在评估后接受并肯定了莫德报告的观点。

9 月 3 日，英国首相丘吉尔在与三军参谋长的会议上决定，以最高的优先权开展原子弹的研发，由枢密院大臣约翰·安德森爵士（Sir John Anderson）总体负责。但是，出于保密需要，英国战时内阁从未讨论过原子弹项目，一些大臣听说过该项目也仅限于他们所需的内容。在政府内部，只有丘吉尔、彻韦尔勋爵和安德森爵士确切知晓项目的详细情况。

不久之后，原子弹项目被置于英国科学与工业研究部之下，安德森任命帝国化学工业公司研究主管华莱士·埃克斯（Wallace A. Akers）为项目执行主管。在安德森与埃克斯的一次谈话中，他们突发奇想地给项目取了个隐秘的代号——管合金（Tube Alloys）。项目的管理机构被称为"管合金局"（Directorate of Tube Alloys），内部又分为安德森领导的顾问委员会和埃克斯领导的技术委员会。1941 年 11 月初，管合金项目正式启动。就美国而言，在 1932 年查德威克发现中子之后，美国的物理学家也同欧洲的物理学家一样热衷于用中子进行人工放射性研究。

1939 年 1 月 16 日，丹麦物理学家尼尔斯·玻尔和他的合作者比利时物理学家莱昂·罗森菲尔德（Lèon Rosenfeld）抵达纽约，参加 1 月 26 日在华盛顿召开的第五届美国理论物理学年会。他们带来了关于铀裂变的最新消息，引发了美国物理学界的震动。

而因妻子是犹太人被迫移居美国的意大利物理学家恩里克·费米，在获悉裂变的消息后，与哥伦比亚大学的另一名物理学家约翰·邓宁（John R. Dunning）为首的研究小组开始利用粒子回旋加速器深化有关铀裂变与链式反应的实验研究。而 1938 年 1 月从英国移居到美国的齐拉特，此时也正在哥伦比亚大学从事客座研究，他比其他人更敏锐地意识到裂变所带来的

---

① 因为在美国的妻子病重，汤姆森于 8 月前往美国，此时他已将莫德委员会的事务交由查德威克负责，不久汤姆森被任命为英国驻加拿大科学办事处的负责人。

深远意义和令人忧虑的前景。齐拉特频繁与其他两名移居美国的匈牙利物理学家爱德华·特勒（Edward Teller）和尤金·维格纳（Eugene Wigner）联系，向他们断言能够产生链式反应。

于是，他们共同向国际物理学界的同行们呼吁对研究成果的发表实行自我审查制度，即在论文发表前对可能出现的军事后果进行仔细的评估，避免客观上助推德国在军事核领域的研发。此外，齐拉特一方面倡议建立"科学合作协会"（Association for Scientific Collaboration），以募集核研究所需资金及协调研究工作；另一方面他认为应当尽快将相关情况告知美国政府。

1939 年 3 月 16 日，德国吞并整个捷克斯洛伐克的同一天，在齐拉特、维格纳、费米的要求下，哥伦比亚大学物理系主任、研究生院院长乔治·佩格拉姆（George B. Pegram）打电话给美国海军作战部长的技术助理斯坦福·胡珀（Stanford C. Hooper）海军少将，希望他能接见费米，听取相关情况介绍。尽管第二天的会谈令费米十分失望，但当时在场的海军研究实验室技术顾问罗斯·冈恩（Ross Gunn）表现出对原子能问题的极大兴趣。在冈恩的推动下，6 月 4 日，美国海军部工程局向卡内基研究院（Carnegie Institution）拨款 1500 美元，对铀作为一种动力源进行研究。

与此同时，对事态发展感到很不满意的齐拉特等人，决定利用爱因斯坦的影响力劝说比利时政府不让纳粹德国得到比属刚果的铀矿石资源。但在结识罗斯福总统的朋友、雷曼公司副总裁亚历山大·萨克斯（Alexander Sachs）之后，萨克斯建议齐拉特以爱因斯坦的名义起草一份致总统的信件。齐拉特最终决定不再将爱因斯坦的信件寄送给比利时政府，而是递交给美国总统罗斯福，并在信中强调理论上制造出原子弹是可行的，美国政府应主导大规模的相关实验。

10 月 11 日，罗斯福总统在聆听了萨克斯的意见后，认为需要采取行动。第二天，在他的授意下，成立了一个由美国国家标准局局长莱曼·布里格斯（Lyman J. Briggs）任主席、包括两名军方专家在内的小型非正式委员会——铀咨询委员会（Advisory Committee on Uranium），以充当政府与从事核研究的科学家之间的联络机构。

至 1940 年 6 月，欧洲战火扩大，法国正处于败亡的边缘。为加强美国科学界与政府的联系，动员科学界为美国可能卷入的这场战争服务，卡内基研究院院长、国家航空咨询委员会（National Advisory Committee for Aeronautics）主席、麻省理工学院前副校长、电气工程学家万尼瓦尔·布什（Vannevar Bush），6 月 15 日通过罗斯福总统私人顾问哈里·霍普金斯（Harry L. Hopkins）的牵线谏言总统成立了国防研究委员会（National Defense Research Committee），由其出任主席，直接对总统负责，铀咨询委员会则隶属于该委员会之下。

然而，美国此时尚未卷入战争，从而缺乏英国那种全力以赴赢得战争的紧迫性，使得此后一年多的时间里，无论是关于链式反应的研究，还是关于同位素铀 - 235 分离的研究，直接的目标都并非军事上制造原子弹，而是作为核动力的工业化研究，至多是旨在将核动力用于作战潜艇上。但此期间的 1941 年 4 月，布什从曾列席过英国莫德委员会 4 月 9 日会议的哈佛大学物理学家肯尼思·班布里奇（Kenneth T. Bainbridge）口中得知英国核研究的最新进展状况。于是，他决定邀请美国国家科学院的专家委员会对与铀相关的项目进行秘密评估。

1941 年的 5 月 17 日、7 月 11 日和 11 月 6 日，专家委员会先后提交了三份评估报告。尽管铀在当前战争中可能具有的重要决定性在前两份报告中被提及，但只在第三份评估报告中得到了更加明确的强调。与莫德报告一样，第三份报告论证了利用铀 - 235 制造原子弹的现实可能性，并建议进行相应的工程开发，只是它比莫德报告更加保守一些。11 月 27 日，布什将第三份评估报告呈交罗斯福总统，并称他正在组建一个工程团队，准备建造所需的工厂。12 月 6 日，国防研究委员会主席、哈佛大学校长詹姆斯·科南特（James B. Conant）代表布什宣布，开始实施研制原子弹的项目。

在此期间，值得一提的有两件事。

一是在布什的推动下，6 月 28 日，罗斯福总统签署行政命令，成立了科学研究与发展局（Office of Scientific Research and Development），国防研究委员会隶属其下并从一个执行机构变为一个咨询建议机构。布什担任科学研究与发展局局长，詹姆斯·科南特任国防研究委员会主席和布什的副手，铀咨询委员会被改组为科学研究与发展局下的铀小组（Section on Uranium，代号 S - 1）。

二是促使布什下定决心并敦促罗斯福总统着手研制原子弹，离不开英国方面的推动。莫德报告以及列席莫德委员会会议的美方人员提供的报告，使得布什和科南特开始相信研制原子弹的可行性。另外，英国物理学家马克·奥利芬特的访美也起到了重要的推动作用。1941年9月初，奥利芬特拜访了美国同行欧内斯特·劳伦斯，随后劳伦斯安排奥利芬特同布什和科南特等人会面，述说了英国相关研究的动态。这进一步坚定了布什等人的信心和决心。

这样，英国政府和美国政府先后正式启动了研制原子弹的项目。

温斯顿·丘吉尔致空军大臣的信件①
（1939年8月5日）

几星期以前，有一份星期日的报纸上登有一篇文章谈到，根据最近的发现，一种名叫铀的特殊的原子，被中子击裂时会发生连锁反应，从而释放出巨大的能量。乍看起来，这可能预示着将会发明一种破坏力极大的新爆炸物。在这个问题上，重要的是要认识到，不论这种发现在科学上引起多大的注意，并且将来也许终于具有实用上的重要性，但在几年以内，这种发现决不会导致可以在作战中大规模使用的危险。

根据种种迹象，在国际局势非常紧张的时候，有人会故意散播谣言，说什么用这种方法可以制造出可怕的新的秘密爆炸武器，一下子把整个伦敦夷平。第五纵队当然也将设法用这种威胁的话来诱使我们接受另一次的屈服。因此，我们必须把真实情况说清楚。

第一，最有权威的学者认为，在铀里面，只有极少的成分能在这种作用中发生效力。如果要得到大规模的效果，就得先把这种成分提炼出来。这就得好几年才能成功。第二，只有把大量的铀集中在一起才能发生连锁

---

① 温斯顿·丘吉尔：《第二次世界大战回忆录》第1卷《风云紧急》，吴泽炎、万良炯、沈大靖译，南方出版社，2005，第241页。作为1901年步入政坛的资深政客和作家，温斯顿·丘吉尔（Winston S. Churchill）是当时英国政府当中为数不多的积极提倡在军事领域广泛应用科学技术的人士。1909年2月，担任商务大臣的丘吉尔主张探索将莱特兄弟的飞机应用于军事领域，1917年作为军需大臣积极倡导将飞机和坦克投入战场使用，1918～1922年身兼空军大臣，1935年初受邀加入防空科学研究委员会。而丘吉尔发表的一些文学作品也受到了他的好友赫伯特·威尔斯科幻小说的影响；另外，出身德国的牛津大学克拉伦登（Clarendon）物理实验室主任弗雷德里克·林德曼（Frederick A. Lindemann）是丘吉尔的好友兼科学顾问，1941年被封为彻韦尔男爵（Baron Cherwell），这封信实际即是林德曼起草的。——编者注

反应。而一旦释放出能量，在还没有真正产生出猛烈的效果以前，一经轻微的引发就会引起爆炸。它也许像我们现在所有的各种爆炸物一样有效力，但不至于会产生更危险得多的效果。第三，这些试验不可能以小规模进行。如果他们已成功地进行了大规模试验（即取得了真正足以威胁我们的结果，而不是虚张声势的恫吓），那么要保持秘密就不大可能了。第四，在从前属于捷克斯洛伐克现归柏林控制的领土内，只有少量的铀。

有人觉得这种新发现可以使纳粹有了某种足以毁灭其敌人的凶恶的、秘密的新爆炸物而大为恐惧。从上述所有的理由来看，这显然是毫无根据的。今后一定还会有各种不祥的流言蜚语、吓唬人的传闻。我希望没有人会听信这一套。

英国参谋长委员会关于荷兰、比利时遭受入侵情况下所采取措施的备忘录（摘录）①

（1939 年 10 月 6 日）

......

铀的库存

14. 有建议认为，铀将成为制造一种新式的和威力巨大的放射性炸弹的基础，我们不知道德国人是否已经成功制造出了这种武器，但出于安全起见，最好应使他们的原料供应仅限于来自捷克斯洛伐克。由于较大的储备量，在战争爆发之后，要转移这些大量的铀矿石是不现实的，除非能做出事先的安排，否则不得不舍弃。关于目前比利时境内铀矿石和提炼过的铀产品的储量的情况，能有效地从矿业联盟公司副总裁斯通黑文勋爵（Lord Stonehaven）那里获得，该公司是主要的生产商，据信也是比利时铀储备的唯一拥有者。任何关于转移这一原料的商谈都可以通过同一渠道进行。

......

---

① CAB 66/2, WP (39) 72, Chiefs of Staff Committee, Holland and Belgium: Measures to be taken in the event of an invasion by Germany, 6 October, 1939.

詹姆斯·查德威克就研制原子弹可能性答复科学与工业研究部大臣爱德华·阿尔普顿的信件[①]

（1939 年 10 月 31 日）

我并不吃惊，你受到了铀炸弹的惊吓。这就是希特勒的"难以防御的新武器"，我表示怀疑。对于这个问题，难以做出任何明确的解释。当然存在这样一种可能性，在合适的条件下，铀的裂变过程会爆炸性地发生。非常肯定的是，裂变过程会释放出 3 个左右的中子。如果这些释放出的中子能够被用来引发新的裂变，那么这个过程显然会是累积和不断持续下去的。为了俘获所释放的中子，非常大数量的铀——数吨——可能是必需的。

这是一个限制性因素。再一个限制性因素是，甚至在纯铀中所发生的非裂变俘获过程也会减少可用中子的数量。在非纯铀中，其他过程也将有效地降低裂变过程灾难性的延展趋势。此外，引发裂变过程的中子具有热速度（快中子也是如此，但其有效截面相比要小得多）；随着裂变过程的不断延续，物质中随之的能量生成将作为裂变的媒介增加热中子的能量并降低它们的效率。

这个过程本身就是十分复杂的，因为缺乏观点得以立足的足够信息，我认为当前所能确定的不会超出一种灾难性的爆炸是可能的这一预判。目前，我不希望走得更远。我会更仔细地研究整个问题，看看是否能够从目前所能得到的实验数据里获取任何启示。可能存在我能够加以利用的新数据。

有一点你一定会马上想到，即如何配备一颗铀弹而不会立刻引起爆炸。几乎可以肯定，"搬起石头砸自己的脚"是这一过程首个成功人的命运。然而，我不认为这种困难是难以逾越的，真正的困难是裂变过程的自持性。

[①] Andrew Brown, *The Neutron and the Bomb: A Biography of Sir James Chadwick*, Oxford: Oxford University Press, 1997, p. 179. 1939 年 9 月 19 日希特勒在但泽公开发表的讲话被英国一些报纸错误地解释为，希特勒自称拥有了"一种无法防御的秘密武器"，造成英国政府某些官员开始猜测这种"秘密武器"是不是核武器。内阁不管部大臣汉基勋爵（Lord Hankey）询问科学与工业研究部（Department of Scientific and Industrial Research）大臣爱德华·阿尔普顿爵士（Sir Edward Appleton，曾是剑桥大学物理学教授）关于研制原子弹的现实可能性。阿尔普顿则向曾经的同事、当时任职于利物浦大学的查德威克请教。该信即查德威克的答复。——编者注

基于一般性的理由我非常怀疑它的可行性，但是我会仔细研究一番，再写一封信给你。

詹姆斯·查德威克致爱德华·阿尔普顿的信件①

（1939 年 12 月 5 日）

亲爱的阿尔普顿：

铀裂变实验研究和计算爆炸性链式反应的可能性，比我预期所花费的时间要长得多。由于实际涉及相当复杂的计算，我不得不邀请普赖斯②（Pryce）加以调查。与此同时，有两篇论文问世，一篇是冯·哈尔班③（von Halban）、约里奥和科瓦尔斯基④（Kowarski）关于使用大量铀化合物所做的实验，另一篇是派尔斯⑤（Peierls）关于链式反应条件所进行的计算。

下面这些是我所得出的结论。看上去是可能的，两种类型的裂变——第一种是由于热中子，第二种则是由于快中子——在适宜的条件下能够演化为爆炸性的过程。热中子裂变需要铀和氢（即水）的混合；否则，链式反应会被发生的共振俘获过程所阻止。另外，材料必须从稀有的金属氧化物中提取，甚至许多这些数量极少的化合物呈现出明显的共振效应。在这些条件下，链式反应可能发生，但是，据我从现有数据中所能做出的估算，大量的铀是必需的——可能要超过 1 吨。

就目前已知的而言，快中子裂变只被非弹性碰撞效应所阻止。遗憾的是，对于铀的非弹性碰撞，我们没有任何数据；关于其他重元素的数据也很少，做出推测是靠不住的。我想可以说，如果有足够量的铀，这种爆炸几乎肯定是会发生的。根据计算中所采用的数据，所需数量估计在 1 吨至 30 吨或 40 吨。

---

① Andrew Brown, *The Neutron and the Bomb: A Biography of Sir James Chadwick*, pp. 182 – 183.

② 莫里斯·普赖斯（Maurice H. L. Pryce），英国物理学家。——编者注

③ 汉斯·冯·哈尔班（Hans von Halban），法国物理学家，生于德国莱比锡，但为奥地利公民，1939 年 4 月加入法国国籍。——编者注

④ 卢·科瓦尔斯基（Lew Kowarski），法国物理学家，生于俄罗斯圣彼得堡一个犹太商人家庭，12 岁时迁居波兰维尔纽斯，1934 年加入约里奥研究团队，后加入法国国籍。——编者注

⑤ 鲁道夫·派尔斯（Rudolf Peierls），出生于德国，1929 年在莱比锡大学获得博士学位，1932 年前往剑桥大学访学，后留在英国并加入英国国籍。——编者注

当然，有一种普遍的观点，否认这些爆炸过程的可能性——在沥青铀矿或在实验室处理这种矿物时，没有发生这样的爆炸。这种观点容易遭到反对。首先，在粗矿中铀的含量不高，据称沥青铀矿只存在于大约 10 厘米厚的地层中。其次，稀有金属化合物存在杂质等。似乎非常可能的是，没有人工帮助，无论是快中子还是热中子，都绝不可能实现爆炸所需的条件。

我很遗憾，对于这个问题，我未能给出确切的答案，这确实是一个非常令人关注的问题。可能释放出的能量大小是众所周知的西伯利亚陨星那样能量级的。困难确实在于数据不足。很少有实验去阐释裂变过程的现实机理；他们主要关注裂变的放射性产物——有趣且重要，但容易堕落为一种植物学。我认为，值得去做的是获得一些关于机理的信息，如果我能获得足够的铀化合物，我会这样去做。我这里有一位波兰研究人员，他十分能干和聪敏。

此致

敬礼

詹姆斯·查德威克

弗里施－派尔斯备忘录[①]

（1940 年 2 月）

关于放射性超级炸弹特性的备忘录

所附的这份详细报告涉及制造"超级炸弹"的可能性，这种炸弹是利用原子核中所贮藏的能量作为一种能量来源。这样一颗超级炸弹爆炸所释放的能量，大致等同于 1000 吨硝化甘油爆炸所产生的能量。这种能量却是从较小的体积中释放出来的，且一瞬间能够产生堪比太阳内部的温度。爆炸的冲击波将毁灭广阔区域内的生命。难以对这一区域的大小做出估算，但可能会覆盖一座大城市的中心区域。

---

① Peter Hennessy, ed., *Cabinet and the Bomb*, Oxford: Oxford University Press, 2007, pp. 24 - 30. 奥托·弗里施（Otto R. Frisch），奥地利裔英国物理学家，1933 年移居英国，1939 年初与其姨妈、物理学家和放射化学家莉泽·迈特纳（Lise Meitner）一起对奥托·哈恩的铀实验做出了裂变的解释。《弗里施－派尔斯备忘录》包括两部分，是弗里施和派尔斯共同完成的报告，对英国政府决定研制原子弹起到了关键性的推动作用。——编者注

此外，炸弹所释放的部分能量将产生放射性物质，这些物质会发射出十分强大且具有危害性的放射线。爆炸之后，这些放射线的影响最大，且只会慢慢地衰减，甚至任何人在爆炸后的几天之内进入受到影响的区域都会死亡。

一些放射性物质会随着风飘移，并扩散污染；下风向的数英里之内，都会致人死亡。

为了制造这样一种炸弹，需要处理数百磅的铀，从中分离出约含 0.7% 的轻同位素（U_{235}）。最近，分离同位素的方法得到了研究。但它们进展缓慢，直到目前它们尚未被应用于铀，而铀的化学特性引发了技术上的难题。然而，这些难题绝不是难以克服的。虽然我们在通过大型化工厂给出一个可靠的成本估算方面没有足够的经验，但这肯定不会是使人望而却步的。

这些超级炸弹的特性是存在着 1 磅左右的"临界体积"。超出临界数的被分离出来的大量铀同位素具有爆炸性，但是，低于临界数的则绝对安全。因此，炸弹可以分两部分（或更多部分）来制造，每一部分都低于临界体积，如果这些部分彼此保持数英寸的距离，那么搬运过程中就可以避免任何过早爆炸的危险。当打算引爆炸弹时，可通过一种机械装置将炸弹的两部分合在一起。一旦两部分合并组成一个超出临界量的金属块，一直存在于空气中的穿透性辐射效应将在 1 秒左右引发爆炸。

将炸弹各部分合在一起的机械装置必须能够非常迅速地起作用，否则只要临界状态刚刚达到，炸弹爆炸就可能发生。在这种情况下，爆炸威力远没有那么强大。绝不可能完全排除这种情况，但是可以轻易地确保 100 颗炸弹中只有 1 颗会以这种方式失败，由于无论如何爆炸足以强大到毁掉炸弹本身，所以这个问题并不严重。

我们不认为能够讨论这种炸弹的战略价值，但以下结论似乎是可以肯定的：

1. 作为一种武器，超级炸弹事实上是难以防御的。期望能够抵御爆炸威力的设备或装置是不存在的。如果有人想使用该炸弹突破工事防线，那么应记住的是，放射性射线在数天内将阻止任何人步入受到影响的区域；它们将同样阻止防御者收复受到影响的阵地。优势将处于能够最准确决定何时刚好是重新安全进入该区域的那一方，这很可能是侵略的一方，因为他们事先知道炸弹的位置。

2. 由于放射性物质随风飘散，使用炸弹不可能不出现杀死大量平民的情况，这可能使得它不适合作为这个国家所使用的武器。（想起了作为一种深水炸弹在海军基地附近使用的情况，但是即便如此，它很可能因海水泛滥和放射性射线造成大批平民的死亡）

3. 至于其他科学家是否也产生了同样的想法，我们没有任何信息，但是由于与该问题有关的理论数据业已公开，很可能德国实际上正在研发这种武器。情况是否如此，难以查明，因为分离同位素的工厂无须规模大到引人注意的程度。这方面可能有用的情报是关于德国控制下的铀矿的开采数据（主要在捷克斯洛伐克境内），以及任何关于最近德国从海外采购铀的情况。工厂很可能由 K. 克鲁修斯博士（K. Clusius，慕尼黑大学物理化学教授）负责管理，他是最佳的同位素分离方法的发明者，所以有关他的下落和处境的情报也可能提供重要的线索。

与此同时，非常可能的情况是，在德国尚没有人意识到分离铀同位素能够制造出超级炸弹。因此，确保本报告的秘密性极其重要，任何关于分离铀和超级炸弹之间存在关联的传闻都可能使一位德国科学家沿着正确的路线思考。

4. 如果设想德国已拥有或将拥有这种武器，那么必须认识到不存在行之有效的和能够大规模使用的掩体。最有效的还击是使用同样的炸弹进行反威胁。因此，在我们看来，重要的是尽快开始并尽快地制造这种武器，即使不打算使用该炸弹作为一种进攻的手段。由于在最理想的情况下分离所需数量的铀要花费数月时间，当得知德国已拥有这样的炸弹时再开始制造显然为时已晚，所以这一问题看上去十分紧急。

5. 作为预防措施，为了应对这样一颗炸弹的辐射影响，拥有检测小队是重要的。他们的任务将是携带测量仪器进入危险区域，确定危险的程度和可能持续的时间，防止人们踏入危险地区。这是至关重要的，因为辐射只在非常强烈时即刻致人死亡，而在较弱时会产生延迟死亡的后果，人们觉察不到任何预兆，直到为时已晚。

至于他们自身的防护，检测队将乘坐覆盖铅板装甲的汽车或飞机进入危险地区，这些铅板将吸收大部分危险的辐射。由于来自被污染空气的危险，载人舱必须密封并携带氧气瓶。

检测人员必须确切地知道人类短时间安全暴露能够承受的最大辐射值。目前，并不充分准确地了解这种安全限度，为此急需开展进一步的生物学研究。

关于上面所概述的结论的可靠性，可以这样说，它们没有建立在直接实验的基础之上，因为没人曾经制造出一颗超级炸弹，但是它们大部分基于最近核物理研究十分有把握确定的事实。唯一的不确定性是炸弹的临界体积。我们相当有信心的是，临界体积大概在 1 磅左右，但是我们必须将这种估算置于某些尚未被明确证实的理论观点之上。如果临界体积比我们所认为的明显更大，那么制造炸弹方面的技术难度将会增大。一旦少量的铀被分离出来，问题就能够确切得以解决，鉴于问题的重要性，我们认为应即刻采取措施至少达到这一阶段；同时，开展某些实验，尽管它们不能以绝对终结的方式解决问题，但如果它们的结果是积极的，给予我们的结论以大力的支持也是可能的。

O. R. 弗里施

R. 派尔斯

伯明翰大学

论基于铀核链式反应的一种"超级炸弹"的构造

基于铀核链式反应的"超级炸弹"的可能构造已经讨论了很多，也提出了似乎可以排除这种可能性的观点。这里我们希望指出并讨论在以前的讨论中看上去被忽视的一种可能性。

铀主要包括两种同位素，U_{238}（99.3%）和 U_{235}（0.7%）。如果一个铀原子核被一个中子击中，那么可能会产生三种变化过程：（1）散射，中子由此改变方向——如果其能量大于 0.1 兆电子伏，并且失去能量；（2）俘获，中子被原子核吸收；（3）裂变，即原子核分裂成两个同等大小的原子核，同时释放大约 200 兆电子伏的能量。

在裂变中释放中子并且单次裂变释放的中子数量大于 1 的这一事实，使链式反应成为可能。根据两种独立的测定，最可能的这一数值似乎是 2.3。

然而，已经被证明即使在一大块天然铀中也不会发生链式反应，太多的中子因非弹性散射被减慢速度而进入能量区，从而被 U_{238} 强劲地吸收掉。

有几位研究人员尝试用水与铀混合使链式反应成为可能，水会进一步降低中子的能量，从而再次提高它们的效率。但似乎可以肯定的是，即使如此也不可能使链式反应持续下去。

不管何种情况，包含氢以及基于慢中子作用的做法都不可能制造出一颗有效的超级炸弹，因为反应将太过缓慢。减缓中子所需的时间大约为 10^{-5} 秒，在中子撞击原子核之前所消耗的平均时间恰好是 10^{-4} 秒。在反应中，中子数成倍地增加，就如 e^{t}/τ，这里 τ 将至少是 10^{-4} 秒。当温度达到数千度时，炸弹容器将破裂，在 10^{-4} 秒内，铀会膨胀足以使中子逃逸，从而使反应停止。因此，所释放出的能量将只有数倍于使容器破裂所需的能量，即与普通高爆炸药数量级相同。

玻尔[①]（Bohr）提出了有力的论据，认为观察到的慢中子裂变可归因为稀少的同位素 U_{235}，并且总体来说，这种同位素相比常见的同位素 U_{238} 具有更大的裂变可能性。最近，有效的同位素分离方法得到了研究，其中热扩散法足够简单到使分离建立在相当大规模的基础之上。

原则上，这使得在这样的一颗炸弹中使用几乎纯的 U_{235} 是可能的，但这种可能性显然至今没有得到认真的考虑。我们讨论了这种可能性，得出的结论是，适量的 U_{235} 确实会成为效能极高的炸药。

尚未通过实验知晓 U_{235} 在快中子轰击下的表现，但是从相当简单的理论观点出发可以得出结论，几乎每一次碰撞都会产生裂变，任何能量的中子都是有效的。因此，没有必要加入氢，依靠快中子的反应以极其快速地发展，以至于在由于材料膨胀而反应停止之前，全部能量中的相当一部分被释放了出来。

临界半径 r_0——即裂变产生的过剩中子刚好等同于从表面逃逸损失的中子的球体半径——对于特定成分的材料而言，是中子平均自由路径的固定比率，并且与密度成反比。因此，如果将材料——通过熔结或煅打，变成尽可能最密集的形式，即金属状态，是有利的。如果我们假设 U_{235} 没有明显的散射，并且单次裂变释放 2.3 个中子，那么会发现临界半径是平均自由路径的 0.8 倍。在金属状态下（密度为 15），并假定裂变有效截面为 10^{-23} 厘米，平均自由路径则是 2.6 厘米，r_0 将是 2.1 厘米，相当于 600 克的质量。一个半径大于 r_0 的金属 U_{235} 球体将具有爆炸性，可以认为大约 1 公斤是炸弹的合适重量。

----

① 尼尔斯·玻尔（Niels H. Bohr），丹麦物理学家，1911 年在哥本哈根大学获得博士学位，后前往英国剑桥大学卡文迪什实验室和曼彻斯特大学深造，1920 年创建哥本哈根理论物理研究所并任所长，1922 年获诺贝尔物理学奖。——编者注

反应的速度容易估算出来。裂变所释放的中子速度大约是每秒 10^9 厘米，在撞击铀原子核之前，它们必须运动 2.6 厘米的路程。对于远大于临界体积的球体而言，因中子逃逸所带来的损失是不大的，所以我们可以设想，在 2.6×10^{-9} 秒的生命周期之后，每个中子都会引发裂变，同时产生两个中子。在表示中子密度随着时间而增加的公式 e^t/τ 中，τ 将大约是 4×10^{-9} 秒，大大少于慢中子链式反应的情形。

如果反应一直持续，直到大部分铀被耗尽，那么会产生 10^{10} 数量级的温度以及大约 10^{13} 大气压的压力。难以准确预测在这些极端状况下材料的变化情况，这个问题在数学方面的难度是相当大的。通过粗略的计算，我们得出了下面有关在质量大量消耗从而导致反应停止之前所释放能量的表达式：

$$E = 0.2M \left(r^2/\tau^2 \right) \left(\sqrt{r/r_o} - 1 \right) \tag{1}$$

（M 为铀的总质量，r 为球体的半径，r_o 为临界半径，τ 则为中子密度乘以因子 e 所需的时间）如果球体半径为 4.2 厘米（$r_o = 2.1$ 厘米），M = 4700 克，$\tau = 4 \times 10^{-9}$ 秒，我们会发现 E = 4×10^{20} 尔格，是整体裂变能量的大约 1/10。如果球体半径约为 8 厘米（M = 32 公斤），根据公式（1），整个裂变能量将被释放出来。对小的半径而言，效能削减得甚至比公式（1）所表示出的更快，因为当 r 接近 r_o 时效能开始上升。一颗 5 公斤的炸弹所释放的能量将等同于数千吨氨爆炸药，而 1 公斤的炸弹，虽然释放的能量大约要小500 倍，但仍然是令人生畏的。

有必要将这样一个铀的球体分成两半（或更多部分），想要引爆时首先将其组合在一起。一旦组合完毕，炸弹将在 1 秒钟或更短的时间内爆炸，因为一个中子就足以激发反应，而在每一秒内都有来自宇宙射线的数个中子穿过炸弹。（源于铀的 α 射线对轻元素杂质作用产生的中子可以忽略不计，前提是铀非常纯净）半径大约小于 3 厘米的球体可以由两个半球组成，用弹簧将其拉住，并通过适当的装置保持分开，而在需要的时候去除该装置。更大半径的球体则需由多于两个部分组成，只要分开的各部分是稳定的。

为了使反应在临界状态只是刚刚达到的时候启动的概率降至最小，尽可能快地完成各部分的组合是重要的。反之，如果这种情况发生，反应速率将大大变缓，能量释放也将大幅减少，但无一例外将足以毁坏炸弹。

最好要强调的是，只有球体略小于临界体积才是绝对安全和无害的。通过使用体积不断增大的球体进行实验并且测算在一个已知的中子轰击下它们所产生的中子数量，可以精确地确定临界体积，而没有任何提早爆炸的危险。

至于 U_{235} 的分离，克鲁修斯和其他人提出的热扩散方法看上去是能够满足大量所需的唯一方法。气态的铀化合物，例如六氟化铀，被置于维持两种不同温度的垂直面之间。轻同位素趋于热的表面附近而变得更浓，并被对流气流所抬升。与沿着冷的表面向下运动的气流交换后，产生了分馏效应，而经过一段时间后，当靠近上部的气体比靠近下部的气体含有明显更多的轻同位素时，则达到平衡的状态。

比如，一个两根同心管的装置，长 150 厘米，直径 3 厘米，孔径 2 毫米，会在上下两端之间的稀有同位素的浓度上产生约 40% 的差异，并且在不过度打破平衡状态的情况下，能够从上部每天获取大约 1 克所需同位素。

为了生产大量的高浓缩 U_{235}，必须大量使用这种分离装置，将它们排成一排排和一列列。如果一天要生产 100 克纯度为 90% 的 U_{235}，我们估计需要大约 10 万根这样的管子。这看上去是一个很大的数字，但是以更紧凑且成本更低的形式设计出具有同样有效面积的某种装置无疑是可能的。

除了爆炸本身的破坏性影响外，炸弹的所有物质都将转化成一种高辐射的状态。这些放射性的物质所辐射的能量大约相当于爆炸所释放能量的20%，甚至在爆炸之后很长一段时间内，这种辐射对生物体来说都是致命的。

大致地说，在 1 秒和 1 年之间，铀裂变将导致形成大量放射性的主体物质。所产生的辐射将被发现以强度与时间成反比的方式衰减。甚至在爆炸后的第二天，这种辐射将相当于 1000 千瓦数量级的功率消耗，或是 100 吨镭的放射量。

任何有关这种辐射对人类影响的估计肯定都是相当不准确的，因为难以说明在爆炸之后放射性物质会发生些什么。也许大部分会被吹到空中并随风飘散。估计长达几英里的地带内，这种放射性物质云团将导致每一个人死亡。如果下雨，危害将会更大，因为放射性物质将被带至地面并附着其中，即使几天之后，进入被污染区域的人也将遭遇危险的辐射。如果 1% 的放射性物质附着在爆炸周围的废墟，而废墟绵延比如说 1 平方英里的区域，那么即使爆炸后的数天内，任何进入这一区域的人都会面临严重的危险。

按照这些估计，穿透性辐射的致命量被设想为 1000 伦琴；请教 X 光治疗专家或者做进一步的生物学研究可以更准确地确定危险的极限。不确定的主要原因在于，我们对如此超级的爆炸中材料变化的情况缺乏相关的知识，高爆炸药方面的专家也许能够澄清其中一些问题。

有效的防护几乎是不可能的。房屋只能在危险区域的边缘提供保护。深窖或隧道相对比较安全，只要能够从未受污染的地区输送空气（一些放射性物质是惰性气体，普通的过滤装置无法阻止）。

身处辐射中是感觉不到的，数小时之后可能为时已晚。因此，拥有一个组织通过电离测量以确定危险区域的确切危险程度是十分重要的，这样可以警告人们不要进入该区域。

O. R. 弗里施

R. 派尔斯

伯明翰大学

莫德报告①

（1941 年 7 月）

莫德委员会关于利用铀制造炸弹的报告

第一部分

1. 概述

自 1939 年以来，致力于调查为军事目的利用铀的原子能的可能性的工作一直在进行，现在已到了似乎有必要报告进展情况的阶段。

在这份报告的开头，我们想要强调，我们是带着质疑大于信服的看法

---

① Margaret Gowing and Lorna Arnold, *Britain and Atomic Energy 1939 – 1945*, reprinted, London：Macmillan, 1965, Appendix 2, pp. 394 – 436。"莫德"（MAUD）代号的源起：1940 年 4 月 9 日德军占领丹麦时，莉泽·迈特纳正在哥本哈根。在她返回斯德哥尔摩时，玻尔要她到斯德哥尔摩后给伦敦国王学院的欧文·理查森（Owen Richardson）发一封电报，内容是 Met Niels and Margrethe recently both well but unhappy about events please inform Cockcroft and Maud Ray Kent。Maud Ray Kent 被英国物理学家考克饶夫（John Cookcroft）认为是 Raduim taken（占有镭）的一种打乱字母顺序的排列方式，这与德国人正在控制所有的镭的消息是一致的。直到 1943 年 10 月玻尔逃到英国时，才知道 Maud Ray 只不过是玻尔孩子们的家庭英语女教师莫德·蕾的名字，她居住在英国肯特郡，电报中省去了地址的其余部分。莫德报告实际由两份报告组成。——编者注

开始研究这个项目的，但我们认为这是一件必须加以调查的事情。随着我们工作的开展，我们越来越相信，原子能的大规模释放是可能的，并且可以确定使之成为威力十分强大的战争武器的前提条件。我们现在得出结论：制造出有效的铀炸弹是可能的，它装有大约 25 磅放射性材料，被认为等同于 1800 吨 TNT 炸药的破坏力，并会释放出大量的放射性物质，将使炸弹爆炸地点附近的区域长期对人的生命造成危险。这种炸弹由一种放射性元素组成（以下称为 U_{235}），在天然铀中所占比例大约为 1/140。由于这种物质与铀的其余部分之间性质差异很小（除爆炸性之外），提取它是一件相当困难的事情，每日生产 $2\frac{1}{4}$ 磅（1 公斤）（或是每月制造 3 枚炸弹），估计要花费近 500 万英镑，其中相当大一部分将用于工程方面，需要与制造涡轮机所需相同的高度熟练的劳动力。

尽管这笔开销非常庞大，但我们认为，破坏性的影响在物质和士气两方面都如此巨大，以至于应该不遗余力去制造这种炸弹。至于所需的时间，在请教大都会威格士公司（Metropolitan-Vickers）的盖伊博士（Dr. Guy）之后，帝国化学工业公司（Imperial Chemical Industries）估计[1]，第一枚炸弹的材料能够在 1943 年底准备就绪。当然，这是设想不会出现一种完全没有预见到的大的困难情况。伍尔维奇（Woolwich）的弗格森博士（Dr. Ferguson）估计[2]，确定触发引信所需的产生高速度的方法将用时 1～2 个月。由于这可以与材料生产同时进行，所以在这一方面预计不会遭遇进一步的拖延。即使在原子弹准备就绪之前战争就已结束，除了出现不可能发生的全面裁军的情况，这种努力也不会白费，因为没有一个国家愿意在未拥有如此决定性潜在价值武器的情况下冒被赶超的风险。

我们获悉，德国费了颇多的周折去获得被称为重水的原料的供应。在较早的阶段，我们认为这种原料对我们的工作可能是十分重要的。然而，事实上似乎它在原子能释放方面的用途很可能仅限于不具有直接战争价值的变化过程，[3] 德国人现在可能也认识到了这一点，可以说，我们当前工作所依据的思路，对任何有能力的物理学家而言，都是很可能被联想到的。

迄今，最大的铀供应地在加拿大和比属刚果，由于积极寻求与之相伴

---

① 附录一。
② 附录二。
③ 《莫德委员会关于利用铀作为动力源的报告》。

的镭，所以除了在可能未被勘探的地区之外，不可能存在任何大量的铀。

2. 相关原理

因为原子中蕴藏巨大的能量以及放射性元素铀的特殊性质，所以制造这种类型的炸弹是可能的。其爆炸在原理方面与通常的化学炸药大不相同，只需 U_{235} 的数量大于一定的临界值就能够发生。这种材料的数量小于临界值则非常稳定。因此，如此数量是绝对安全的，这是我们希望强调的一个问题。此外，如果材料的数量超过临界值，则是不稳定的，反应将发生并以极快的速度倍增，导致出现前所未有的破坏力的爆炸。因此，引爆炸弹全部所需的是将两块都小于临界体积的放射性材料合在一起，当它们接触时就形成了超过临界值的体积。

3. 触发引信的方法

为了在这种爆炸中实现最大的效能，有必要以极快的速度将材料的两半合在一起，建议采取双管枪的形式利用普通炸药的爆炸将它们合在一起。

当然，这种枪的重量会大大超出炸弹本身的重量，但是不应超过 1 吨，一定要在现代轰炸机的载重范围之内。因此，建议炸弹（被包含在枪中）应使用降落伞投掷，当触及地面时，通过撞击装置使枪击发。炸弹下落的时间应足够使飞机脱离危险区域，由于目标范围非常大，所以不需要十分精确的瞄准。

4. 可能的效果

1917 年新斯科舍省的哈利法克斯大爆炸，提供了关于 1800 吨 TNT 炸药爆炸所能产生的破坏力的最佳估计。以下描述出自《炸药的历史》①。"这艘船载有 450000 磅 TNT，122960 磅火药棉，4661794 磅湿的和干的苦味酸，总计达 5234754 磅。爆炸区域从中心向四周延伸大约 3/4 英里，在这一区域内，毁坏几乎是彻底的。严重性的结构破坏普遍延伸至半径 $1\frac{1}{8}\sim 1\frac{1}{4}$ 英里的区域，而某一方向自爆炸点延伸至 $1\frac{3}{4}$ 英里。飞射起来的物品被抛到 3 ~ 4 英里远的地方，而窗玻璃破碎的情况一般远至 10 英里，个别情况下甚至达 61 英里"。

在考虑这一描述时，不要忘记部分爆炸的货物位于水面之下，部分则

---

① Published under the Direction of the Institute of Makers of Explosives by the Press of the Charles L. Story Co. , Wilmington, Del. , U. S. A.

位于水面之上。

5. 材料的制作和成本

我们十分详细地考虑了从天然铀中提取 U_{235} 的可行方法，并进行了许多的实验。本报告的第二部分描述了我们所提出的方案，在附录四中则描述得更为具体。它主要涉及铀化合物通过筛孔非常细的丝网的气体扩散。

在本报告所附的有关尺寸和成本的估算中，我们只采用了目前已有的丝网类型。可能的情况是，相对少量的研发能够制造出筛孔更细的丝网，从而使得可在相同产量的前提下建造规模稍小、由此成本更低的分离工厂。

尽管这种炸药每磅的成本非常高，但从所释放的能量和所造成的破坏的角度计算，它相比普通的炸药要好很多。[①] 事实上，它成本相对更低，而我们认为压倒一切的重要问题是，相比普通炸药的爆炸，它所造成的集中破坏、广泛的道德影响以及使用这种材料从而节省空军作战的努力。

6. 讨论

该方案的一个突出的难题是，主要原理不能被小规模地加以测试。即使制造最小临界体积的炸弹，也颇耗时间和金钱。然而，我们确信原理是正确无误的，虽然关于临界体积仍然存在某种不确定性，但迄今我们所能做出的最佳估算存在错误致使总体结论无效是最不可能的。我们认为，目前的证据足以证明强力执行该方案是合理的。

关于生产 U_{235}，我们已几乎实现了在实验室规模基础上所能达到的程度。该方法的原理是可以确定的，作为一项化学工程加以应用似乎不会过于困难。在更大规模基础上开展生产的必要性，目前是十分显而易见的，但我们开始面临找到所需科研人员的难题。而且，如果这种武器从现在开始的大约两年内可用的话，那么有必要开始计划建造工厂，尽管在二十级模型[②]得到测试之前尚不需要真正的大笔支出。对那些最终能够充当生产管理者的人员进行培训也是重要的。而许多辅助性的设备有待研发，比如那些测算 U_{235} 浓度的仪器。此外，需要开展大量的工作去研发六氟化铀的大规模化学生产，它是我们拟使用的气体化合物。

从以上叙述可以看到，现在工作已到了这样一个阶段，即重要的是，如果我们希望将其作为用于这场战争的一种有效武器，那么就应对是否在所必要的不断扩大的规模基础上继续工作下去做出决定。目前任何大的延

---

① 附录一。
② 第二部分第 15 小节。

误都等同于推迟这种武器问世的日期。

7. 美国的行动

我们被告知，虽然美国人正在致力于铀的问题，但是他们大量的工作旨在能源生产，就如我们报告中关于利用铀作为一种动力源所讨论的那样，而不是制造炸弹。事实上，我们已经同美国在交换情报的程度上展开了合作，他们已为我们承担了一两项实验室工作。我们认为，研发工作应当在大西洋两岸进行是重要且可取的，而不论最终决定将分离 U_{235} 的工厂定址在哪里；出于这一目的，委员会的某些成员看上去应当访问美国。我们获悉，这样的访问将受到美国处理这一问题的委员会成员的欢迎。

8. 结论和建议

（ⅰ）委员会认为，该铀炸弹方案是现实可行的，很可能在战争中带来决定性的结果。

（ⅱ）建议在最高优先权限以及在最短时间内制造出武器所需的不断扩大的规模的基础上，继续开展这项工作。

（ⅲ）目前与美国的合作应继续下去，特别是增进实验室工作范围内的合作。

第二部分
支持第一部分叙述的技术证据

1. 引言

放射现象提供了原子核中贮存着充足能源的首要证据，许多对于人工嬗变的观察证实了这一点。在这些人为的蜕变过程中，某些重原子核，特别是铀，因中子而发生的分裂呈现出特殊的现象，被称作裂变；铀原子核分裂为大致相同的两半。这种裂变过程存在两种独特的情况：首先，释放出巨大的能量，每一裂变为1.8亿电子伏，相当于同等重量的硝化甘油爆炸所产生能量的1000多万倍；其次，这一过程能够自持下去和自我递增，以至于起初只是影响一两个原子的作用过程，在短时间内会影响一块材料中的大部分原子。

存在这种可能性的原因在于，裂变本身在将原子分裂为两半的同时会产生中子；这些中子转而会导致其他铀原子发生裂变。不同的研究者测算了每一裂变所产生的中子数量，结果大约为3个。因此，理想情况下，如果没有一个中子被浪费，由于中子的高速度会快速影响存在于材料块中的大量铀原子，那么就可能产生迅速发散的链式反应。显然，这可能会产生一个非常强大的能量源，如果倍增的速度足够快，将导致十分剧烈的爆炸。

为了引起发散性反应，每一裂变产生平均数大于1的中子应当以导致产生裂变的方式被铀原子核吸收是必要且足够的。中子可能以两种方式丢失。它们可能逃离材料块而进入外部空气，或者它们要么可能以不会导致裂变的方式被铀吸收，要么可能被材料中存在的其他原子吸收。至于第一种情况，原则上可以通过增大材料体积而无限减小这种影响的重要性，因为作为一种体积效应中子的产生会随着材料体积的增大而迅速增加，从而大于作为一种表面效应逃逸损失的中子数。因此，如果发散性链式反应是可能的话，则至少需要我们称之为临界体积的材料的最小质量，但链式反应的可能性是由第二种丢失方式决定的。

我们因而有两个问题要回答：

（1）发散性链式反应是可能的吗？

（2）如果发散性链式反应是可能的，那么所需的铀的临界值是多少？

我们假设，材料中附带的杂质能够被减少到因其吸收导致中子丢失可以忽略不计的程度。那么，我们只需考虑铀的特性。

2. 铀的相关特性

天然铀是原子质量数238、235和234这三种同位素的混合体，其比例为1:1/140:1/17000。同位素234非常稀少，关于链式反应的可能性，我们只需考虑同位素238和同位素235的特性。

由于以下原因，仅在U_{238}中，核链式反应不可能发生：

（a）低于一定阈值能量（根据在华盛顿和利物浦进行的测算，大约为1电子伏）的中子不会引发U_{235}的裂变；

（b）即使大于阈值能量的中子，在6～8次撞击中也只有1次会引发裂变；在大多数撞击中，中子被"无弹性地"散射，撞击后它们的能量则低于阈值。"弹性"散射的中子只是以小角度发生偏离，接近第一个近似值时可以视为未散射。

然而，在U_{235}中，条件则有利于链式反应，因为：

（a）所有能量的中子，不论多少，都能引发U_{235}的裂变；

（b）在这种情况下，2～3次撞击就大约有1次导致裂变发生；如U_{238}的情况一样，大多数其他撞击是无弹性的，但能量损失增加了它们导致U_{235}发生裂变的能力；

（c）在未导致裂变的情况下，中子被 U_{235} 原子核俘获的概率是非常小的。已经测算了一些元素的快中子俘获截面，包括天然铀，数值都是在 10^{-26} 平方厘米的数量级。相比 U_{235} 的裂变有效截面，这是可以忽略不计的。

3. 链式反应的可能性

因此，看上去产生发散性链式反应的可能性取决于 U_{235} 的特性。天然铀中 U_{235} 所占的正常比例是否足以满足这一目的尚未被确定，但总体上证据不支持这种可能性。然而，即使天然铀中产生链式反应是可能的，实现它所需的铀的临界值也是十分巨大的——为 100 吨数量级，以至于阻止了这一过程发展成为一种军事武器。此外，为如此大块材料（见第 6 小节）安装引信是完全不可能的。

可以指出的是，能够通过加入合适的轻元素来实现天然铀支持发散性链式反应的条件，从而减少中子的能量，增加它们引发裂变的能力。作为一种动力源，这种机制被证明是非常重要的，将在单独的报告中加以论述。但是，它们不适合作为一种爆炸性炸弹的基础，原因在于慢中子引发的反应发生得不够迅速（见第 4 小节）。

产生有效爆炸的唯一可能的方式，是从天然铀中去除至少是"惰性的"同位素 238 的那部分，从而提升同位素 235 的比例。随着 U_{235} 的含量增加，临界质量将迅速下降。关于所需材料数量和实现一定 U_{235} 含量的研究表明，迄今最佳的做法是生产近乎纯净的 U_{235}。这是极其重要的，因为浓缩的后期阶段相比最初阶段需要的支出要小。

如果能够大量获得纯净或近乎纯净的 U_{235}，那么其中产生的任何中子都会引发裂变，因为任何能量的中子都是有效的，而唯一的竞争过程，即不会引发裂变的俘获，并不重要。由于每一裂变平均产生 3 个中子，所以裂变过程将随着时间呈指数级增加，从而发生爆炸。

4. 反应的效率

如果铀块中相当可观的原子在很短的时间内经历裂变，其所释放的能量将非常大，以至于铀块将达到 $10^9 \sim 10^{10}$ 摄氏度，以及数百万个大气压强。接着，它将以十分快的速度膨胀。随着铀块密度的下降，中子能够更轻易地从中逃逸，于是链式反应将终止。为了释放相当可观的可用能量，反应有必要迅速发生，从而使大部分材料可以在系统突然爆裂之前发生反应。如果像我们另一份报告中所描述的安排那样依靠减速的中子去引发裂变，这种情况就不能成立；必须要使用快中子。

裂变产生的中子平均拥有大约 1 电子伏的能量，相当于 1.4×10^9 厘米/秒的速度。反应的主要部分——最终的裂变雪崩——将在 10^{-8} 秒数量级的时间内完成。在这一时间内，铀块已大幅地膨胀，以致反应由于中子的逃逸而停止。基于这些因素，可以计算出膨胀的速度和由此赋予铀块的动能。看上去，随着中子速度的加快——它们的数量随速度加快而倍增，以及材料质量的增加，反应效率会相应地增加。派尔斯教授已经对反应效率进行了计算，M. H. L. 普赖斯博士则计算得更加详细。结果显示，可以获得的效率为 1%～10%，取决于材料质量与能够产生发散性链式反应的最小铀数量之比，以及某些其他因素。应记住的是，具有 1% 效率的铀炸弹所释放的能量等同于相同重量的 TNT 炸药的 18 万倍。

5. 临界体积

就如我们在第 1 小节中所指出的那样，核链式反应只能在材料数量超过某一临界体积时发生，与普通化学炸药截然不同。这是由于铀原子核只拥有 10^{-24} 平方厘米数量级的中子撞击有效截面，其结果是固体铀中的中子在撞击铀原子核之前平均要运动几个厘米。例如，如果铀块的尺寸小于 1 厘米，那么大部分中子将在未引发裂变的情况下逃逸。然而，在大块铀中，逃逸中子的数量更多地被裂变所产生的那些中子数补偿了，并且一个"触发"中子就能够引起发散性的链式反应。

通过派尔斯教授推导出的公式，可以计算出 U_{235} 球体的临界体积，如果以下数据是已知的话。

（1）一次裂变中所产生的中子数。不同来源的证据表明，这一数字大约为 3，并且肯定大于 2.5。

（2）材料的密度。对于低临界质量来说，材料必须尽可能地密实。因此，有必要使用坚实形式的金属 U_{235}。天然金属铀的密度是 19.6。

（3）碰撞有效截面。尚不能测算出 U_{235} 的有效截面，但设想它与天然铀的数值相同是合乎逻辑的，因为对快中子而言碰撞有效截面从一个元素到下一个元素几乎没有什么变化。已经使用快中子对天然铀的总有效截面进行了测算，其中一半归因于衍射。结果显示，对于 1 电子伏的中子而言，总有效截面在 7×10^{-24} 平方厘米至 10×10^{-24} 平方厘米之间。因此，碰撞有效截面在 3.5×10^{-24} 平方厘米至 5×10^{-24} 平方厘米之间，对于 U_{235} 来说这包含了裂变有效截面。衍射效应（弹性散射）主要限于小角度，对计算临界体积的意义不大。

（4）裂变有效截面。这是与临界体积相关的最重要的量值，我们必须对已获得的数据作详细的论述。

迄今，只制造出非常少量的已分离的 U_{235} 和 U_{238}。实验表明，U_{235} 在慢中子作用下经历了裂变，而 U_{238} 没有，但是对于测算裂变有效截面来说，数量太少，尤其是在高能量状态下。在本委员会的请求下，美国国防研究委员会（NDRC）已经要求尼尔博士（Dr. Nier）制造少量的足以能够进行这些测算的已分离的 U_{235}，我们希望短时间内能够收到这种材料以及美国研究人员的结果。

在此期间，几乎所有所需的证据都能够从对天然铀所做的裂变有效截面随着轰击中子能量发生变化的测算中获得。

在华盛顿和利物浦所做的实验表明，当中子能量超过 1 电子伏并接近 2 电子伏以上的能量恒定值时，裂变有效截面迅速地增加。这种效应符合玻尔和惠勒理论的推测，[①] 随着中子能量的增加，裂变将以一定的阈值能量开始，并迅速达到一个恒定的概率。

无论从上述效应的大小还是从 U_{238} 在慢中子的作用下不会产生裂变来看，显然在 1 电子伏基准上跃升代表了 U_{238} 的阈值。因此，低于 1 电子伏能量的中子引发裂变的情况必定适用于 U_{235}。

根据这种设想，在利物浦进行的测算所得出的 U_{235} 裂变有效截面的值为从中子能量大约 0.35 电子伏时的 2.1×10^{-24} 平方厘米至中子能量大约 0.8 电子伏时的 1.5×10^{-24} 平方厘米。

这方面的另一测算值是弗里施博士使用能量从 0.2 电子伏到接近 1 电子伏的混合中子束获得的。所得到的值是 2.3×10^{-24} 平方厘米。

应当指出的是，这些依据中子能量得出的裂变有效截面的数值，远低于裂变中子的平均能量。此外，一次非弹性碰撞将使中子能量减少大约 0.2 电子伏，以至于我们采用以上给出数值的平均值，即 2.0×10^{-24} 平方厘米，1.5×10^{-24} 平方厘米作为下限，则不会有太大的错误。

我们将首先采纳我们认为最有可能的数值：裂变中子数 = 3；碰撞有效截面 = 4.0×10^{-24} 平方厘米，我们增加了 1×10^{-24} 平方厘米以便产生弹性散射；裂变有效截面则为 2.0×10^{-24} 平方厘米。我们发现，球体的临界质量刚好超过 9 公斤。

_____

① Bohr and Wheeler, *Phys. Rev.* , 56, 426 (1939) .

如果我们现在采纳最低可能的看法：裂变中子数＝2.5；碰撞有效截面＝3.5×10^{-24}平方厘米，而不产生弹性散射；裂变有效截面＝1.5×10^{-24}平方厘米，我们获得的临界质量则为43公斤。然而，这一定是一个高估的值，因为完全忽视了弹性散射，而且所选择的裂变有效截面虽然对原始中子而言是一个可能的数值，但对于即使进行一次非弹性碰撞的中子而言肯定是太小了。

6. 炸弹的尺寸

我们现在将考虑炸弹的最佳尺寸。由于能量释放的效率随着材料块超过临界质量而增加，所以从爆炸效果的角度出发使用大的材料块是更可取的。此外，随着炸弹尺寸的增加，制造成本和引爆的难度也相应加大。在第5小节中计算出的临界体积是针对自由空间里的球体，但是它有利于我们使用钢或其他厚实的封塞材料来环绕铀。这种做法具有两个优点：首先，在爆炸过程中，材料块抵制炸弹的爆炸力，从而提高了效率；其次，环绕材料会散射回一些相反情况下将要逃逸的中子，从而减小临界体积。为了获得良好的效率，最好使材料块的体积是因封塞而改变的临界体积的大约两倍。所附的表格给出了关于每一裂变的中子数和有效截面不同假设的情况下，改变后的以及未改变状态下的临界体积值。你们会注意到，当临界质量较大时，封塞将具有更大的相对效果。

以公斤计的临界质量

假定	封塞状态	所假定的裂变有效截面		
每一裂变产生3个中子：		1.5×10^{-24}	2.0×10^{-24}	2.5×10^{-24}
碰撞有效截面4×10^{-24}	未封塞	17.2	9.0	5.1
分配给衍射的量1×10^{-24}	完全封塞[1]	5.16	3.0	1.87
每一裂变产生2.5个中子：				
碰撞有效截面3.5×10^{-24}	未封塞	42.7	21.8	14.3
忽视衍射	完全封塞[1]	13.2	7.5	5.1

[1] 厚度为铀球体半径两三倍的材料壳将会产生接近完全封塞状态的结果。

将所有因素考虑在内，我们得出结论，炸弹的临界质量为10公斤是一个合理的估计，在本报告的其余部分，我们将暂定采纳这一数字。这是一个直径大约为 10 厘米的球体。如果真实的情况越接近我们最悲观的估计，特定的工厂在特定的时间内能够制造出的炸弹就越少，但是，每一种情况下的破坏力将相应地变得更大。

7. 触发引信的方法

触发引信的问题与其说是如何在所需的瞬间启动爆炸，还不如说是如何防止它过早发生，因为触发中子一直存在。因此，有必要将炸弹做成两部分或更多部分，每一部分低于临界体积，并保持一段安全的距离，只在需要爆炸时才通过一种辅助机械装置将其合在一起。

出于下述原因，各部分的组合应尽可能地迅速。因为当各部分彼此接近时，将在某个点达到链式反应的临界状态，任何在其后到来的触发中子都能够引发爆炸。然而，爆炸的威力（见第 4 小节），取决于中子倍增的速率，如果在炸弹的各部分完全合并之前发生，将被削减。尽管效率较低，但过早爆炸的威力仍然十分强大。

如此"过早"爆炸的概率，取决于触发中子的频率，以及达到临界程度与各部分完全合并之间所耗费的时间。

由于宇宙射线，总是存在着一些中子，但是最重要的触发中子源是铀的自然裂变。这在天然铀中被发现达到了可测量的程度，大概主要是同位素 U_{235} 造成的，但十分稀少的 U_{234} 可能也起了很大的作用。从利物浦的派尔斯博士所进行的测算看，只要其他同位素不对观察到的结果构成影响，似乎 1 公斤的 U_{235} 将产生每秒大约 800 次裂变。这一假设为触发引信问题提供了最不利的条件。

此外，存在一些源于裂变过程生成物的"缓发"中子，体现了触发中子的一个额外来源。如果炸弹的分开部分远小于临界体积，那么"缓发"中子的影响就能够一直处于较小的状态。

假定一块 10 公斤的材料用于炸弹，通过以大约每秒 6000 英尺的相对速度将材料的两部分合并在一起，那么有可能将过早爆炸的可能性降至 10%。伍尔维奇研究部门的弗格森博士[1]告诉我们，这是可行的。

整个炸弹和枪型装置将从飞机上使用降落伞投掷，在撞击地面时，由击发引信使枪型装置击发。下落的时间将足够长，以便飞机能够逃离危险

---

[1]　附录二。

区域，而由于炸弹破坏范围大导致的瞄准不精确是不重要的。炸弹的整体重量将完全处于现代轰炸机的载重范围内。

尽管这样一种枪型装置的设计意味着大量的开发工作，但这可以与工厂的建造同时进行，应该不会导致任何额外的延迟。

如果出于任何原因有必要使用一种比所设想的尺寸要大得多的炸弹，那么可能会带来困难，因为更大的炸弹在给定的时间内会产生更多的自然裂变。

这样，过早爆炸的可能性将增加，特别是在可能发生部分爆炸的程度与炸弹的直径成正比的情况下，除非能够相应地加快速度。由于更大的质量会难以驾驭，这可能存在困难，无论如何要获得远大于每秒 6000 英尺的相对速度是有困难的。此外，应记住，即使是过早的爆炸，平均也将释放出很大一部分可能的能量。

8. 破坏估计

我们认为，10 公斤的炸弹能够轻易产生 2% 的效率，结果释放的能量将相当于 3600 吨 TNT 的能量。

在考虑这样的看法时，首先有必要确保从小块材料中所释放的巨大能量事实上能够造成在普通炸药的经验中可以预料到的那种破坏。而在未拥有这样一枚炸弹的情况下，只能借助计算来加以解决。G. I. 泰勒教授[①]（G. I. Taylor）为我们研究了这个问题，并报告称，"在压力和持续性方面，很远处的冲击波可比一定数量的 TNT 产生的冲击波，后者释放出的能量与你们的铀炸弹相同"。确切的比例取决于具体的假设，但离 1/2 相差不远，即需要铀炸弹释放两倍的能量以产生 TNT 的效果。因此，10 公斤的炸弹所造成的破坏将等同于 1800 吨 TNT，泰勒教授[②]已经计算了铀炸弹在不同距离所产生的压力，但是它们比实验数量的 TNT 压力持续的距离要长得多，由此可能造成更大的破坏，也许最好使用 1917 年哈利法克斯这样的大规模意外爆炸的已知效果作为标准。（本报告的第一部分）

除了爆炸的效果之外，将有数量非常大的放射性物质产生，散布在受爆炸影响的区域。实际上已知裂变的产物是 β 射线，在变得无害之前会经历许多的嬗变。估算它们效果的程度是很难的，特别是由于最重要的物质是那些具有长寿命的物质，在实验室条件下进行研究最为困难。然而，似

---

① 杰弗里·泰勒（Geoffrey I. Taylor），英国物理学家和数学家。——编者注
② 附录五。

乎可以肯定的是，在相对长的时间内，被爆炸摧毁的区域对生命而言是充满危险的。这些辐射带来的生理影响是长期且会累积的，以至于在附近任何地方工作都得倍加小心。如果认识到了这一点，由此对生命造成的危险可能小于实际爆炸应造成的危险。

9. 开发问题

主要问题是生产数量相对非常大的分离的同位素。次要问题则是在需要的时间和需要的地点制造爆炸的方法。

10. 同位素的分离

少量的纯同位素已经通过正射线制取出来。正是通过这种方法，尼尔制取了几微克用于测算裂变的有效截面。然而，通过这种方法，即使制取几克同位素，也是难以做到的。本委员会认真研究了生产大量近乎纯 U_{235} 的一些可能方法。其中包括热扩散法、离心法和通过小孔的气体扩散法。我们得出的结论是，对于大规模生产而言，后者是迄今为止最具前景的方法。它的优势是基于早已充分了解并易于计算的物理原理。与离心法相比，情况也是如此，它胜出是因为系统不需要迄今只是一种实验室仪器的高速离心机的那种极高精确性。一度看上去最具前景的热扩散法，由于不知道可以使用哪种铀化合物，所以不得不放弃。我们认为，美国方面也得出了同样的结论。另一个不利因素是，这种装置的平衡时间非常长。

11. 西蒙装置

经小孔扩散气态化合物的分离方法，是研究同位素分离初期阿斯顿[①]（Aston）尝试的方法之一，赫兹[②]（Hertz）和其他人最近成功地利用了这种方法。如果用陶土这样的多孔材料来提供小孔，那么这种方法则是缓慢的，但是派尔斯教授指出，如果使用带孔的薄金属片作为隔膜，将加快生产过程，并带来尚可的产量。西蒙博士[③]（Dr. Simon）已经设计了一种利用这一原理的装置。

12. 材料

为了利用这种方法，必须使铀处于气体状态。为此，最合适且事实上

---

① 弗朗西斯·阿斯顿（Francis W. Aston），英国物理学家和化学家，1922 年获诺贝尔化学奖。——编者注

② 古斯塔夫·赫兹（Gustav L. Hertz），德国物理学家，1925 年获诺贝尔物理学奖。——编者注

③ 弗朗西斯·西蒙（Francis Simon），原名弗朗茨·西蒙，德国犹太物理学家，在林德曼的邀请下 1933 年前往英国，后加入英国国籍。——编者注

几乎唯一可能的化合物是六氟化铀，这是一种白色的固体，在室温下拥有可估量的气态压力，并在 60℃ 时出现升华。霍沃思教授[1]（Haworth）及其同事会同帝国化学工业公司，研究了制取这种物质的方法和特点，他们已为我们制取了 3 公斤，并对大规模生产的方法进行了研究。他们认为，这种工艺是可行的，虽然规模有些大——因此成本较高，但开发工作不得不做，这可以在建造规模如下考虑的西蒙工厂所需的时间内完成。

13. 工厂的特点

每一扩散过程将导致通过的气体部分中较轻同位素的浓度稍微增加，而在留下的部分中相应地减少。这种增加只有大约 2/1000，确切的数值取决于混合的状态。为了使浓度加倍（即达到 2/140），需要大约 350 级，而浓度要达到 99%，则需要大约 4500 级。如在所有的浓缩过程中这样做，在每一级中通过受阻的物质将在前一级中再次被使用，而生成物在后一级中被使用。如此，工厂的一个共同特点是，相比只需生产出实际所使用材料的最后一级，前面的级数量不得不非常多。对于我们所关注的浓缩而言，整个工厂扩散膜的总面积与最后一级扩散膜面积的比值为 $145/\varepsilon^2$，这里 $1+\varepsilon$ 是影响单一级中浓度[2]增加的因数。另外，有必要提供回收工厂，以利用从第一级开始产生的通过受阻物质，否则材料的消耗将多得负担不起。在回收工厂规模与节省材料之间的最佳折中方案也许是，使回收工厂的规模大约为工厂主体规模的 10%。按照这种做法，最终生产 1 公斤材料需要大约 400 公斤的原料。由于同位素 235 最初以 1∶140 的比例存在，所以这意味着生产出的浓缩物中同位素 235 为最初原料的大约 1/3，剩下的则被阻。

14. 机械排列方法

当然，除了一种合适的扩散膜之外，有三件事在建造工厂时是至关重要的：

（1）每两个连续级之间压力差的产生；

（2）在紧邻扩散膜的地方使气体充分混合；

（3）简短的管道连接。

（A）西蒙博士最早提出使用离心鼓风机以产生压力差，因为圆周速度能够轻易地超过气体的分子速度（120 米/秒），同时通过将膜安装在转子的周围，利用它们充分混合紧邻膜的气体。圆周的交替部分由扩散膜和避免

---

[1]　沃尔特·霍沃思（Walter N. Haworth），英国化学家，1937 年获诺贝尔化学奖。——编者注
[2]　严格地说是数量 $c/(1-c)$，这里 c 是浓度。

被阻气体逃散的风门组成。许多这样安装有扩散膜的叶轮可以轻易地被置于一个轴上，以形成一套10~20级的组件。管道连接变得十分简单，由于整套组件能够通过重复数量不多的零件来构建，所以适合大规模的生产。

（B）最近，派尔斯教授提出了另一种混合气体的方法，省去了机械搅和。

气体被迫通过两个膜形成的壁的狭窄空间。一些气体通过这些膜扩散，这使得靠近壁的气体缺少轻同位素。如果两个壁彼此被维持足够小的距离，通过扩散，这种轻同位素的损失会在整个宽面上均匀分布。因而，气体沿着均匀成对的膜前行，但轻同位素成分持续减少。到这对膜的末端，气体只剩下一半的数量，这种残留物则构成了重的部分。

西蒙博士也研究了这种方法的现实可能性。他得出的结论是，总体的设计与（A）中的大致相同，因此保留了离心鼓风机和简单管道系统的优点。

方法（B）的主要优点在于，可以在每个转子上安装更多的膜——如果需要，可以使成对的膜多于一层。这一点是很重要的——假如我们手中的膜渗透性小的话，因为在这种情况下一个叶轮的全部输出不能用（A）方法来处置。方法（B）的缺点在于，膜的安装将更为复杂，而且膜的渗透性越高，情况越是如此，因为这需要尺寸非常小的成对膜。一般可以这样说，高渗透性的膜适合方法（A），低渗透性的膜则适合方法（B）。至于选择哪一种方法更好，主要取决于我们手中全新丝网的细度，也取决于叶轮排列和安装膜的相对成本。

15. 目前的实验状况

直至目前，在克拉伦登实验室开展的实验表明，所讨论的这种非常紧凑的方法是可行的，因为即使在170米/秒的圆周速度下摩擦产生的热量也可以忽略不计。分离与氟化物具有大致相同平均原子量但分子存在较大差异的两种气体的初步实验也表明，数量级的分离是可以预期的。有关热量传递、腐蚀以及特别是有关膜的问题，正在进行大量的辅助性实验。所有的证据显示，不存在无法克服的困难，尽管当然还有许多细节需要注意。

与此同时，一个20级模型的设计正在进行之中。大都会威格士公司有这样一个合同，盖伊博士及其助理埃尔切先生（Elce）正在致力于该设计工作。与帝国化学工业公司也订有一个合同，以便在包括润滑和气密密封在内的普遍问题上获得他们的意见，由于气体的腐蚀性，必须特别地小心。与西蒙博士和霍沃思教授在这些和其他的问题上开展合作方面，他们是最有帮助的。20级的模型正在设计之中，它包含两套各10级的组件，一套组件按照方法（A）设计，另一套按照方法（B）。它将提供足够的六氟化铀分离测试。

对于完整规模的工厂而言，膜的问题是重中之重。克拉伦登实验室的阿姆斯先生（Arms）已经用 430 筛目的丝网轧制了非常令人满意的样品，筛目的尺寸为 1/100 毫米，渗透率大约为 1/30。但是，这些丝网是在欧洲大陆生产的，难以大量地获得，或者即使它们的生产能够进行，也将意味着成本过于高昂而被延误。目前能够足量获得的最好的丝网是 200 筛目的。

16. 工厂的规模

在目前可获得的材料并由此考虑只有 200 筛目的丝网的基础上，西蒙博士估算了工厂的规模和成本（见他的报告，附录四）。尽管在未详细研究的情况下难以确定使用 450 筛目丝网时是方法（A）还是方法（B）更具优势，但使用 200 筛目丝网时肯定是方法（B）更适合，至少对构成工厂的大部分级来说是如此。成本则是基于大都会威格士公司关于大规模制造包括有着 72 厘米直径转子和 9 厘米宽叶片的一套 10 级组件的大致费用情况，他们认为，出于技术上的原因，它们是最佳的尺寸。辅助装置、材料的生产、工厂的建造等数据，则由帝国化学工业公司的利普斯科姆比先生（Lipscombe）与克拉伦登实验室的西蒙博士合作提供。

它表明，需要 1900 套所描述的那种组件，制造每套组件大约要 1750 英镑，因而分离机的总成本是 330 万英镑，而工厂的总成本是 450 万英镑，或在不时之需的情况下为 500 万英镑。

就此数量而言，能够在目前可获得材料的基础上建造工厂。丝网的改进将降低这方面的成本。看上去最有希望的是一家美国公司的产品"Lectromesh"，该公司不是通过编织而是通过电解的方式生产丝网。我们认为，这些丝网可以做到 400 筛目，也正在讨论他们是否能够制造更理想的狭缝类型的膜。对于其他制造膜的方法，包括林德曼教授提出的一些方法，将被加以研究。

莫德委员会
飞机生产部
伦敦
1941 年 7 月

附录一　核能作为一种爆炸物

帝国化学工业公司的解释

（1）关于制造一种可从空而降爆炸的爆炸物的核能开发工作，目前已进入了能够明确那些与大规模生产相关问题的阶段。帝国化学工业公司的看法是，这些问题能够得到解决，生产工厂能够建造起来。

注：以下符号 U 被用来指代天然的铀同位素混合物，而符号 U_{235} 被用来指代分离后的活性同位素。

（2）利用核能制造一种爆炸物涉及以下工序：

（a）生产六氟化铀；

（b）活性同位素的分离；

（c）从六氟化铀 235 中制取大量的金属铀（235）。

每天生产 1 公斤 U_{235}，需要每天生产 450 公斤 ~650 公斤的六氟化铀，而这一数量的六氟化铀被认为能够在商业规模的基础上加以生产。所建议的生产方法是已被用来为飞机生产部取 3 公斤六氟化铀的那种方法，涉及氟和金属铀之间的直接化学反应。一家每天生产 450 公斤六氟化铀的工厂，将花费近 10 万英镑。如果立即开始着手一些调查，整个工厂将能够在近 18 个月内建成。

在我们看来，西蒙教授建议的那种扩散工厂以每天最多 1 公斤 U_{235} 的规模分离活性同位素是现实可行的。预计如此规模工厂的总资本支出大约为 50 万英镑。

如果竭尽全力，我们相信到 1942 年 3 月 1 日一套分离组件能够准备就绪进行测试，之后至 1942 年 6~9 月间工厂实际使用的组件的详细设计应可以就绪。在此期间，可以制订出完整规模工厂的计划，并可以在现场开始前期工作。

我们认为，在 1942 年 8 月 1 日之后，可以开始制造分离组件，并且在 6 个月内（即至 1943 年 2 月 1 日），持续制造的这些组件将被运往工厂所在地。这些组件将被安装，在 1943 年秋天则可以开始生产六氟化铀 235，而 1943 年底将制造出第一枚炸弹。一年内，如果需要的话，每月工厂将生产 30 公斤 U_{235}（每天 1 公斤）。

这一估计不是基于大都会威格士公司提供的任何确定的生产速度数据，而是与盖伊博士深入讨论后给出的，其假定给予制造组件的工程车间在制造它们方面以最高的优先权。

在如此工厂分离出的六氟化铀 235 能够被转化为金属铀（235）。

（3）对此过程而言，至关重要的原料是铀，其已知的供应在地理上十分有限。两个最重要的矿石来源地是比属刚果和加拿大。目前，矿石的开采是为了获得它的镭成分，而在战争之前，铀的产量接近每年 300 吨。

在加拿大，有大概 500 吨的铀储备。而在这个国家里，有充足的铀用于生产金属铀的工序研究和开发。

对于六氟化铀的制造，我们建议应通过用氢化钙分解氧化物的方式来生产金属铀。氟能够从处理后的六氟化铀中回收，并再次用来与更多的铀进行反应。

（4）现在，用于分离活性同位素的扩散法已经达到开发的阶段，在这种情况下，我们建议应成立一个生产委员会负责这件事。该委员会务必使为建造完整工厂而需要解决的所有问题都得到调查，从而在需要时调查结果能准备就绪。另外，如果出于技术上的或其他原因的考虑，每天生产不超过 1 公斤的金属铀被认为是可取的，那么将调查并报告较小规模工厂的成本。该委员会将为这样的工厂建议一个合适的地点。

帝国化学工业公司准备代表飞机生产部接管这项工作。这一安排将与该部在其他情况下已做出的安排类似。

铀炸弹的成本

同位素分离工厂每年生产 360 公斤的资金成本 500 万英镑

1 年的工作成本 150 万英镑

铀和其他材料的成本 200 万英镑

箱子和 300 英镑的 36 枚炸弹的装箱成本 1 万英镑

————————————

851 万英镑

如果总成本计入 36 枚炸弹，

那么每枚炸弹的成本是 23.6 万英镑

（一枚炸弹等同于 1800 吨 TNT）

TNT 炸弹的成本

TNT 工厂每年生产 6.5 万吨的资金成本 505 万英镑

按每吨 90 英镑计算的制造成本 585 万英镑

箱子和每枚包含 1 吨 TNT 的 6.5 万枚炸弹的装箱成本 325 万英镑

每枚以 50 英镑计

———————

1415 万英镑

如果总成本计入 6.5 万枚炸弹，

那么每枚炸弹的成本是 218 英镑

炸弹中 1800 吨 TNT 的总成本是 39.2 万英镑

附录二　伍尔维奇研究部门的弗格森博士的来信选段

如果两个接近部分的重量各是 10 公斤级的，那么给予这两个部分以每秒 3000 英尺量级的速度估计不会特别困难。目前我预计的主要困难是，确保在向后和向前移动的条件下安装在移动中这两部分里的材料状况仍然令人满意。我认为，只有通过实际试验才能确定。

就如以上我所指出的，只要所设计的两部分的重量是 10 公斤级的，那么如果该工作被高度重视且必需的工作人员能够就位的话，通过同时给予每一部分以每秒 3000 英尺速度的方式想出方法所需的时间大约是 1 ~ 2 个月。

1941 年 7 月

附录三　大都会威格士电气公司的 H. L. 盖伊博士的
来信选段

如果我们从物理和化学的角度正确地认识到了工厂的种种所需，那么我们相信，能够制造出合适的设备。虽然一些构造特征仍然需要令人满意的解决办法，但是我们预计可以找到这样的解决办法。按照我们目前设想的思路，这种设备应该是一种实用的设备。如果恰当地制造，将是一种令人满意的工作装置，但必须预想到一些开发方面的困难。

H. L. 盖伊

机械工程部总工程师

1941 年 6 月 28 日

附录四　牛津克拉伦登实验室的 F. 西蒙博士
关于分离工厂的评论

本报告旨在提供有关每天从天然铀中分离 1 公斤 U_{235} 的工厂规模和成本方面的数据。判断则是基于克拉伦登实验室的实验以及其他实验室所提供的数据，并且是在与对建造设备大模型有过深思熟虑的大都会威格士公司人员和已研究了工厂所有方面的帝国化学工业公司人员讨论之后所得出的。在理论问题上，我们与派尔斯教授有着频繁的合作。

本报告的主要意义是探明工厂的规模和成本，而在拥有目前可获得材料的情况下——尤其是膜，该工厂应能够成为现实并且不过于困难地进行足够产量的生产。由于在现实工厂开始建造之前研究工作仍在继续，人们当然可以期待生产技术的改善和简化，从而导致工厂的建造成本更低或是相应的建设速度更快。然而，肯定难以预测这些改进的确切结果，所以不久的将来策略应是建立在这里所提供的最大数字的基础之上。

装置的原理

就如 10 年前赫兹所制造的装置那样，该装置利用膜扩散作为基本工艺。但是，前者只能处理微量的材料，而我们此处关注的则是完全不同的数量级，而且同位素重量上的相对差异非常小。因此，除了我们气体的化学活性会排斥这种方法之外，赫兹装置的简单倍增将导致一个绝对不可能的规模。

当然，除了合适的扩散膜之外，在建造工厂方面，有三件事是必不可少的：

（1）在每两个连续级之间产生压力差；

（2）在靠近扩散膜的地方提供充分混合的气体；

（3）简短的管道连接。简短是至关重要的，因为对拥有如此多的级的工厂来说平衡时间无论如何都是一个需要认真对待的问题，而平衡时间是与工厂的总容量成正比的。

（A）解决这一问题的最初建议如下：

推动气体通过工厂所需的压力，来自每两个连续级之间的离心式鼓风机。为了以这种方式制造出明显的压力比，转子的圆周速度必须达到分子的速度，而在这一点上我们分子的高分子量是有利的。在室温下，分子的速度为大约每秒 120 米，在没有任何大的技术困难的情况下，能够轻易地达到和超过这一速度。

在靠近扩散膜的地方充分地混合气体，是通过图 1 所示方式利用转子叶片的高速度达到此目的的装置来实现的。图的中心显示的是转子，而扩散膜被安装在靠近其周边的地方。气体进入轴心附近的一些地方，并被推压通过膜，同时靠近膜的气体被充分地搅和。轻同位素通过膜优先扩散，而富含重同位素的部分在膜的另一面从 R 向 S 运动逐渐积聚。这部分几乎与通过膜的那一部分相等，从开口 H 处排出，之后重新开始循环。膜的截面长度和任何一个有效截面上膜的数量——两者相等，取决于膜的性能和叶片的速度。

作为一个有效截面，图 2 给出了一些级组合起来的草图。图的左侧表示的是穿过扩散膜的横截面，而右侧表示的是图样平面穿过去除重同位素的通道之一。轻同位素以易于从图中理解的方式转移至下一级，而重同位素被送回至前一级。可以看到，通过重复 N 和 M 之间的部分，整个工厂能够非常简单地建造起来，而不需要复杂的管道连接等。

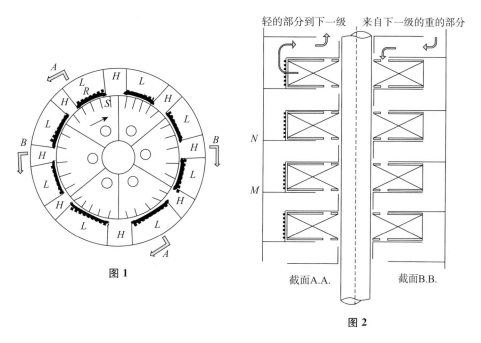

图 1

图 2

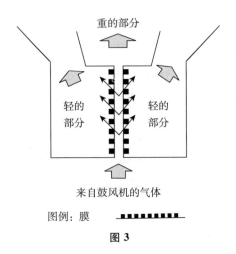

图3

（B）最近，派尔斯针对利用机械搅和来混合气体提出了另一个解决方案。其想法是推动气体通过一个狭窄的空间（图3），其中两个膜构成了壁。一些气体通过这些膜进行扩散，这导致壁附近的气体轻同位素的含量很低。如果两个壁之间保持足够小的距离，这种轻成分损失的情况将通过扩散在整个宽面上均匀分布。这样，气体均匀地沿着膜对（membrane pair）行进，但轻同位素的成分逐步减少。在膜对的最后，只有一半数量的气体被保留下来，而该残留物即为重同位素的部分。通过膜扩散至膜对之外空间的气体即为轻同位素部分。膜对的尺寸取决于膜的性质（孔的大小和渗透性），并且应当提及的是，在使用目前我们可用的膜的情况下，尺寸保持在了合理的范围内。例如，两个膜之间的距离是1/2至1毫米级的。

可以通过像（A）中那样的叶片不适合双重目的的任何方式向这种装置供应气体，因此可以考虑使用类型截然不同的压缩机。然而，能够证明离心式鼓风机要远远优于任何其他的方式。此外，从连接简短的角度看，按照（A）中所论述的方式使不同级结合起来的优点如此巨大，以至于即使使用膜对，仍然可以保持（A）方案的其他特点。因此，除了使用恰当尺寸的膜对组件替代扫掠膜（swept membranes）的情况外，使用膜对的工厂看上去与前者非常相似，轻与重的同位素将以与图3相同的方式被传送至其他级。

在方案（A）中，所使用膜的面积大小是由转子的圆柱面的面积决定的，或者如果额外在每个部分的叶片水平位置上方和下方放置同样面积的膜，那么最好约为这一面积大小的3倍。方案（B）则不存在这种限制。首先，如果在径向方向上放置膜，那么单个级中就可以放置更多数量的膜，而如果这不够的话，可以在转子周围放置第二甚至第三个膜对"层"。除了单个部分的分离效率稍高一些之外，这是膜对的主要优点。主要的缺点则是，这些膜对的放置相比方案（A）在技术上更加复杂，特别是如果我们必须在转子周围使用不止一层膜对的话。当使用高渗透性的膜时，第二个缺点将变得更明显，因为在这种情况下膜对的尺寸不得不小得令人难以接受。

总的来说，可以这样认为，高渗透性的膜适合方案（A），反之适合方案（B）。因此，选择哪一种方案更好，则主要取决于我们可用的原始丝网的细度，以及叶轮布置和膜安装的相对成本。这一点将在稍后论述。

实验

一些开展的实验表明，所描述的这种工厂是可行的。霍沃思教授的实验室和帝国化学工业公司位于威德尼斯（Widnes）的实验室所开展的实验则证明，在干燥的状态下，大多数金属不会被侵蚀，以致不难找到一种合适的材料去制造装置和膜。而且，有几种物质可用于密封。然而，尚未找到令人满意的液体，用于润滑或是离心密封。因此，似乎可以肯定的是，轴承必须在没有我们的气体的环境中运行，这样一来提供密封装置是必不可少的。我们和大都会威格士公司已密切关注了这一问题，并且我们确信，传统结构的迷宫式密封装置加上使用缓冲气体，并不时从我们的气体中将其去除，将提供一种令人满意的解决办法。

不同尺寸模型的实验表明，即使转子的圆周速度是声音速度的两倍之高，也不会在我们的工作压力下——为 1~2 毫米级的，产生明显的气体摩擦热量。因此，可以在去除摩擦热量方面不遭遇任何困难的情况下产生 4:1 或 5:1 的压力比，从而能够制造出一种非常紧密的装置。

关于通过滚轧丝网制造合适的膜，已进行了大量的实验。迄今所获得的最理想结果是使用 450 目的丝网实现的，它可以制造出直径为 10^{-4} 厘米的孔，并使膜的渗透性为 3%。汤姆森实验室的实验给出了黏度的值以及平均自由路径的值，从这些结果可以推算出，在 2 毫米汞柱的压力下，平均自由路径将与这一孔的大小相等，因而导致令人满意的分离。

关于与我们气体分子量大体相同的两种气体的现时分离，也进行了实验，但是差异更大，甚至单个级就能够产生可以测算的分离。由于间接性的困难，使用方案（A）的实验尚没有取得最终的结果。但是，已成功进行了使用膜对的实验，所取得的分离显示出正确数量级的效果。在短时间内，可以期待更准确的数据以及有关方案（A）的数据。

总之，我们可以说——这也是大都会威格士公司的看法，似乎不存在任何迹象表明这种类型的工厂难以被建造起来，当然仍需对细节给予大量的关注。

工厂的规模

为了维持规模并因此降低成本，必须最大限度地利用每个叶轮的输出。在我们的条件下，一个叶轮输出的限制性因素是由"眼"或气体被导入的地方的状况决定的，它们将位于叶轮半径的大约一半处。我们将在大约4∶1压力比的状况下生产，这样气体在"眼"处的速度大约为气体离开叶轮时的8倍。由于前者不应超过声音的速度，所以我们可以径向排出的气体的最大速度大约为每秒10米。

是否这一数量的气体能够被方案（A）所承受的问题，取决于膜的渗透性。即使是450目的最高渗透性的膜，拥有我们滚轧制造出的最微小的孔，也难以应对叶轮的整个输出。然而，差距并非很大，以至于在没有仔细考虑细节的情况下，可以确定较小规模的工厂是否会胜过相应更复杂的方案（B）的问题。但很快就面临一个问题，已在欧洲大陆生产的这些膜，目前难以足量获得或是只能以极高的成本进行生产。目前我们以合理价格所能足量获得的最理想的丝网是200目的，所以我们不得不以此作为基础进行打算。当被滚轧成合适大小的孔时，200目丝网的渗透性在方案（A）中变得太低，以至于难以承受一个叶轮的整个输出。因此，不得不选择方案（B），该方案一直能够承受叶轮的输出，如果有必要，则安置多层的膜对。此外，由于似乎工厂的成本更多的是由叶轮而不是由膜的安装所决定的，所以方案（B）显然在这种情况下是更好的选择。

只有所处理材料的数量大于实际尺寸的一个单元所处理数量的部分，情况才是如此。在更高的级，大约从第2000级往上，情况就不再如此。处于这些级时，工厂的总体容量不再过分重要，但是到了不断增长的程度，方法的简单则有利于（A）方案。然而，由于这一部分不构成工厂的主体，而主体无疑处于第1～2000级之间，所以我们可以在不出任何明显错误的情况下将打算建立在这样设想的基础之上，即按照方案（B）建造整个工厂。

工厂中循环的气体总量可以通过派尔斯推导的公式计算出，对于每日生产1公斤铀金属而言，结果是每秒 1.30×10^6 克。这决定了输入级和轻同位素产出之间的工厂规模。输入和重同位素产出之间的那部分规模则取决于我们所选择的受阻气体的浓度。而该选择取决于分离工厂和工厂生产这种物质的相对成本。由于到目前为止前者的影响是主要的，所以导致受阻气体处于较高的浓度。为此，我们选择的浓度是 0.45%（气体最初进入时是 0.7%）。这意味着为了生产 1 公斤铀金属，我们必须向工厂供料 0.63 吨铀化合物，而计算表明，目前工厂第二部分的规模是第一部分规模的 10%。因此，循环的总量将是每秒 1.43×10^6 克。

出于技术和生产方面的原因，大都会威格士公司选择了 10 级直径 72 厘米的转子和宽 9 厘米的叶片作为最适合的尺寸。这样的一个转子拥有 2 平方米的总外表面，由此 2 平方米乘以每秒 10 米的速度的总产出等于每秒 20 立方米。在生产压力为 2 毫米、温度为 25 摄氏度时，我们的气体浓度为每立方米 37.5 克。因此，为处理整个数量的气体，需要 1900 个这样的单元装置。

在我们的条件下，以 200 目左右的丝网生产出的膜的总面积大约为 10 万平方米，或是每台装置大约 60 平方米。这些可以提供 5 层的同心膜对，并使半径加长 15 ~ 20 厘米。每一对膜的宽度是 1 毫米，长度是 20 毫米。

在帝国化学工业公司看来，容纳这些装置的建筑物适宜尺寸为 320 英尺乘以 80 英尺，可以容纳 400 台装置，以至于需要 5 座这样的建筑物。这些加上辅助和预备工厂可以轻易地被置于大约 20 英亩的场地之内。

至于电力消耗，目前难以给出每台装置所需要电力的确切数字，但看上去超过 10 ~ 15 千瓦非常不可能。在打出富余量并加上辅助装置所使用电力的情况下，我们可以认为，每台装置 20 千瓦或是整个工厂 4 万千瓦将满足电力所需。

工厂的造价

大都会威格士公司调查了所提及大小的一套装置的成本问题，他们估计，在大规模生产的情况下，每台装置将花费 1500 英镑至 2000 英镑（大约为 1750 英镑）。因此，所有装置的花费为 1900 × 1750 = 330 万英镑。帝国化学工业公司的利普斯科姆比先生认为，通过为装置选择不同的尺寸，可能会节省一些，以至于在他看来上述预估数字是费用的上限，但为了保险起见，我们将接受这一预估数字。

利普斯科姆比先生在建造工厂方面特别有经验，他对所涉及的另外的费用支出进行了估算。他的估算如下：

地基和建筑的建造 16 万英镑

水电等的导入、仓库和车间 60 万英镑

辅助设备和仪器 15 万英镑

来料准备和提纯设备 20 万英镑

---

111 万英镑

因此，工厂总的资金费用是 450 万英镑或在为应急留有余地的情况下是 500 万英镑。

这是在目前可获材料的情况下能够建造起来的工厂的造价估算。但是，在这一阶段，不可能有十分准确的估计数字。只能到 1941 年底才能提供更准确的估计数字，届时 20 级的模型将已运转，生产方法也已更全面地得到研究。

利普斯科姆比先生关于运转成本的估算是大约每年 100 万英镑，两个主要项目是薪金支出（就 1200 人来说为 40 万英镑）和电费支出（45 万英镑）。这一估算数字不包括原料的成本，在受阻气体浓度为 0.45% 的情况下，可能大约为 20 万英镑。

使用更好的膜进行生产将节省费用。除了作为生产便利措施的成本外，重要的因素有：

扩散膜孔的直径和长度；

渗透性；

物理强度。

物理强度将成为一个限制性的因素，因为孔的直径较小必然伴随着较小的长度，意味着膜较薄。另外，旨在获得更细的孔，因为它们可以承受更大的工作压力，但相应地这需要强度更大的膜。

关于膜的生产的研究正在尽可能地加速，目前设想了以下可能性：

（1）作为非常细的一种丝网，电解沉积材料"Lectromesh"可能会被制造出来。

（2）"Lectromesh"的制造工艺可能能够被用来制造狭缝类型的膜，这将增加渗透性（在相同的工作压力下）。我们已咨询了"Lectromesh"制造商这两种可能性。

（3）帝国化学工业公司正在进行实验，通过在膜的周围缠绕细线来制造狭缝型的膜。

（4）根据林德曼教授的建议，可以尝试在真空条件下用胶体微粒轰击金属箔，从而在金属箔上制造出非常细的孔。其他在金属箔上穿孔的不同建议也在考虑之中。

如果任何这些建议的改进方法被证明是成功的，那么只能影响所需装置的数量，而不是每台装置的设计，因此 20 级模型的建造应尽快进行。建议以两套组件各 10 级的方式，建造这一 20 级的模型，一套根据方案（A）工作，另一套根据方案（B）工作。

附录五 预计铀炸弹所产生的爆炸

G. I. 泰勒教授
文学硕士、理学博士，民法博士，皇家学会会员

如果一颗铀炸弹中 10 公斤铀的每个原子都释放它的能量，那么炸弹所释放的能量通过计算得出的结果为 7×10^{21} 尔格。另外，不能期望超过这一能量的可能是 1/100 量级的分数 ε 的能量会得到释放。因此，在第 35 个等式中设 E 为 $7 \times 10^{21} \times \varepsilon$，那么离爆炸 R 距离处的最大压力预计为：

$$P_{max} = 0.155 \times 7 \times 10^{21} \varepsilon R^{-3} \qquad (A)$$

中心区域的压力为：

$$P = 0.133 \times 0.436 \times 7 \times 10^{21} \varepsilon R^{-3}$$
$$= 4.0 \times 10^{20} \varepsilon R^{-3} \qquad (B)$$

当中心区域达到大气压力时（每平方厘米 10^6 达因），最大压力仍然为：

$$\frac{0.155}{0.133 \times 0.436} = 2.67 \text{ 个标准大气压}$$

以至于在爆炸冲击波中仍然有超过 1.5 个大气压或每平方英寸 21 磅的过量压力。此时，爆炸冲击波的半径可以通过在（B）中设 $P = 10^6$ 来获得。这样，$R^3 = 4 \times 10^{14} \varepsilon$。定 $\varepsilon = \frac{1}{100}$，那么 $R = (4 \times 10^{12})^{1/3}$ 厘米 = 160 米。因此，在 160 米处，爆炸的压力大约为每平方英寸 21 磅。

当过量压力下降至低于大约每平方英寸 10 磅时，随着距离而降低的速度大大小于立方反比定律。在高爆炸药的装药重量从 $2\frac{3}{4}$ 磅至 76 磅不等的情况下，发现当离中心的距离增加一倍时过量压力从每平方英寸 21 磅下降至 5 磅（这大致对应于该部分范围内的平方反比定律）。这样，可以预期铀炸弹的爆炸冲击波压力在离爆炸点 $2 \times 160 = 320$ 米的地方将下降至每平方英寸 5 磅。

可以预料正压（positive pressure）的持续将远远大于任何已有的炸弹。如果 TNT 的装药量足以在 320 米处产生每平方英寸 5 磅的压力，那么它的装药直径将是 320 米的 1/60 = 5.3 米 = 17.5 英尺。当有 60 个装药直径时，爆炸冲

击波的持续时间为 $12 \times 10^{-3} \times$ 以英尺计的装药直径 $= 210$ 米/每秒。看上去可能的是，只有非常坚固的构造才能在为 210 米/每秒的持续性而施加每平方英寸 5 磅压力的情况下安然无恙。轻型构造遭遇毁坏，则远远超过 320 米的距离。

对一颗做外功（external work）无效的铀炸弹所释放出的全部能量比例的理论计算，以及在 TNT 和 CE① 附近所测量的压力与对释放相同全部能量的无限压缩源所计算的压力之间的比较，都得出这样的结论，即铀炸弹的爆炸冲击波与大约释放一半能量的高爆炸药的冲击波相似。如果 10 公斤的铀释放最大可能能量的 1/100，那么释放的能量将是 7×10^{19} 尔格。1 克 TNT 释放的能量大约为 950 卡路里或 4.0×10^{10} 尔格，以致预计产生等同于铀炸弹爆炸冲击波效果的 TNT 的重量是 $\dfrac{1}{2} \times \dfrac{7 \times 10^{19}}{4 \times 10^{10}}$ 克 $= 900$ 吨。

1941 年 6 月 12 日

莫德委员会关于利用铀作为动力源的报告

第一部分

概述和建议

过去几年已为人所知的是，铀当中储存着非常大的原子能量。除了自然发生的极其缓慢的释放之外，放射性即为一个例子，还有一种过程带来了某种希望，即有可能足够快地释放出能量以满足实际应用。在另一份报告中，我们探讨了利用这种能量释放以制造一种破坏力巨大的炸弹的可能性，并且指明这涉及提取铀中最具活性的成分，即所谓的 U$_{235}$。然而，如果我们希望利用原子能作为一种原动力，也就是说在生产动力上替代煤炭或石油，那么这种极具难度且成本高昂的做法可能是不必要的。尽管使得铀更难以释放出能量，但铀当中活性更低的成分的存在不会减少可用的数量，事实上可能增加。问题是找到一种使用天然铀——可以是金属，最好是化合物——释放原子能的方法，因为金属的提取在操作上依然不容易。在这个国家和其他国家，许多研究者已经开展了实验，以确定这种方法是否可

---

① 氯仿与乙醚的混合物。——编者注

行，最近的实验则是由哈尔班博士和科瓦尔斯基博士所做的，他们证明，可以以恰当的比例用被称之为重水的物质与氧化铀混合来实现这一点。

虽然目前这种物质只是作为一种可用的相当稀有的化学品，并且使设备运转需要数吨级的量，但我们认为这种方法具有相当的可行性。理论上，以这种方法消耗铀所产生的能量，相当于每磅1200万马力小时，并且将形成大量具有重要用途的人工放射性物质。除了重水的生产之外，在制造和使用这样一种设备方面尚存在一些问题。因此，将有必要提供手段去控制反应过程，防止产生爆炸，尽管爆炸烈度不足以具有军事上的价值，但会毁坏设备和建筑。事实上，所能产生的动力的比率受到可以以热量形式——或为蒸汽或为一些其他冷却材料——带走的比率的限制。这样一座工厂将产生巨大的放射性效应，必须采取最小心的措施去保护工作人员。显然，该方案需要长期的研发，所以我们认为，从目前这场战争的角度出发，并不值得认真考虑。

然而，我们获悉美国正在采取措施去大规模生产重水，而且由于哈尔班博士和科瓦尔斯基博士已经使用他们带到这个国家的重水做了他们所能做到的，因而我们认为应允许他们在美国继续他们的工作。应当通过目前的渠道做出安排，使我们一直了解他们所取得的成果，因为如果关于炸弹的工作正向前推进，就如我们所期望的那样，他们的一些结论可能会对我们的问题有着影响。我们认为，在不妨碍我们可能需要的美国在炸弹问题上的任何协助或合作的情况下，这应该是一个必要条件，能够对这项工作做出安排。

在剑桥，费瑟博士和布雷切尔博士[①]（Dr. Bretscher）负责的关于利用哈尔班类型装置生产出的某些物质的研究工作也正在进行之中。这项工作对于制造炸弹而言可能是重要的，我们建议应在这里继续下去。

1941 年 7 月 15 日

第二部分

引言

核裂变的发现——某种重原子核分裂为大致相等的两半——第一次开

[①]　埃贡·布雷切尔（Egon Bretscher），出生于瑞士的英国物理学家和化学家。——编者注

启了一条大规模利用那些蕴藏的巨大核能的道路，而放射性现象提供了这方面的首个证据。实现大规模反应的可能性取决于这样的事实，当一个铀原子核由于俘获一个中子而发生裂变时，即分裂成两半，与裂变同时发生的是其他中子的释放。由于这些中子的每一个都能够导致另一个铀原子核产生裂变，所以看上去存在一种可能性，裂变发生的实现条件将自我持续下去，反应则以极快的速度不断增加。由于一个铀原子核裂变所释放的能量数百万倍于一对原子或分子的化合作用所释放的能量，因此可以以这种方式获得非常巨大的能量。

在另一份报告中，我们提出了一种据此能够使能量得以非常迅速释放的方法，以至于反应会以猛烈的爆炸形式进行。在本报告中，我们希望说明，如何能够利用裂变过程去提供一种以热的形式且以持续的方式释放能量的装置。为了简明扼要，我们可以将这种装置称为"铀锅炉"（uranium boiler）。这种"锅炉"可以用作原动力——即在生产动力上替代煤炭或石油。对于和平时期的发展而言，它具有相当大的前景，但是我们认为，在这场战争中它不会有很大的价值。

U_{235} 的重要性

天然铀是三种成分或同位素的混合物，U_{238}、U_{235} 和 U_{234}，比例为 $1:1/140:1/17000$。同位素 U_{234} 非常稀少，因而对于链式反应的可行性而言，我们只需要考虑 U_{238} 和 U_{235} 的特性。

在 U_{238} 中，出于以下原因，核链式反应难以发生：

（a）低于一定阈值能量的中子（根据华盛顿和利物浦所进行的测算，大约为 1 毫伏），不会使 U_{235} 产生裂变。

（b）即使高于阈值能量的中子，在 10 次碰撞中大约只有 1 次引发裂变；在大多数碰撞中，中子被"无弹性地"散射了，碰撞后它们的能量低于阈值。

（c）存在相当的可能性，一个中子被一个 U_{235} 原子核俘获而未引发裂变。但是，在 U_{235} 中，条件有利于链式反应，因为：

（d）所有能量的中子，特别是那些低能量的中子，都能引发 U_{235} 的裂变；

（e）在这种情况下，2 次碰撞中大约有 1 次引发裂变（其他大部分碰撞是非弹性的，就如 U_{238} 的情况那样，但能量的损失增加了它们引发 U_{235} 裂变的能力）；

(f) 中子被 U_{235} 原子核俘获而不引发裂变的可能性非常小。

因此，看上去在天然铀中引发发散型链式反应的可能性取决于 U_{235} 的特性。由于慢中子在引发 U_{235} 裂变方面非常有效，以至于如果系统中的快中子能够被减慢速度，链式反应的条件将更为适宜。通过向铀中添加一种合适的轻元素化合物，例如氢、氘或碳，能够轻易地实现这一点。通过中子与轻原子核的碰撞，从而降低中子的速度。

链式反应的条件

裂变过程中，一个铀原子核释放出的中子数平均大约为 3 个。只要接下来 3 个中子中有至少 1 个在实验条件下引发裂变，那么显然裂变过程可以自我持续下去；裂变将迅速倍增，发散型的链式反应将发生。

有 3 个原因会妨碍中子引发裂变：（1）从系统的表面逃逸；（2）未引发裂变的情况下被铀原子核吸收；（3）被存在的其他元素吸收。

通过使系统变得足够大，可以将中子从系统逃逸的概率降到所希望的那么低的程度，从而减少相对于其体积的表面积。但是，如果另外两个因素留下的余地很小的话，那么系统所需的规模可能变得大得惊人。

在天然铀中，热中子的吸收导致裂变的情况大约只占 2/3，以至于铀吸收 1 个中子所释放出的中子数大约只有 2 个。此外，某些临界或共振能量的中子会被铀强劲地吸收而不引发裂变。这种共振吸收所导致的中子损失可以通过增加减速材料的量来减少，从而帮助中子更快速地通过这些临界能量区，并使它们安全地抵达所期望的热能区。

可能存在的其他元素对中子的吸收，明显取决于元素的性质，并且自然随着元素的数量增多而增加。

因此，减速过程中添加的轻元素数量的多少，不得不通过达成一些使（2）和（3）的损失保持在合理的低程度的妥协来求得。通过将铀和减速材料放置在交替层或块中，而不是均匀的混合在一起，可以实现进一步的轻微改进。

实验结果

这个国家和其他国家的许多研究人员，已按照这些思路开展了实验，他们使用氧化物形式的铀和水形式的氢或石蜡作为减速材料。结果[①]显示，即使在最佳的条件下，发散型的链式反应也难以实现；每 10 个初始中子中

---

① cf. A report on work done at Imperial College, S. Kensington, to M. A. P. 5. 5. 40.

只有大约 8 个在系统中产生。由于中子被氢俘获而损失，造成反应未能自我倍增。通过从材料中去除所有不利的杂质，以及使用金属铀而不是氧化铀，可以实现改进。但是，实验表明，即使如此，如果可能的话，只有在一个规模极大的系统中才有可能产生发散型的链式反应。

最近，哈尔班博士和科瓦尔斯基博士进行了实验，再次使用了氧化铀，但出于氘对中子的俘获所造成的中子损失远小于氢的缘故，使用了重水（氧化氘）作为减速材料。他们的结果显示了发散型链式反应的确切迹象；每 1 个初始中子，在一组实验中产生了 1.06 ± 0.02 个中子，在另一组实验中产生了 1.05 ± 0.0015 个中子。他们可用的重水只有 180 公斤，所使用的系统相对规模较小，而且从表面损失大量中子妨碍了发散型链式反应的产生。他们估计，释放大量能量的系统的临界体积需要 3～6 吨重水。这是一个非常大的数量，因为迄今重水只是被作为一种相当稀缺的化学品供应，它的生产成本并不低；有史以来收集的最大数量的重水正是他们实验中所使用的，并且这是战争初期挪威拥有的全部库存。然而，我们获悉，主要基于上述实验的有利结果，美国现在正采取措施去大规模生产重水。

开发问题

哈尔班和科瓦尔斯基的实验结果表明，按照这些思路开发一种核能机械装置应该是可能的。但是，在方案实施之前，有一些问题需要解决。这些问题是：

（1）稳定或控制链式反应，使得只有一小部分可用能量（虽然按照通常标准算是巨大的能量）以持续的方式释放。除非得到控制，否则反应将非常迅速地倍增，以至于发生爆炸。（爆炸将是剧烈的，但只是相比同等重量的高爆炸药而言。在目前情况下，它不会与"铀弹"相类似，反应将由热中子延展下去，所以相对缓慢，而在相当大一部分可用能量释放之前，系统将突然爆裂，反应过程将停止）已经考虑了稳定反应的方法，不太可能遇到任何严重的困难。

（2）提取系统产生的大量热量，而不阻止链式反应。

（3）防止放射性影响。来自裂变过程的产物具有放射性，所产生的数量是非常大的，以至于运转中的"锅炉"的放射性影响将相当于数吨的镭的放射量。因此，非常小心的保护措施是必要的。

供工业使用或其他的可能性

关于核能机械装置的益处，再做一些简短的说明可能是有用的。除了防止放射性影响所需的会有相当大重量的材料外，一个 1 万千瓦的铀锅炉可能重大约 5 吨。为了这种能量生产，U_{235} 的消耗将按照每年大约 4 公斤的量进行，这样如果反应只取决于 U_{235}，那么锅炉一次装料大概只能维持数周时间。但是，有可能 U_{238} 以以下方式用于能量生产。1 个中子被 U_{238} 俘获，最终导致产生质量数为 239 的新元素，它很可能在裂变特性上与 U_{235} 相似。按照这种方法，所消耗的 U_{235} 至少部分能为这种维持链式反应过程同样有效的新元素所替代，并且锅炉的装料可能足以维持几年时间。

作为一种能量源，铀锅炉应比煤炭或石油成本更低廉，更特别的是，当考虑到运输成本时，它的成本将大幅地降低。

此外，这种锅炉将产生数量相对较大的放射性元素。在前面的部分，我们将放射性影响作为不利之处进行了提及，但是放射性元素的产生也具有有利之处，因为它们中的一些可以被提取，并在许多应用中能够作为镭的替代品使用。以这种方式生产的放射性元素的数量将相当于数公斤的镭。

以上我们已提到了从 U_{238} 中产生质量数为 239 的新元素，并且我们已经说明，预计这种元素具有与 U_{235} 相类似的裂变特性。如果这一点被实验所证实，那么可能最终证明可以将这一新元素用于我们另一份报告中所提出的那种炸弹。

有一种可能性，即通过使用纯度非常高的石墨作为减速材料，从而避免使用重水。哈尔班和科瓦尔斯基已开展实验去查明在这些条件下链式反应是否可能。结论不是绝对确定性的，但无论如何，看上去可以肯定的是，所需的数量会非常的大，以至于作为一种工业命题，这种方法没有吸引力。

还有一种可能性，涉及我们另一份报告中所讨论的 U_{235} 的分离。纯 U_{235} 或者 U_{235} 的比例大幅增加的铀，将与普通的水发生发散型的链式反应。

莫德委员会

飞机生产部

伦敦 S. W. 1

1941 年 7 月

附录六　核能作为一种动力源

帝国化学工业公司的解释

（1）一些国家正对利用核能生产动力进行研究。如果这个问题得到解决，将带来一种新的动力源，从而影响整个世界的工业分布，因为相比煤炭、石油或电力，这种能量来源会非常易于输送。

在这项研究工作领域，联合王国积极参与其中是十分重要的，这样英帝国不至于因疏忽而被排除在未来的发展之外。

对于军事目的而言，这种动力源可能具有重要的意义。

（2）政府的莫德委员会和帝国化学工业公司的研究部门都认为，哈尔班博士的方案是可行的，反应将会发生并且能够被加以控制。

由于缺乏足够多数量的可用重水，该方案尚未实施。

（3）为了开始核动力的生产，需要 10 吨～20 吨重水，也可能需要生产数量在 1 吨～20 吨的高纯度的金属铀。

（4）就目前帝国化学工业公司所掌握的知识，每月生产 1 吨重水的工厂将耗资约 350 万～500 万英镑，每年的运营成本为 40 万英镑。目前在这个国家建造这样一座工厂是不明智的。

代之，足够的重水可以从美国购买，或者帝国化学工业公司可能从杜邦公司获得技术信息，从而建造起重水工厂并以较低的成本运营。

我们认为，生产所需数量的纯金属铀在技术上是可行的，并且有理由相信我们在大规模生产金属铀的知识方面远比其他国家先进。铀的成本大概为每吨 2000 英镑。

（5）在问题的这一方面，铀是不可或缺的原料，而已知的供应在地理分布上是十分有限的。两个最重要的矿石来源地是比属刚果和加拿大。目前，开采这种矿石是为了其中的镭，战前铀的产量每年大约为 300 吨。

在加拿大，大概有 500 吨的铀库存。而在这个国家，有足够的铀用于生产金属铀的工艺过程的研发。

（6）帝国化学工业公司的研究部门认为，帝国化学工业公司是世界上为数不多的能够开展这项研究和商业开发的公司之一。哈尔班博士打算根据他已同英王陛下政府（飞机生产部）达成的协议同帝国化学工业公司洽谈开展这项工作。

附录七   帝国化学工业公司的解释

（1）在为军事爆炸目的与为和平和战争时期生产动力而开发核能之间，必然始终存在一种非常密切的关系。一个领域的发展将对另一个领域的发展产生相当大的影响。

为生产动力而利用核能能够影响全世界的工业分布，因为相比煤炭、石油和源于水动力的电能，这种能量来源将更容易输送。在这场战争结束之前，很有可能船舶可以实现由核能来推进。

整个问题的重要性使得有必要由一家联合王国的公司为了英帝国而沿着目前的理念开展研究工作，不论世界其他地方可能在做些什么。

注：以下部分中，符号 U 被用来代表天然的铀同位素混合物，U_{235} 被用来代表被分离的活性同位素。

（2）利用核能制造一种炸药涉及以下工艺过程：

（a）六氟化铀（UF_6）的生产；

（b）活性同位素的分离；

（c）从六氟化铀235（$^{235}UF_6$）中生产大量的金属铀。

每天生产 1 公斤 U_{235} 需要每天生产 450 公斤 ~ 650 公斤六氟化铀，已经考虑了以商业规模生产这一数量的六氟化铀的问题。所建议的过程是被用来为飞机生产部制取 3 公斤六氟化铀的那种工艺过程，涉及氟与金属铀的直接反应。每天生产 450 公斤六氟化铀的工厂将耗资约 10 万英镑。如果立刻开始某些调查，整个工厂能够在大约 18 个月内建造完成。

在我们看来，利用西蒙教授所提出的那种类型的扩散工厂，每天以最高达 1 公斤 U_{235} 的规模分离活性同位素是现实可行的。分离出的六氟化铀 235，可以被转化成金属铀（235）。

（3）现在，用于分离活性同位素的扩散法已经达到了开发的阶段，在这种情况下，我们建议应成立一个生产委员会负责这个问题。该委员会务必使为建造完整工厂而需要解决的所有问题都得到调查，从而在需要时调查结果能准备就绪。另外，如果出于技术上的或其他的原因考虑，每天生产不超过 1 公斤的金属铀被认为是必要的，那么将调查并报告较小规模工厂的成本。该委员会将为这样的工厂建议一个合适的地点。

在这种情况下，帝国化学工业公司准备代表飞机生产部接管这项工作。这一安排将与该部在其他情况下已做出的安排类似。

（4）利用核能作为一种动力源，紧随哈尔班博士的工作之后，可以以数种方式进行商业开发。其中最具希望的方式需要生产 1 吨 ~ 20 吨的高纯度金属铀和按每月约 1 吨的规模生产重水。

依照帝国化学工业公司目前已掌握的知识，每月生产 1 吨重水的工厂将耗资约 350 万 ~ 500 万英镑，每年运营成本为 40 万英镑。目前，不建议在我国建造这样的一座工厂。

我们认为，生产所需数量的纯金属铀在技术上是可行的，并且有理由相信我们在大规模生产金属铀的知识方面远比其他国家先进。我们与霍沃思教授的合作正取得快速的进展。

（5）如果决定大规模的开发在美国或加拿大进行，那么我们认为，帝国化学公司与我国核物理学家的合作应继续致力于该问题，从而为国家利益而准备利用任何这方面所取得的成果。

帝国化学工业公司希望能够影响杜邦公司以这样的方式支持哈尔班博士在美国的工作，即保护英帝国在这种新动力源方面的未来利益。

（6）在这一问题的两个方面，铀都是不可或缺的原料，而其已知的供应在地理分布上是十分有限的。两个最重要的矿石来源地是比属刚果和加拿大。目前，开采这种矿石是为了其中的镭，战前铀的产量每年大约为300吨。

在加拿大，大概有500吨的铀库存。而在我国，有足够的铀用于生产金属铀的工艺过程的研发。

1941 年 6 月 30 日

彻韦尔勋爵致首相丘吉尔的备忘录[①]
（1941 年 8 月）

首相：

最近我向你提到过有关利用原子核中的能量制造一颗超级炸弹之事，

---

① Adrian Fort, *Prof: The Life of Frederick Lindemann*, London: Jonathan Cape, 2003, pp. 308 – 309. 彻韦尔勋爵即弗雷德里克·林德曼，1886 年出生于德国巴登－巴登，其父在 1870 年移居英国并在 1904 年获得英国国籍。林德曼在德国接受中学和高等教育，1908 年师从柏林大学化学和物理学家瓦尔特·能斯特（Walther Nernst）进行低温物理学研究。一战爆发后，林德曼被迫回到英国，参与军事航空技术研发工作。1919 年，他被聘为牛津大学克拉伦登物理实验室主任，1920 年成为皇家学会会员，1924 年后不再从事具体的科学研究工作。1921 年 4 月，林德曼与丘吉尔相识，从 1923 年起逐渐成为丘吉尔的挚友、科学与经济顾问。随着 1940 年 5 月丘吉尔担任首相，林德曼的地位迅速提升。1941 年 7 月，林德曼被封为彻韦尔男爵，1942 年底担任财政部主计长进入战时内阁，1956 年升为子爵。在一些不喜欢他的人眼中，他只是一个"业余的物理学家"，被讥讽为丘吉尔身边的一只哈巴狗。在这份备忘录中，他认为制造出原子弹是可能的，同时主张在英国本土开展研制原子弹的工作，实在不行则在加拿大，而反对在美国进行。——编者注

这好比是相同重量下普通炸药中所使用的化学能量的 100 万倍。

我国、美国也许还有德国都已在为此做大量工作，看上去似乎在大约两年之内，这种炸弹能够被研制出并投入使用。由于诸多复杂的因素，它可能不会像最初看起来那样有效，但是如果一切进展顺利，由一架飞机装载一颗大约 1 吨重的某种程度上精心制造的炸弹应该是可行的，它将以等同于 2000 吨 TNT 的威力爆炸开来。

有两个问题产生了：

（1）炸弹真的能做到这一点吗？

迄今，我们手中只有极少数量的铀－235，但看上去它们能够证实理论和所做的估算。

（2）我们能制造出这种炸弹吗？

天然铀包含两种在化学性质上如此极其相似的成分，以至于它们非常难以彼此分离。依据全部的物理学理论，正是含量较少的成分，如果以纯净的形式将其合在一起重量达 20 磅左右，将发生极其剧烈的爆炸。难题在于，将这种含量较少的成分从含量 99% 的共生混合物中提取出来。

已想出的方法看上去几乎可以肯定这是可以做到的。但是，这是一个极其复杂且成本高昂的过程，涉及在类似 7 万级的装置中反复浓缩这种较少含量的成分。尽管如此，这看上去是可行的，并且肯定是已做出的最具希望的方案。

在加拿大和刚果，我们拥有充足的铀；德国人要比我们少一些（在捷克斯洛伐克），但我担心对他们而言已是足够了。

……①

谁拥有了如此的工厂就能够对世界其他地区发号施令。不管我多么地信任我的邻居并仰仗于他，我也非常不愿意任其摆布。因此，我不会敦促美国人承担这项工作；我只会继续交换情报，而在本国投入生产，不会提他们该不该开展这项工作的问题。

正在致力于这些问题的人们认为，两年内取得成功的概率是 1/10。我则认为不会超过 1/2，或者是成败均等。然而，我十分清楚，我们必须勇往

---

① 此处部分内容未译。——编者注

直前。如果我们让德国人研发出一种领先于我们的方法，通过这种方法他们能够在战争中打败我们或是在他们被打败后扭转乾坤，这将是不可饶恕的。

丘吉尔致伊斯梅将军，并转呈三军
参谋长委员会①
（1941 年 8 月 30 日）

伊斯梅将军转参谋长委员会。

虽然我个人对现有的炸药非常满意，但我认为我们不应阻碍这方面的进步，因此，我认为从这个意义上说应当依照彻韦尔勋爵所提的建议采取行动，负责此项工作的内阁大臣应是约翰·安德森爵士。

我很乐意知道参谋长委员会的想法。

战时内阁助理秘书莱斯利·霍利斯致首相
丘吉尔的备忘录②
（1941 年 9 月 2 日）

1. 参考你的备忘录（标记 A），方便时，三军参谋长愿意同你谈一谈，因为他们认为有关这一最秘密武器的事情落在纸面上的越少越好。

2. 三军参谋长强烈支持以最高的优先权在这个国家推进它的研发。

L. C. 霍利斯

---

① PREM 3/139/8A，Prime Minister to General Ismay for COS Committee，30 August，1941. 黑斯廷斯·伊斯梅（Hastings Ismay），1938 年 8 月接替莫里斯·汉基任帝国国防委员会秘书，后来任战时内阁副秘书、国防大臣办公室主任和首相丘吉尔在总参谋部私人代表，战后任首任北约秘书长。——编者注

② PREM 3/139/8A，L. C. Hollis to Prime Minister，2 September，1941. 莱斯利·霍利斯为英国战时内阁助理秘书。——编者注

内阁科学咨询委员会就莫德报告向枢密院
大臣约翰·安德森提交的意见报告①

(1941 年 9 月 25 日)

核能项目

1. 我们认为这是一项长期的项目，然而，英国政府应当对其研究和发展保持严密的管控。该项目不应被允许落入私人利益集团之手，而应寻求同加拿大政府和美国政府的密切合作。该项目在国内的研发，可相应地委托给科学与工业研究部。

原子弹项目

2. 依据摆在我们面前的证据，我们确信铀炸弹的研发应被视作一项极其重要的项目。

3. 摆在我们面前的对于项目取得成果所需时间的估计是 2～5 年，我们认为，将会发现 2 年的时间估计过于短促了。

4. 因此，应采取一切措施尽快地推进项目工作，以下所列的是目前要做的工作的要点：

（i） U_{235} 裂变有效截面的直接测算；

（ii） 引信装置的设计；

（iii） 完成设计实验型分离工厂所需的进一步工作；

（iv） 建造由两个 10 级装置组成的实验工厂；

（v） 化学工艺方面的研发工作；

（vi） 当明白最终的必要条件时，尽快采取所需的前期步骤开始建造和

---

① Margaret Gowing, *Britain and Atomic Energy*, 1939 – 1945, p. 105. 在时任枢密院大臣、前首相内维尔·张伯伦和生物物理学家、科学与学术保护协会副主席、防空科学研究委员会成员阿奇博尔德·维维安·希尔（Archibald Vivian Hill）的建议下，1940 年 10 月 10 日丘吉尔成立了内阁科学咨询委员会（Scientific Advisory Committee），兰开斯特公爵郡大臣汉基勋爵为第一任主席（因对丘吉尔执政风格不满，1941 年 7 月他离开内阁担任财政部主计长，次年完全退出政府，但保留其他公共和私营部门的职位），1943 年初由皇家学会主席亨利·戴尔爵士（Sir Henry Dale）担任第二任主席。委员会的成员主要是皇家学会的学术官员，其主要职责是向政府提供科学事务的咨询，建议政府关注新的科学发展动向，并对政府各部门中负责科学事务的官员提供建议人选。这份报告接受了莫德报告的看法。——编者注

安装完整规模的分离工厂。

5. 应邀请医学研究委员会（Medical Research Council）指派专家同莫德委员会和位于波顿①（Porton）的实验基地进行合作，更全面研究铀炸弹爆炸所产生的放射性影响的范围和程度以及获知如此能量进一步逐步释放的影响的可行性。

6. 在上述第 4 和第 5 点所提及的工作获得结果并进行细致的和独立的评估之前，对着手进行完整规模工厂的建造问题不做最终的决定。

7. 我们建议，若是能够给予这项工作必要的优先权的话，应在本国建造一座实验工厂。

8. 有一些强有力的技术理由赞成考虑应在加拿大组装一座实验工厂和一座完整规模的分离工厂，在美国制造必要的部件。

9. 为了有关政府的使用，做出充分安排以确保对铀供应的控制。

阿尔贝特·爱因斯坦致富兰克林·罗斯福总统的信件②

（1939 年 8 月 2 日）

先生：

费米和齐拉特已书面告知我近来他们开展的一些工作，使我认识到，铀元素在不远的将来变成一种新的且重要的能量来源是可能的。看上去，所引起的形势的某些方面需要政府予以警惕，如果必要，则应快速采取行动。因此，我认为我有责任提请您注意以下事实和建议。

在过去的 4 个月中，法国约里奥的工作同美国费米、齐拉特的工作一样，都使这种情况成为可能，即在大块的铀中实现核链式反应。通过这种方式，将产生巨大的动力和大量类似镭的新元素。现在看上去几乎可以肯定，这在不久的将来能够得以实现。

这一新的现象也将导致制造出炸弹，并可以想象威力极其强大的新型炸弹因此能够被制造出来，尽管还不太确定。一枚这种类型的炸弹，用船

---

① 波顿是位于英国威尔特郡索尔兹伯里附近的一个小镇，是英国军事科学技术研究基地。该基地成立于 1916 年 3 月，最初是为应对德国化学战而建立的。——编者注

② From Albert Einstein to President, August 2, 1939, in George McJimsey, ed., *Documentary History of the Franklin D. Roosevelt Presidency*, vol. 43: *The Atomic Bomb*, *Development and Diplomacy*, LexisNexis, 2009, Document 3, pp. 5-6. 这封信实际是列奥·齐拉特起草的，只是借用爱因斯坦的声望以引起美国政府的重视。——编者注

运载并在港口爆炸，极有可能毁掉整个港口及其周边的一些区域。然而，这种炸弹很可能会因为过于笨重无法使用飞机运载。

美国只拥有数量不大的非常贫的铀矿，加拿大和前捷克斯洛伐克有着一些较好的铀矿，而最重要的铀矿资源在比属刚果。

由于这种情况，您有可能会这样认为，政府同在美国从事链式反应研究工作的物理学家们保持一些永久性接触是可取的。实现这一点的一种可能的途径是，您将这一任务交予某个您所信任且大致能够以半官方身份开展工作的人。他的任务涵盖以下几点：

（a）同政府相关部门接洽，使他们了解进一步的事态发展；为政府行动提出建议，对于美国获取铀矿石的供应问题予以特别的关注。

（b）如果需要这样的资金的话，通过联系愿为这项事业做出贡献的私募个人，为目前正受到大学实验室经费限制的实验工作提供资金，或者获得拥有所需设备的工业实验室的合作，从而加快实验工作。

我获悉，德国事实上已经停止出售已接管的捷克斯洛伐克矿山的铀矿石。德国采取如此早的行动也许可以从以下方面得到理解，德国外交部副部长的儿子冯·魏茨泽克（von Weizsäcker）是柏林威廉皇帝研究所的成员，目前该研究所正在重复进行美国人关于铀的一些工作。

谨致问候

阿尔贝特·爱因斯坦

亚历山大·萨克斯致富兰克林·罗斯福总统的备忘录[①]

（1939 年 10 月 11 日）

亲爱的总统先生：

随着您修订《中立法》的计划接近完成，我相信您现在能够给我一个机会呈上一封阿尔贝特·爱因斯坦博士给您的信件，以及其他对于国防有

---

① From Alexander Sachs to President, October 11, 1939, in George McJimsey, ed., *Documentary History of the Franklin D. Roosevelt Presidency*, vol. 43, Document 6, pp. 20 – 21. 亚历山大·萨克斯（Alexander Sachs），时任美国雷曼公司副总裁，曾为罗斯福竞选总统的演说撰写过经济学方面的内容，后在美国国家复兴署工作 3 年，个人对核物理有着相当的兴趣。这份备忘录是萨克斯在上述爱因斯坦署名的信件和齐拉特的另一份有关核研究的备忘录的基础上撰写的，连同爱因斯坦署名的信件于 1939 年 10 月 11 日一起被当面呈交给罗斯福总统。——编者注

着深远意义的与物理学家的实验工作相关的材料。

简而言之，6 年来一直进行的有关原子裂变的实验在今年达到了顶峰。
（a）列奥·齐拉特博士和费米教授发现，铀元素能够通过中子裂开；
（b）打开了链式反应可能性的大门，即在这种核反应过程中，铀本身可以
释放出中子。这一物理学领域的新进展展示出以下前景：

1. 创造一种新能源，用于动力生产。

2. 从这样的链式反应中生产新的放射性元素，从而使医疗领域可以获
得成吨而不是以克计的镭。

3. 作为一种最终的可能性，制造出迄今难以想象爆炸威力和波及范围
的炸弹。就如在一封我将留给您的信中爱因斯坦博士所说的，"一枚这种类
型的炸弹，用船运载并在港口爆炸，极有可能毁掉整个港口及其周边的一
些区域！"

另外，由于这项工作——用于动力、医疗和国防的目的——的现实重
要性，有必要记住，相比比属刚果丰富的优良铀资源和居其次的加拿大、
前捷克斯洛伐克的铀资源，我们铀的供应是有限且质量较差的。爱因斯坦
博士和关注这一问题的小组的其余人员注意到，德国事实上已经停止出售
其所占领的捷克斯洛伐克的铀。该行动一定与这一事实相关，即德国外交
部副部长的儿子卡尔·冯·魏茨泽克，是一些目前居住在这个国家的柏林
威廉皇帝研究所大牌物理学家的助理，该研究所正致力于那些关于铀的实
验工作。

意识到了所有这一切在与利用自由人文精神创造力的极权主义的历史
性斗争中对于民主和文明的意义，齐拉特博士征询了普林斯顿大学物理系
主任 E. P. 维格纳教授、乔治·华盛顿大学的 E. 特勒教授的意见，试图通
过建立科学合作协会，旨在加强民主国家的物理学家之间的合作——例如
巴黎的约里奥教授、牛津的林德曼教授和剑桥的狄拉克博士①（Dr. Di-
rac）——以及限制有关链式反应研究工作进展的公开发表，来促进美国的
这项工作。随着今年夏季国际危机的发展，这些难民学者和我们当中同他
们磋商过的其他人一致认为，尽早将他们的工作告知您并赢得您的协作是
他们的责任，也是他们的愿望。

---

① 保罗·狄拉克（Paul Dirac），英国理论物理学家，1933 年获诺贝尔物理学奖。——编者注

鉴于德国入侵比利时的危险，与总部在布鲁塞尔的上加丹加矿业联盟共同做出安排——最好通过外交渠道——将可获得的大量供应的铀运往美国，变得迫切起来。除此之外，有必要扩大和加速试验工作，在我们大学的理论物理院系有限的经费下，这已不再能够进行下去。据信，能够劝说我们主要的化学和电力公司的热心公益的管理人员提供一定数量的铀化合物和石墨，并承担下一阶段实验的可观的费用。一个替代方案是，谋求能够提供所需原料和资金的某一机构的赞助。对于上述每一种方案和整个的目的而言，采纳爱因斯坦博士的建议似乎是可取的，即您指派一名个人和一个委员会充当科学家们和政府部门之间的联络人。

基于以上所述，我希望能够代表这些难民学者亲自转达他们渴望为殷切接纳他们的国家效力的想法，并呈上爱因斯坦博士的信件以及齐拉特博士同我讨论后所起草的一份备忘录、几篇刊登在科学期刊上的文章的复印件。另外，我代表他们求见您，是为了阐明有关比利时铀资源供应、安排与政府和陆海军部的长期联络以及解决眼下所需原料和资金问题的政策思路。

此致

敬礼

亚历山大·萨克斯

富兰克林·罗斯福总统致爱因斯坦的信件①

（1939 年 10 月 19 日）

我亲爱的教授：

我感谢你最近的来信，以及最有趣和最重要的附件。

我认为，这一材料非常重要，以致我已召集了一个委员会，成员包括标准局局长和选出的陆海军代表，以彻底调查你所提出的关于铀元素的种种可能性。

我可以很高兴地告诉你，萨克斯博士将与这个委员会进行合作，我认

---

① From President to Albert Einstein, October 19, 1939, in George McJimsey, ed., *Documentary History of the Franklin D. Roosevelt Presidency*, vol. 43, Document 10, p. 26. 罗斯福信中所提到的委员会，即国家标准局局长莱曼·布里格斯（Lyman J. Briggs）负责的铀咨询委员会（Advisory Committee on Uranium）。——编者注

为这是处理该问题最现实可行和最有效的方法。

　　请接受我诚挚的谢意。

　　此致

敬礼

富兰克林·D. 罗斯福

富兰克林·罗斯福总统致万尼瓦尔·布什的信件①

（1940 年 6 月 15 日）

我亲爱的布什博士：

　　为了使用于战争方面的机械装置和设备的科学研究可以更加全面地相互关联并得到支持，从而有益于国防，我正在创建一个国防研究委员会。

　　我很高兴任命你为该委员会的主席，并从我们最近的会谈中得到你的保证，你愿意接受这个职位，以此为管理这一重要的委员会的工作贡献你的努力。

　　该委员会将由不少于 8 名的成员组成，将隶属于国防委员会的咨询委员会。通过该机构，你将获得委员会办公运转所需的设施和资金。希望在推进该委员会的目标方面，你将通过与教育界、科学研究院所和工业部门的研究实验室达成的协议就调查、实验研究和报告做出安排，以证明这些在促进战争手段的创新或改进方面是可取的。我确定，在这些工作领域，你会得到这个国家的科学家的鼎力支持，他们将在你的委员会的指导下展开最大程度的合作。

　　你的委员会将包括具有声望的军官成员，以代表陆军部和海军部。我相信，在委员会和军方之间将会有最密切的合作。你的委员会的工作并不是要取代陆海军部门目前正在他们自己的实验室或与工业界订立合同基础上而开展的任何良好的工作。恰恰相反，希望你通过扩大研究基础，争取那些能够有效促进重要装置更快速改进的科学家的支持，以及通过研究确定新努力可

---

①　From President to Vannevar Bush, June 15, 1940, in George McJimsey, ed., *Documentary History of the Franklin D. Roosevelt Presidency*, vol. 43, Document 41, pp. 96 - 98. 万尼瓦尔·布什（Vannevar Bush），卡内基研究院院长、美国国家航空咨询委员会主席、麻省理工学院前副校长、电气工程学家。1940 年 6 月 15 日被罗斯福总统任命为新成立的国防研究委员会主席，该委员会则隶属于 1916 年成立的国防委员会，铀咨询委员会则为国防研究委员会的下属机构之一。1941 年 6 月 28 日布什被任命为科学研究与发展局局长，原国防研究委员会隶属其下，负责包括核研究在内的所有科学研究事务，铀咨询委员会后改为 S - 1 小组。——编者注

以有效地用在新手段的哪些方面，从而对军方的工作进行增补。为了方便你了解军方的需求和机会，我会要求陆海军各选派一名军官到你的办公室。

你将得到授权，任命特定领域的专门委员会，成员包括杰出的科学家和工程人员，加上军方指派的官员。据了解，该主要委员会以及专门委员会的所有成员，将无报酬地履行职责。但是，该委员会的经费用以支付这些成员的合理差旅费用是应当的。

成立国家科学院和国家研究委员会，主要是为了当被政府机构要求在科学问题上提供建议时能够这样去做。我确定，他们将诚挚地回应你的委员会关于可能出现的那些广泛科学问题所要求提出的建议。当如此参与时，国家科学院和国家研究委员会的成员会在没有报酬的情况下将他们的服务奉献给政府，但是，通过恰当的协议，你的委员会应当提供支付这一群体参与时的杂项费用。

国家标准局和其他政府的实验室，很可能能够有效开展你的委员会视为需要的某些研究工作。

国家航空咨询委员会开展有关飞行问题的研究。因此，并不期望你的委员会直接涉及国家航空咨询委员会工作已覆盖的特定领域。我相信，你会与他们的事务保持密切的联系。

最近，我任命了一个特别委员会，布里格斯博士任其主席，以调查研究近期核子物理领域的发现，特别是铀的裂变，可能与国防之间的关系。现在，我要求该委员会直接向你进行汇报，你的委员会的职责将包含这一特殊事项，并且你的委员会会认为支持这个问题的专门研究是明智的。

在陆海军的协助下，专利局长正考虑制订计划，从而有效评估发明者以专利申请或简单备忘录的形式提交的与国防相关的新想法。我正任命专利局长成为你的委员会的一名成员，以便除了现在可用于此目的的程序之外，在评估这些建议并将它们提交给适当的个人时与这类工作保持最密切的联系。

我将即刻从陆海军部门当中各任命一名成员到你的委员会。

在国家处于艰难的这些时期，你的委员会的职责是非常重要的。近来，战争的方式和机制已发生了剧烈的变化，在将来，它们仍将进一步地发生改变。由于人民的创造力、科学家的知识和才能以及工业结构的韧性，这个国家罕有地适合在和平之道方面表现得出类拔萃，并且如果必要在战争之道方面也是如此。在你的委员会的管理之下，国家的科学家和工程人员与军方密切合作，可以对摆在我们面前的任务提供实质性的支持。我向你保证，随着你工作的开展，你会得到我对你事业的持续关注。

顺颂政祺

美国国家科学院原子裂变委员会的第一份报告①
（1941 年 5 月 17 日）

亲爱的朱厄特主席：

　　4 月 30 日，国家科学院所属的本委员会在华盛顿与布里格斯博士的"铀委员会"召开了一次会议，5 月 5 日在剑桥召开了第二次会议。你将原子裂变可能涉及的军事方面的问题交给该委员会，进一步的商谈则是通过信件和电报。

　　我们首要关注的是你委任信中的问题"b"，即"根据我们现有的科学知识以及与国防问题相关的有益应用的可能性，在所有事情被加以考虑的情况下，是否表明需要更多的资金和设施以及是否将面临更大的压力"。

　　我们主要的建议是，在接下来的 6 个月，应在此问题上投入大量的精力。这与布里格斯博士代表他的委员会所强烈主张的看法是一致的，也符合我们咨询过的其他资深人士的一致意见。

　　目前看上去可能的情况是，届时获得的结果将表明大规模的原子裂变计划是必要的。但仍然有可能与之相反，鉴于物理学家要关注其他紧急的军事需要，届时结果显示，巨大的努力不再被证明是合理的。然而，在我们看来，与这项工作的成果成功相关的潜在价值非常重要且如此迫在眉睫，

---

① Report of National Academy of Sciences Committee on Atomic Fission by A. H. Compton to F. B. Jewett, May 17, 1941, *Bush-Conant Files Relating to the Development of the Atomic Bomb*, 1940 – 1945 （以下简称 *Bush-Conant Files*），Records of Office of Scientific Research and Development, Record Group 227, National Archives Microfilm Publications, M1392, Washington D. C., 1990, Roll 1, Folder 1. 1941 年 4 月 18 日，科学研究与发展局局长布什敦促国家科学院成立专家委员会对与铀相关项目的可行性进行秘密评估，以判断是否值得继续在此领域投入更多的财力、物力和人力。美国物理学会会长、芝加哥大学教授阿瑟·康普顿担任专家委员会主席，副主席为通用电气研究实验室前主任威廉·库利奇（William D. Coolidge），其他成员包括伯克利加州大学的欧内斯特·劳伦斯（Ernest O. Lawrence）、麻省理工学院的约翰·斯莱特（John C. Slater）、哈佛大学的约翰·范扶累克（John H. Van Vleck）和美国电话电报公司前首席工程师班克罗夫特·盖拉尔迪（Bancroft Gherardi，因病未参与）。5 月 17 日，康普顿向国家科学院主席、贝尔电话实验室主任、电气工程学家弗兰克·朱厄特（Frank B. Jewett）提交了第一份评估报告。——编者注

以至于我们一定不能冒险让敌国拥有首先将原子裂变投入军事用途的优势。

深入细致的即刻努力将需要大幅增加拨款以支持目前的研究工作，并且意味着为有效使用有资质从事这一领域研究工作的人员创造条件。

为了实现这些目标，本报告的最后部分将提出特别的建议。

在我们看来，不到 2 年的时间内使原子裂变的用途能够变得具有军事意义是不太可能的，即使看上去一些英国专家的研究或预期的应用会较此时间更早一些。但是，如果能够制造链式反应并加以控制，它可能会迅速成为战争中的决定性因素。因此，展望一场可能持续 10 年或更长时间的斗争时，我们在研发方面赢得领先地位是重要的。首先制造并控制这个过程的国家将拥有优势，并且这种优势将随着其应用的不断扩大而增长。

可能的军事应用

与原子裂变相关的军事意义的应用，是基于制造核链式反应的预期。在这种反应中，当 1 个 U_{235} 原子与 1 个慢中子结合时，它会以非常大的能量分裂开来（"裂变"的过程），同时释放出射线，其中包括快中子。当这些中子因与其他原子，例如氘、铍或碳，碰撞而减慢速度时，它们将被其他 U_{235} 原子俘获，转而发生分裂。这就是链式反应，只要存在足够数量的 U_{235} 原子和减速剂的原子，反应就会持续下去。如此每个 U_{235} 原子释放的能量大约是诸如碳在氧气中燃烧的化学反应中每个原子释放能量的 1.3 亿倍，或者每磅 U_{235} 原子释放的能量是每磅碳在氧气中燃烧释放能量的大约 200 万倍。预计在合适的条件下，就发展速度而言，反应将得到控制，但是在其他条件下，它可能在剧烈爆炸的情况下进行。

拟议的铀裂变反应的军事应用包括：

（a）生产强烈放射性物质用作投射物，因为它们的电离辐射对生命具有伤害性。为此，制造裂变链式反应的核心装置的作用将是生产人工放射性材料。然后，这些材料可以用飞机运载，像炸弹一样零散地投掷在敌方的领土之上。尽管这可能是裂变链式反应最快速得到应用的军事用途，由于必然会产生危害，从首次制造链式反应起的 12 个月之内几乎不可能得到应用。这意味着时间不会早于 1943 年。

（b）作为一种潜水艇或其他舰只的动力源。这大概是原子力量的最直接使用，但是由于涉及的工程难度和针对危害所做的必要防护，所以从首次制造链式反应起的 3 年之内几乎不可能有重要的应用。

（c）剧烈爆炸的炸弹。目前看上去，为了制造爆炸性的原子反应，将需要 U_{235} 或一些易于俘获热中子而产生裂变的其他元素的高度浓缩。相比化学爆炸，如此爆炸的破坏力应是巨大的。分离足够数量铀同位素所需的时间，乐观估计是 3～5 年。有可能 94 号元素——可用于此目的，可以通过裂变链式反应大量地生产。如果这种情况属实，在首次裂变链式反应起的 12 个月内，这样的原子炸弹能够使用是可能的。但是，由于使用方面的危险性，将需要数年的时间用于开发。这意味着原子炸弹在 1945 年之前出现几乎难以期待。

在做这些时间上的估计时，我们根据的是通常高强度下科学和工程流程的开发情况。有可能幸运的是，在某种情况下，时间会大大地减少。然而，在我们看来，相比这里指出的，相关方法的有效性在晚些时候会变得更明显。

此外，应记住的是，诸如此类新方法的结果一定会开创目前未加以思考的新的潜在价值。其中一些可能是即刻得到应用的，但其中大多数只是被逐渐加以认知。

实现链式反应的进展

计算似乎表明，在具备足够多数量的铀-235 同位素的情况下，原子裂变的链式反应应该易于发生。分离这种同位素是可行的，但是根据目前的迹象，只有通过建造大型的且成本高昂的工厂——其符合要求的设计尚未确定，才能获得大量的这种同位素。因此，在时间上——可能成为该问题的一个最重要的方面，以及在目前正处于进行中的同位素分离方法的研究工作方面，这必须继续进行下去。

可是，那些致力于裂变问题工作的人士一致认为，获得与天然铀同位素的混合物发生链式反应的可能性是有充分根据的。实现这一过程需要成功地使用一种媒介来减缓裂变时释放的快中子的速度，以至于它们不会轻易地被铀-238 俘获。最理想的估计显示，沿着目前遵循的路线继续工作下去超过一半的概率将实现这种反应。如果得到充分的支持，应可以完成对这些方法的足够测试，并且大概在 18 个月之内能实现这种反应。

如果方法是现实可行的，目前完成测试所需的时间和成本估计如下：

a. 铀和碳的混合

1. 中间实验目前正在哥伦比亚大学进行。详情见所附的乔治·B. 佩格拉姆的报告。

成本：材料 11.7 万美元

工资 3.3 万美元

杂项 2.4 万美元

17.4 万美元

完成时间：大约在 1942 年 7 月 1 日

预期的结果：获得是否铀－碳混合能够引发链式反应的确切证据，以及确定制造如此反应所需材料数量的可靠数据。

目前的状况：大约价值 6 万美元的材料处于定购中。

2. 铀－碳链式反应的制造。在实验 1 完成之前，尚不能就此明智地制订计划。就如目前所预计的那样，这需要至少 120 吨石墨，并且建造合适的建筑。这一阶段的成本大概在 50 万至 100 万美元。

铀－碳实验是所提出的最能直接应用的方法。这是因为所需的材料是直接可获得的。费米估计成功的希望有一半。看上去，它不如下面提及的方法 b 和 c 那样有希望。然而，由于它直接的可应用性和对于了解链式反应会怎样的重要性，目前继续推进这种实验的中间阶段（1）是重要的。

b. 铀－铍或氧化铍的混合

作为减速剂，铍和氧化铍的优势似乎在碳之上，因为（1）使中子静止所需的路径更短，（2）在铍内会释放出额外的中子。氧化铍可以适量获得。生产金属铍则需要时间。

1. 关于铍、氧化铍和碳作为减速剂的相对有效性的中间试验。实验目前正在哥伦比亚大学进行。［见所附的 S. K. 艾利森（S. K. Allison）的报告］

成本：材料，包括 2 吨氧化铍和 250 磅铍　　3.5 万美元

工资，1.5 万美元 +50%　　2.25 万美元 +

杂项，7500 美元

6.5 万美元

实验完成日期：1941 年 12 月 1 日

结果：掌握比较铍和碳作为中子减速剂的价值，估计制造链式反应所需的铍、氧化铍或碳的相对数量。

注：1941 年 5 月 17 日添加该部分内容。艾利森（Allison）提出，现在应制订计划，开展使用大约 1 立方米的氧化铍（3～4 吨）、大约 200 磅金属铍以及 2～3 吨氧化铀或铀金属的实验。他认为，将铀放入装有铍的 2 个同心壳中，能够通过这种方式提供链式反应可能性的确切答案，并且能够明

确确定所需的数量。也许有一些机会可以立即实现链式反应。

如果铀和金属铍是从碳实验借用的，那么材料成本将被控制在氧化铍方面，大约为 5 万美元。这将替代这里提到的实验 b1 和 b2。

A. H. C

2. 决定性的铀－铍实验。这将涉及使用更大数量的材料。实验的设计取决于届时问题的状态。它应给出关于制造反应所需材料数量的确切信息。完成它大概将受到材料供应速度的限制，但是不应晚于 1942 年 7 月 1 日。大概的成本为追加约 13 万美元。

3. 铀－氧化铍的链式反应。在将目前的粗略估算与那些用于上述实验 a－2 的估算进行对比的基础上，这项实验将需要大约 20 吨氧化铀和 30 吨氧化铍。总成本应该会大致略低于相应的铀－碳实验的成本。但是，这是建立在不确定数据的基础之上的。

到 1942 年 7 月，可靠地确定选择碳还是选择铍作为减速剂更为可取应是可能的，从而可决定是选择实验 a－2 还是选择 b－3。同时开展这两种实验可能是不可取的。

c. 使用铀与纯净的重水混合［见所附的 H. C. 尤里①（H. C. Urey）的报告］

使用重水作为一种减速剂，是目前有点眉目的、最具前景的方法。但是，它的有效使用有待分离必要数量的重氢。最终，相比其他方法，它的成本可能更低，即使其他方法可能首先得出结果并且最初阶段的成本更低。按照尤里的看法，最有希望的分离氘（重氢）的方法是水和氢之间的化学交换反应，其间，水被含有催化剂的逆流系统注入，接着将其转换成氢，并将氢通过催化剂系统返送回来。

有关适合的催化剂和建造一个实验性的分馏系统的研究工作，目前正在进行当中。

2. 大规模的重水生产。"工厂可能花费 50 万美元或 100 万美元"。每吨重水的费用在 1 万～2.5 万美元。作为一个粗略的估计，实现裂变链式反应需要数吨重水。

3. 铀－重水混合的试验。最初这种类型的试验是由哈尔班在英国开展

---

① 哈罗德·尤里（Harold C. Urey），美国物理学家、宇宙化学家，1931 年发现氘，1934 年获诺贝尔化学奖。——编者注

的，使用了 120 公斤的重水。结果是非常令人鼓舞的，显然使英国的物理学家们确信，通过这种方法能够生产链式反应。但是，试验结果并不确定，在链式反应实验的条件能够确切地阐释之前，需要使用大约 1 吨重水重复进行试验。进行这一试验所用的材料可能到 1942 年 7 月能够就绪。

4. 铀 - 重水的链式反应。不晚于 1943 年进行这一实验应是可能的，除了建造氘分离工厂的成本外，其成本在 20 万 ~ 40 万美元。

建议

预算

我们认为，有关铀和石墨的中间实验已经部分得到了资助，生产纯净重水的实验工厂也是如此。除了给予这两个项目以全面的支持之外，我们竭力主张将重点放在有关铍的项目上，达到如上所述的接下来的 6 个月提供大约 6.5 万美元资金的程度。其他有关分离铀同位素的工作也应当保持积极的状态，但不必急于强调天然铀的使用。这样，接下来的 6 个月应有大约总计 35 万美元的资金可用。这就是委员会认为目前的信息证明确定的计划是合理的至多达到的程度。

但是，到这 6 个月的时期结束时，即大约在 1941 年 11 月，应由一个与目前类似的委员会对结果进行重新审议。如果迹象是有利的，那么接下来应进行以下 1 个或 2 个项目：（a）铍实验的下一阶段，耗资大约为 13 万美元，（b）建造生产重水的分离工厂，耗资大约为 80 万美元。

目前看，为了以可用的形式实际制造原子链式反应，接下来的一年可能需要一笔类似的支出。值得怀疑的是，是否在不如此延长实验以至于我们应追随其他国家所开展的研究工作的情况下，成本能够被削减至远低于总数 200 万美元的程度。①

我们认识到，这是一项对于国防研究可用资金的重大需求。但是，我们认为，原子裂变的军事潜在价值非常巨大，在其他一些国家远超我们之前忽视它所带来的风险后果十分严重，以至于如果必要，应提出特别拨款的请求以资助这一研究工作。在 6 年之内，如此研究的结果在决定国家的军事地位方面可能是至关重要的。

---

① 可能注意到，所购材料的市场价格将是这一成本中相当大的一部分。

值得注意的是，我们强调它的高度重要性，反映了在这个国家和在英国深入研究原子裂变潜在价值的那些人存在一致的判断。这包括铀委员会的所有单个成员，以及我们与之交换意见的研究人员。（特别见我们委员会5月5日会议的记录）

人　员

已经考虑过在这个难题上聘用那些可能在其他国防事务方面更有用处的科学人员的问题。这种困难没有乍一看那么严重，有两个原因：（1）更大部分的支出不是用于聘用物理学家，而是用于供应所需的昂贵原料。（2）这一项目所涉及的大多数物理学家是且将一直是那些其资质使他们不适合其他国防项目中重要位置的人员。除了佩格拉姆先生和艾利森先生之外，这适用于目前在哥伦比亚大学和芝加哥大学所聘用的大部分物理学家和化学家。

为了保证这些研究取得快速和有效的进展，我们建议：

1. 组建一个小组委员会，大概可称作铀委员会的研究委员会，成员包括 S. K. 艾利森、G. 布赖特（G. Breit）、E. 费米、G. 佩格拉姆和 H. C. 尤里。至于主席，库利奇（Coolidge）、斯莱特（Slater）和康普顿赞成由艾利森担任；范扶累克支持尤里，而劳伦斯支持尤里或是艾利森。该小组委员会的职能是：（1）制订研究计划并加以实施；（2）不断推进所带来的发展；（3）判断新获得的信息是否能立即为那些需要它的研究人员所用；（4）根据需要向核心的铀委员会进行汇报。

2. 我们认为，重要的是尽力确保那些在铀委员会的要求下致力于铀问题研究的人员，始终了解其他研究人员所取得的进展，并得到鼓励去就共同的问题交换意见。经验表明，只有这样才能快速取得进步；快速进步在目前情况下是第一重要的。

3. 为了最快速地取得进步，立即将目前正在英国剑桥从事该研究工作的哈尔班先生用飞机带至美国将是有价值的。① 他拥有对我们研究大有帮助的信息，并可以将我们可能获得的对他们研究相同问题有价值的信息带回英国。

我们要祝贺铀委员会迄今所取得的出色进展。我们鼓励国防研究委员会给予目前从事这项研究的有才能的人员以更全面的支持。我们相信，通

---

① 建议由考克饶夫安排这样的邀请。

过沿着以上所述的思路给予即刻且足够的资金支持，能够最好地实现这一点。

敬呈
阿瑟·H. 康普顿

以下委员会的其他成员表示赞同：W. D. 库利奇、E. O. 劳伦斯、J. C. 斯莱特、J. H. 范扶累克。班克罗夫特·盖拉尔迪因病未参与委员会的讨论。

美国国家科学院原子裂变委员会的第二份报告①
（1941 年 7 月 11 日）

亲爱的朱厄特主席：

作为对你所提要求的响应，国家科学院原子裂变委员会进一步考虑了铀的工程开发问题，O. E. 巴克利（O. E. Buckley）、L. W. 查布（L. W. Chubb）、E. O. 劳伦斯和 W. D. 库利奇于 7 月 1 日在华盛顿的国家标准局与布里格斯博士、艾利森博士和布赖特博士进行了会谈，7 月 2 日则在纽约的哥伦比亚大学与佩格拉姆院长和费米教授进行了会谈。

以下报告内容是对 5 月 17 日报告的补充。

我们重新考虑了——特别是从工程的角度，前一份报告的主要问题，并赞同它所提出的建议。近期加利福尼亚大学所取得的成果表明，94 号元素可以通过铀 -238 俘获中子而创造，而且 94 号元素与慢中子遭遇大概会发生如同铀 -235 那样的裂变。这一新发现连同劳伦斯博士所起草的附件中所详细探讨的它可能的重要后果，已上报了铀委员会。

在目前紧急情况下进行军事应用的前景足以证明划拨国防资金以支持大力推动原子裂变问题向前迈进是合理的，我们特别加以了考虑。我们确

① Report of National Academy of Sciences Committee on Atomic Fission, July 11, 1941 and Appendix: Memorandum Regarding Fission of Element 94 by Ernest O. Lawrence, *Bush-Conant Files*, Roll 1, Folder 1. 由于布什认为阿瑟·康普顿起草的第一份报告重点在于核动力研究，对制造原子弹的方法论说得很不明确，没有提到快中子裂变、临界质量和炸弹组合机制，并不能消除他对目前的战争中铀能否被制造成炸弹的担忧，于是要求原子裂变委员会继续调查研究。康普顿因公前往南美，第二份评估报告是由该委员会的副主席威廉·库利奇起草的，并附上了欧内斯特·劳伦斯的一份备忘录。——编者注

信，这样的支持不但是合理的，而且是迫切需要的。

就如我们所考虑的，问题明显分为两个方面：

（a）铀－235 的分离或浓缩。

前一份报告提交时这方面基本没有显示出——如果有的话，更多的直接或甚至及早应用的可能性。但是，不应忽视在浓缩方面即使是非常有限进展的重要性，我们全然支持目前正在开展的针对这个问题的多样化攻关以及现有的支出水平。

（b）确立天然形成的铀同位素混合物的链式反应。如同已阐述的那样，相比前一份报告提交时，这方面似乎提供了更多的可能性。

前一份报告提出并讨论了数种裂变反应的军事应用。我们认为，由于缺乏所需的重要数据，此时从定量或工程的角度对这些应用进行评估是不切实际的。然而，可用数据为未来自持性链式反应的制造、控制和实际利用提供了很大的可能性——如果实现的话，是一种可能具有巨大重要性的结局。我们提出我们的建议，正是基于这一方面，而不是基于链式反应应用的确切计划。

目前正在开展的基础实验，有可能显著增加现有的数据，但是对于实际评估而言几乎肯定是不够的。最后提到的这一点将需要更大规模的实验，我们认为，为此加以准备不应等待目前研究工作的结果，而是应当立即开始，为了不耽误现有的实验，可由另一组人员承担。就如我们所考虑的，这一更大规模的有效和迅速的攻关行动，也需要一种不同于现在铀委员会管理下的工作组织模式。它应当是这样一种项目组织类型，即完全致力于实现链式反应的单一目标，并探索其在国防领域的潜在价值。

该项目应由一名能够将其全部时间投入其中的总管负责。同时，应为他配备一位业务主管，协助业务主管的则是足够数量的办公人员和一名技术主管，而后者率领着 5～10 名杰出的物理学家及其大致两倍数量的助手。我们认为，费米博士应出任技术主管。

出于保密和危险性的考虑，实验室最好应坐落在相当偏僻的乡村地区。当然，如果能够利用一些已有的设备齐全且合适的实验室，可以节省大量的时间。看上去能够找到这样的一个实验室，本委员会认为较为理想的地点是位于纽约塔克西多帕克（Tuxedo Park）的阿尔弗雷德·卢米斯实验室（Alfred Loomis Laboratory）。

我们估计，支付薪酬和这样一个实验室的一般性运转需要 25 万美元，并且第一年的材料支出为 50 万 ~ 100 万美元。

所有明确旨在制造和利用链式反应的实验工作，都应在新实验室中进行，而旨在获得基础性数据的相关研究，则可以在与该核心实验室密切合作的情况下，在大学的和其他的实验室中依然继续进行。

显然，建立这样一个新的机构是所指出的要做的下一步，并且应立即采取行动。工程评估只能有待以后再进行。任何有关实现链式反应，如果可能的话，以及国防应用所需时间的明智估计，就事情的性质而言，是不可能做到的。我们只能加以预测，成功地演示可控的链式反应将明确地揭示巨大的潜在价值，从而要求大规模加大科学领域和工程领域的投入，以至于实际应用能够紧随其后。

敬呈

W. D. 库利奇

阿瑟·康普顿博士外出期间的代理主席

以下委员会成员表示赞同：O. E. 巴克利、L. W. 查布、E. O. 劳伦斯、J. C. 斯莱特、J. H. 范扶累克。

附件 关于 94 号元素裂变的备忘录

欧内斯特·O. 劳伦斯

国家科学院裂变委员会的第一份报告，在开发利用未分离的铀同位素的链式反应方面，开启了一个极其重要的新的可能性。加利福尼亚大学的核粒子实验室的实验显示，（a）作为铀 - 238 俘获中子，然后进行 2 次连续的 β 嬗变的结果，形成了 94 号元素，进而（b）这种超铀元素发生慢中子裂变，因此推测其行为类似铀 - 235。

如果未分离的同位素的链式反应能够实现，相应地看上去，为了大量制造 94 号元素的明确目的，反应可能会被允许在一段时间内剧烈地进行。这种材料可以通过通常的化学方法提取，并且据推测在用于链式反应目的方面相当于铀 - 235。

如果是这样的话，那么将激发以下三种极其重要的潜在价值：

1. 铀 - 238 将可用于能量生产，从而将从特定数量的铀中所获得原子能的总量增加大约 100 倍。

2. 在使用 94 号元素时，人们可以设计制造用于动力目的的小型链式反应设备，其重量大约为 100 磅，而不是使用天然铀的设备所需的大约 100 吨。

3. 如果可以大量获得 94 号元素，使用快中子制造链式反应是可能的。在这种反应中，能量将以爆炸性的速度释放，可以将其称为"超级炸弹"。

万尼瓦尔·布什关于与总统罗斯福、副总统亨利·华莱士白宫会谈的备忘录①

（1941 年 10 月 9 日）

致科南特博士②的备忘录：

这份备忘录记录了今天早晨我同总统、副总统的会谈情况。

首先，我有总统的明确指示，要求在由今早出席者组成的小组内部，加上史汀生部长、马歇尔将军和你本人，对有关这个问题的政策进行考虑。因此，我记录了会谈的情况，因为我想我们可能需要一个记录以便知道下一步该做些什么，而且我认为我们一定要非常小心地保管这份记录。

我在会谈时介绍了英国人所获得的结论。这包括一组装置的临界体积、与目前常规方法的比较、制造它所需工厂的大致规模、建造工厂所需资金的数量、付诸实施的大致时间表以及相对所需数量的原料的来源。我大概没有理解为什么这种工厂的每月产量相对有效的装置数量而言比较低并且应该如此。我澄清到，我的发言内容主要是基于一些实验室所做研究情况下的计算，而非基于已被证明的事实，所以我不能断言一次尝试即会成功。我表示，在技术问题上要与英国进行充分交流，这个看法得到了赞同。我提到，英国的技术人员已经直接通过汉基勋爵将有关这个问题的政策提交给战时内阁。我称，同样在这个国家，我们正将技术问题交与一个部门和

---

① Memorandum for Dr. Conant from V. Bush, October 9, 1941, *Bush-Conant Files*, Roll 1, Folder 2.

② 詹姆斯·科南特（James B. Conant），哈佛大学校长、化学家，国防研究委员会成员。科学研究与发展局成立后，担任国防研究委员会主席，1942 年 5 月 23 日 S－1 小组改组为 S－1 执行委员会后，科南特任该执行委员会主席，为布什的副手。——编者注

顾问委员会去解决，而你和我只考虑政策问题，于是给出了上述指示。我们详细讨论了战后的控制问题以及原料的来源问题。我强调，关于德国可能在做些什么，我们知之甚少，并指出我认为有必要知道得更多。我概述了我们掌握的情报及其可疑的地方。总统称，英国人比我们能够更好地获取这方面的情报。关于问题的这个方面的任何行动，他没有对我做出指示。随后，我同华莱士先生进行了简短的讨论，但问题的这个方面的情况不佳，以至于我确信应该去做些什么，或者无论如何应该做些什么。

我指出，我认为应独立于我们现有的研究组织之外开展一项更广泛的计划，罗斯福总统表示同意。我还称，我的理解是，在他做出进一步的指示之前，在这个扩大的计划方面，我将不采取任何确切的步骤，罗斯福总统表示这样做是正确的。我们一致认为，显然完全如此，如果在加拿大共同完成这项工作，那将最好不过。关于所需资金之事，他表示，这必须出自一个用于如此不寻常目的的特定来源，并且他可以就此做出安排。他明白在这一方面所需的资金数量。他问我关于可能采取的对策，我指出了通常的几种做法，以及通过这些方法使用材料浓缩的设备取得研究结果的可能性微乎其微。

他告诉华莱士先生，我们将依靠他根据具体情况去就该问题采取可能是必要的行动。

他明确指示我起草一封信，由他签名，从而在美英高层间开始讨论此事，并且如果需要，为此安排一名可以信任的信使亲自操办此事，而该信使应能够更全面地对这个问题做出解释。

我已告诉威尔逊先生①（Mr. Wilson）需要这样一名信使，而霍夫德先生②（Mr. Hovde）在任何信件准备好的时候都可以行动。霍夫德和威尔逊都将知道这封信的存在，也明白保持其完好和对话内容完全保密的必要性。

关于派伊③（Pye）的来信，我已告诉阿瑟·康普顿和布里格斯，你和我已经收悉，但仅供我们使用，所以我不能告诉他们信件的内容。我已指出，毕竟这也是出于调查的独立性的考虑。

---

① 卡罗尔·威尔逊（Carroll L. Wilson），曾担任麻省理工学院校长卡尔·康普顿的助理，后成为时任麻省理工学院副校长布什的助理，此后一直跟随布什，曾负责与英方的联络事务，战后成为美国原子能委员会第一任秘书长。——编者注

② 弗雷德里克·霍夫德（Frederick L. Hovde），美国化学工程学家，曾担任科学研究与发展局驻伦敦代表团负责人。——编者注

③ 戴维·派伊（David R. Pye），英国飞机生产部科学研究局局长。——编者注

这是本备忘录的唯一印件——没有复制。

V. 布什

美国国家科学院原子裂变委员会的第三份报告[1]

（1941 年 11 月 6 日）

亲爱的朱厄特博士：

被委派提出铀裂变方面意见的你的委员会，请求对于 1941 年 5 月 17 日和 7 月 11 日它的两份报告提交以下增补内容。本报告的特定目的是考虑 U_{235} 爆炸性裂变反应的可能性。这一调查的重要性在于，在一些年之内利用爆炸性裂变有可能会成为军事行动中的显著因素。

自我们前一份报告以来，在铀同位素分离方面已取得如此大的进展，以至于迫切需要做出以下方面的考虑：（1）尝试成功研制一颗裂变炸弹的可能性；（2）这样一颗炸弹预计的破坏力；（3）预计完成它的研发并开始进行生产之前所花的时间；（4）所涉支出的初步估算。

1. 裂变炸弹的前提条件

一颗具有超级破坏力的裂变炸弹可以通过将足够质量的 U_{235} 元素迅速组合在一起而被制造出来。这一点看来与任何根据理论和实验得出的尚未尝试过的预测一样有把握。我们的计算（附件 A）进一步指出了为使反应有效而迅速组合在一起所需的质量。由此产生的裂变爆炸的破坏力应该相当于质量大得多的化学炸药所产生的破坏力（附件 B）。

2. 裂变炸弹的破坏力

（a）炸弹的质量（附件 A）

在合适的条件下，产生爆炸性裂变所需要的铀 -235 的质量，不可能小于 2 公斤，也不会大于 100 公斤。这些上下限相差极大的数字主要反映了在

---

[1] Report of the President of the National Academy of Sciences by the Academy Committee on Uranium, November 6, 1941, *Bush-Conant Files*, Roll 1, Folder 1. 1941 年 10 月 3 日，布什在获得英方的莫德报告之后，要求康普顿的委员会进行第三次评估。第三份评估报告明确强调了铀在当前战争中可能起到的重要决定性作用，虽然没有提到费米的铀 - 石墨或者利用钍的研究工作，但论证了利用铀 -235 制造原子弹的现实可行性，并建议进行相应的工程开发。该报告附带 3 个技术性的附件，由于大量手写的公式中有些辨认不清，所以译文未包括这 3 个附件，其内容实际与莫德报告类似。——编者注

实验中 U_{235} 快中子俘获截面的不确定性。在获得大量分离的或浓缩的同位素之前，这些数据很难得到改进。然而，由于更大的炸弹拥有更大的破坏力，上下限之间的数量大小问题不是一个非常重要的问题。

（b）爆炸性裂变释放的能量（附件 A）

精确定位于最初瞬间的质量计算表明，在一次裂变爆炸中，会释放 1% ~ 5% 的铀的裂变能量。这意味着每公斤铀将产生 2×10^8 ~ 10×10^8 千卡的热量。因此，每公斤铀所能得到的爆炸能量相当于大约 300 吨 TNT 炸药的爆炸能量。

（c）裂变爆炸的破坏力（附件 B）

一颗炸弹所造成的破坏程度将取决于在遭毁坏地区的外围产生的压力波的大小。对于像裂变反应这样持续时间如此短暂的爆炸而言，相当大部分的能量将以热的形式消散掉。考虑到这种情况，我们粗略估计，在空气中一次释放如上述估计能量的裂变爆炸的破坏力，应该相当于大约 30 吨 TNT／公斤 U_{235}。

我们要指出的是，这一结论不同于英国 G. I. 泰勒所得出并报告的结论，后者给出的铀的破坏力相当于释放相同能量的 TNT 的破坏力。在没有看过他的计算的情况下，我们难以判断它的可靠性，而且完全缺少有关如此超级能量爆炸的实验数据。但是，从实验中可知，小质量的非常迅速的爆炸不如更大质量的释放相同能量但速度更慢的爆炸更为有效。某些计算（脚注 2，附件 B）表明裂变爆炸的效率要小得多。因此，我们赞成以上做出的更为保守的估计。

爆炸产物的强烈辐射性对生命所造成的破坏性影响可能像爆炸本身的影响一样重要。

3. 研发和生产必要的 U_{235} 所需的时间

（a）所需的铀数量（附件 B）

由于目前炸弹的破坏力已是战争中的一个重要因素，所以显而易见如果这种炸弹的破坏力增加了 1 万倍，它们将具有决定性的重要意义。

然而，所需铀的数量将会很大。如果摧毁德国的军事和工业目标需要 50 万吨 TNT 炸弹的估计是正确的话，那么完成同样的任务则需要 1 ~ 10 吨 U_{235}。

（b）U_{235} 的分离（附件 C）

铀同位素的分离可以按需要量来进行。正在研发中的几种方法，至少其中两种看上去是肯定能够满足需要量的，并正接近实际测试的阶段。它们是离心法和多孔膜扩散法。其他的方法正处于考察之中或者需要研究以能够最终证明其更加优越，但是目前都远达不到工程阶段。

（c）生产裂变炸弹所需的时间

目前只能对裂变炸弹的研发、工程和生产所需的时间做十分粗略的估计。

但是，如果全力以赴于该计划，可以期望在三四年内获得相当数量的裂变炸弹。

4. 费用的大略估算（附件 C）

同位素分离过程可能是生产裂变炸弹所需的工作中成本最高且最耗时的环节。附件 C 中的估算显示，除非一些新方法出现，否则应设想建造同位素分离工厂的费用是 5000 万至 1 亿美元数量级的。为维持其运转，还需要大量的电力。

其他与制造这种炸弹相关的费用大概会小些，在 3000 万美元数量级。

因为未获得使它们更精确所需的科学和工程数据，可以理解这些给出的数字只是最粗略的估算。

当前的需要

虽然为军事利用而实施这个项目最终所需的资金如此之大，但当前的需要相对适中。在花费任何大笔资金之前，至少以下工作必须要做：

1. 建造和测试离心分离机和扩散分离机的试用装置。

2. 通过最直接地使用分离后的 U_{235} 样品的方法，对 U_{235} 中的自发性裂变进行物理测试，以及获得 U_{235} 的中子俘获有效截面。

3. 某些直接的物理测试，包括（a）有关 U_{238} 的中子非弹性碰撞实验，（b）测算 U_{238} 裂变的快中子能量范围。

4. 与此同时，应开始同位素分离工厂的基础工程，从而在更确切地了解需要些什么的时候，计划能够就绪。

这一项目，其中部分已在进行中，目前应该已有数百万美元可用，通过布里格斯博士负责的铀工作委员会，可以更好地估算出确切的数字。

在期待以最快的速度和最高的效率实施这样一个项目的同时，我们要指出的是，分离同位素已达到了开发阶段，应置于一位称职的开发工程师的指导之下。这一开发项目必须同一个强化的研究项目相配套。

为了取得最佳的研究进展，我们强烈建议，挑选某些被证明是有能力且刚正不阿的关键研究人员，将某些主要的研究任务指派给他们，并提供依据他们的最佳判断完成这些任务所需的足够经费。

为了使研究和开发令人满意地相互协调，可能需要对整个铀项目进行重组。对口的管理部门的官员应及时和细心地关注这样的重组。

结论

必须认真考虑这种可能性，即几年内如本报告所描述的炸弹的使用或者类似利用铀裂变的东西，可以决定军事上的优势。对我们国防的充分关注似乎需要紧急发展这一项目。

在委员会成员一致同意下敬呈。

阿瑟·康普顿

国家科学院铀委员会主席

O. E. 巴克利、L. W. 查布、W. D. 库利奇、G. B. 基斯佳科夫斯基（G. B. Kistiakowsky）、E. O. 劳伦斯、W. K. 刘易斯（W. K. Lewis）、R. S. 马利肯（R. S. Mulliken）、J. C. 斯莱特和 J. H. 范扶累克

万尼瓦尔·布什致罗斯福总统的信件[①]
（1941 年 11 月 27 日）

亲爱的总统先生：

随信我向您提交一份国家科学院的委员会关于铀炸弹的报告。

相比英方的报告，这份美方的报告结果是有些保守的，数周之前，我已向您和华莱士先生概述了调查的结果。这可能是由于这样的事实造成的，除非常杰出的物理学家之外，该委员会还包括一些讲究实际的工程人员。该报告估计，这种炸弹的效果比英方计算所指出的要差一些，但依然非常强大。它预测，在可以开始生产之前，会有一段更长的时间间隔。它还估计，总的成本要比英方的数字高得多，尽管它们的成本目前必然基于非常粗略的估算。然而，正如所提到的那样，无疑需要认真关注这个问题。

---

① Letter from V. Bush to the President, November 27, 1941, *Bush-Conant Files*, Roll 1, Folder 1.

目前，我正精心挑选组建一个工程小组，研究可能的生产计划。另外，我正采取措施进一步加快物理学中的那部分研究工作，旨在为可能的工厂设计提供数据。

遵照您的指示，我向史汀生部长和马歇尔将军介绍了该问题的状况，我会一直使他们以及华莱士先生了解情况的进展，并且向他们提供了这份报告的副本。跟技术问题不同，政策的考虑只限于这一小部分人和科南特博士。但是，我同史密斯先生（Mr. Smith）讨论了以后可能会面对的资金问题。

当然，我将乐于在任何时候向您解释这份报告的任何部分，其中的数学语言可能需要解释，或者用更多的数据对这种问题的论述加以补充。

在应当谨慎的情况下，我打算将这份报告的副本交给英国人，因为我们已经在这个问题的科学方面进行了充分的交流，当然，除非您向我下达相反的指示。就这个问题的长远方面来看，是如此充满危险和潜在价值，我们在采取任何措施决定开展任何特定的计划之前，我都将静候您的指示。

诚挚敬意

万尼瓦尔·布什

第三部分　战时美英之间的核合作

由于在研制原子弹的问题上起步要晚于英国，美国政府首先主动向英方提出两国进行核合作的建议，但英方的反应冷淡。

1941 年 10 月 11 日，罗斯福发给丘吉尔一封以其名义但实为布什起草的信件，建议双方就核研究问题进行商谈。11 月 21 日，安德森和彻韦尔勋爵奉命同美国科学研究与发展局驻英国办事处代表弗雷德里克·霍夫德进行了会谈。安德森指出英方担心未处于战争状态的美国存在保密工作方面的疏漏，只是同意尽快将有关两国核合作的形式、保密措施等方面的建议告诉美方，以便美方按照这些建议做出调整和改进。另外，英方企图以美方只关注核能工业化利用为由，婉拒联合研发原子弹项目。

1942 年春，访问美国的英国"管合金局"技术委员会主席华莱士·埃克斯和一些英国科学家发现，美国的核研究工作有了快速的进展，已经与英国的研发水平相当或在有些方面超过了英国。3 月 23 日，约翰·安德森致信布什，对去年 8 月布什和科南特的合作要求做出答复。与此同时，英方内部正在就战时原子弹项目是在国内开展还是在北美开展进行争论，对同美国开展合作犹豫不决。

当英方就英美核合作问题犹豫不决的时候，美国在原子弹项目研发方面正取得快速的进展。这种进展不仅体现在美国在核科学研究领域正在超过英国，而且体现在美国已开始进入工程开发阶段，美国陆军正接手原子弹研发的工程管理事务，英方却仍停留在实验阶段，这使得美方对于两国核合作的态度由最初的积极主动变成消极拒绝。布什与科南特越来越意识到美国自身的优势，相信在没有英方的参与或是在其最低的参与程度下，美国也能够研制出原子弹，而独立开展这项工作更符合美国的国家利益。他们开始抛弃之前同英国共同研制原子弹的想法，布什对在加拿大建立联合工厂的想法也失去了兴趣。

当 1942 年 7 月 30 日英国政府决定将建造完整规模工厂的工作在美国作为一个联合项目共同开展的时候，美方以往的立场已发生了完全的转变。在布什、科南特和"曼哈顿工程"执行主管莱斯利·格罗夫斯（Leslie R. Groves）看来，美国的核项目从实验阶段进入大规模工程开发阶段后，美英之间的核合作关系不是要扩大，而是应加以限制，这才符合美国的国家利益。9 月，布什委婉拒绝了安德森的合作建议，认为直接的技术问题比两国之间的合作更为紧迫。

11 月初，埃克斯奉命前往美国洽谈技术问题。虽然布什和科南特都不绝对拒绝美英之间开展核合作，但是他们认为，这种合作只有在促进目前战争努力的情况下才是可取的，而合并两国核项目却可能适得其反，会给美国的原子弹研制工作增添更多的难题和麻烦，将英方气体扩散法分离同位素的工作移往美国不会起到节省时间的作用。他们欢迎英方科学家在本国完成气体扩散法的工作后前往美国，但是鉴于英方的研究工作主要是在气体扩散法和重水反应堆方面，布什和科南特反对英方科学家介入电磁分离法、离心分离法和石墨反应堆等美方原创的研发领域。

12 月 15 日，布什、科南特和格罗夫斯协商之后向军事政策委员会提交了一份政策分析报告，认为原子能在战时和战后的政治经济方面都具有重要且深远的意义，同英方未来的核合作关系需要总统敲定。报告主张与英国进行有限的合作。第二天，布什以科南特的报告分析为基础递交了一份《关于原子裂变炸弹现状与未来计划的报告》给罗斯福总统，回顾了核项目全部工作的进展情况和以往美英双方相关技术情报交换的情况，并阐释了相关的建议。12 月 28 日，罗斯福答复布什，赞成与英国进行有限制的核技术情报交换。

英方对于罗斯福同意有限合作的立场感到意外，认为是布什等人和美国军方从中作梗。在安德森的建议下，丘吉尔利用在 1943 年 1 月中下旬召开卡萨布兰卡会议的机会同罗斯福进行了交涉，罗斯福则指定哈里·霍普金斯处理这一问题。然而，会后霍普金斯迟迟没有对丘吉尔的合作要求做出答复，因为霍普金斯发现布什等人坚定地持有限合作的立场，认为同英方进行情报交换的前提条件是，必须有利于赢得目前的这场战争。

在罗斯福的安排下，1943 年 5 月 25 日布什在霍普金斯的办公室向随丘吉尔访美的彻韦尔勋爵当面解释了美方的政策缘由。第二天，丘吉尔电告国内，称罗斯福同意恢复进行管合金情报的交换，这项事业应被看作一项共同的事业。然而，美方之后又回到了之前那种令英方焦急不安的状态。罗斯福一方面需要英国的军事合作，另一方面又不能无视布什、科南特和格罗夫斯等手下人关于限制与英国进行情报交换的意见。最终，在一番权衡并征询霍普金斯的意见之后，7月20日罗斯福致电正在英国访问的布什，同意采取一切方式与英方"重新开始"（renew）核合作。但据称可能是编码和解码环节出错，"重新开始"变成了"重新审查"（review）。

在7月22日丘吉尔与布什、史汀生的会谈中，布什并不知上述电报中的错误，丘吉尔主动表示愿意接受美方在商业或工业利用核能方面对英方做出的限制性条件，但提出核武器要两国都表示同意才可以使用。由于双方的主要分歧得到了解决，8月19日丘吉尔和罗斯福共同签署了名为《美利坚合众国和联合王国当局关于管合金问题合作的协议条款》的秘密文件（通常被称为《魁北克协定》），并据此成立了美英加三方的联合政策委员会。

1943年12月10日，依据《魁北克协定》，英美双方最终就核合作的具体事宜正式达成一致。双方主要在三个领域开展合作：气体扩散法、电磁分离法与原子弹爆炸机理和结构设计。前后总共有50多名英国科学家参与了"曼哈顿工程"的研发工作，对成功研制出第一颗原子弹做出了重要的贡献，尽管并不是决定性的，但没有他们的参与，取得成功的时间无疑会被推迟。由于"曼哈顿工程"实行分割管理，加上格罗夫斯等人对英方科学家的猜忌始终存在，因此英国科学家和技术人员在一些领域受到了限制，引发了他们的不满情绪，双方在总体保持合作的局面下，时常出现一些不愉快的事件。

英国参与"曼哈顿工程"不可避免地使自己的"管合金"项目处于停摆的状态，所以英方希望英美以及与加拿大之间的核合作能够在战后继续下去，但美方此时并不愿意讨论战后的安排问题。1944年9月18日，在第二次魁北克会议之后，丘吉尔和罗斯福在纽约海德公园达成了被称为《海德公园备忘录》的秘密协议。罗斯福在协议中承诺两国在战后继续保持核合作，但除罗斯福及其参谋长海军上将威廉·李海在场之外，美方没有其他任何人知道总统跟丘吉尔达成过这一协议，直到1945年6月20日英方将备忘录影印件交给史汀生以证明这一事实的存在，此时罗斯福已经去世了两个多月。

罗斯福当时将这份备忘录未做任何说明地交给了白宫的一名工作人员

存档，由于备忘录的标题为"管合金"，这名工作人员将其归入了海军上将威尔逊·布朗（Wilson Brown）的档案之中，直到1957年这份原始文件才被发现。而据李海回忆，《海德公园备忘录》所指的合作只是针对工业利用原子能，"对其军事应用，没有达成任何协议。此后，虽然出现过关于罗斯福同意向英国提供原子弹秘密的报道，但实际上，在此会议上没有达成任何这类协议"[1]。

在研制原子弹的同时，英美决定控制世界的核原料资源。1944年6月13日，丘吉尔和罗斯福分别签署了《托拉斯协定和宣言》，成立了联合开发托拉斯作为获取和分配核原料的联合机构。9月25日，联合开发托拉斯与非洲金属公司达成了购买比属刚果铀矿石和钍矿石的正式协议；26日，英美两国政府与比利时政府正式达成了期限更长的三方政府间协议。

除了获得比属刚果的铀矿和钍矿之外，英美还对各自国内（包括加拿大、澳大利亚、新西兰、南非等自治领国家）的核原料资源进行了勘探和开发，同时联合开发托拉斯还试图控制世界其他地区的资源。

1945年7月，英国政府以联合开发托拉斯的名义买断了葡萄牙乌戈伊利卡矿业公司的全部股权。7月底，联合开发托拉斯向瑞典提出缔结为期30年并可能继续延期30年的铀矿资源专卖合同，但对日使用原子弹使瑞典政府意识到铀资源的价值和政治意义，最终英美未获得优先或独自购买权，但瑞典政府承诺禁止出口含铀的原料。1945年3月，联合开发托拉斯决定通过谈判获取巴西、印度西南特拉凡哥尔（Travancore）和荷属东印度的钍矿石。7月，在英国表示同意的情况下，美国单方面与巴西政府签署相关协议。后两者的谈判则由英国主导，荷兰政府较为爽快地答应了购买要求和条件，但在印度特拉凡哥尔问题上的谈判遇到了困难，直到战后的1947年才最终达成协议，而印巴分治使该协议失去了效力。

另外，英美两国高度关注对德国相同领域的情报搜集与分析工作，因为对纳粹德国首先拥有原子弹的担忧，正是英美两国走上核研发道路最原始的动机。1943年12月，格罗夫斯成立了一个名为"阿尔索斯"（Alsos）的情报小组，专门负责搜集分析敌国军事科学研究的情报工作，其中德国原子能研究是情报小组工作的重点。诺曼底登陆之后，"阿尔索斯"小组随挺进的盟军一路搜集德国核研究的情报证据。最终，在11月占领斯特拉斯

---

[1]　威廉·李海：《我在现场：罗斯福、杜鲁门顾问回忆录》，马登阁等译，华夏出版社，1988，第283页。

堡之后，从一所德国物理实验室缴获的文件证实了德国战时没有从事原子弹的研发工作。而 1945 年 4 月，近 1100 吨当年被德军获得的比利时铀矿石在德国北部马格德堡附近的一家工厂被找到，随后在德国南部找到了奥托·哈恩等主要的德国核科学家，进一步证实了德国没有原子弹的结论。

随着原子弹的成功指日可待，为专门解决战时使用原子弹和因此所产生的政治、军事等相关问题，以及对战后安排提出政策建议，1945 年 5 月 2 日，美国总统杜鲁门同意建立一个专门委员会，该委员会被称为"临时委员会"。为了维护美国的国家利益，临时委员会主张，在第一颗原子弹成功轰炸日本之前，不将美英研发原子弹之事告诉苏联人或其他任何一方；在国际管制机制建立之前，美国不会将自己的原子弹研发技术透露给任何人，包括英国。

在对日使用原子弹问题上，大部分从事原子弹研发的科学家出于战后长远的考虑，反对对日本使用原子弹，或者至少主张选择沙漠或荒无人烟的岛屿，在所有联合国家的代表面前展示这种新式武器，然后在联合国家（还有国内公众舆论）的同意之下，并且在向日本发出投降的最后通牒或者至少疏散某些地区之后，再向日本使用原子弹。但是，这种主张遭到了临时委员会的拒绝。5 月 31 日，临时委员会决定在不给予日本警告的情况下对其使用原子弹。7 月 1 日，联合政策委员会的英方代表正式转达了英国政府同意对日使用原子弹的意见。7 月 24 日，杜鲁门下达了 8 月 1 日至 10 日择机对广岛、小仓、新潟和长崎之一使用原子弹的命令。而 8 月 1 日，杜鲁门在波茨坦会议期间告诉英国新首相艾德礼美国打算对日使用原子弹之事，艾德礼没有提出异议。

8 月 6 日，在广岛遭受原子弹轰炸 16 小时后，杜鲁门总统授权发表了关于使用原子弹的简要声明，2 小时后陆军部长史汀生就原子弹研制的大致过程，发表了篇幅更长的声明。10 天之后的 8 月 16 日，美国政府公开发表了《史密斯报告》，在不涉及关键技术信息的前提下，较为具体和详细地向公众介绍了研制原子弹的历程和一般的科学知识，很大程度上，美国政府需要向国会就战时巨额资金的去处做一个交代。可是，无论是杜鲁门和史汀生的声明还是《史密斯报告》，都甚少提及英国在"曼哈顿工程"中的贡献。

此外，在杜鲁门和史汀生发表声明之后，英国首相艾德礼和前任首相丘吉尔以及加拿大军需部长克拉伦斯·豪当天随后也发表了类似的声明。6

天后，英国"管合金局"发表了迈克尔·佩林所撰写的关于研制原子弹过程的声明。英方的两份声明主要从英国的视角对原子弹研制的缘起和过程进行了介绍，同时对美方声明和报告对英方贡献一笔带过感到不满，最终迫使美方同意在从 1945 年 11 月起出版的《史密斯报告》中以附录的形式增添英方这两份声明的内容。尽管如此，英方这两份声明加起来近 40 页的内容显然无法同《史密斯报告》260 多页的内容所造成的影响相比，使得世人提及原子弹时，一般很容易认为是美国的发明创造。

战争胜利结束之后，昔日的共同敌人消失了。美国政府保持核垄断的利益诉求同原子能国际管制的尝试、美国军方和文职部门对于原子能事务权力的争夺、原子能的军事利用和工业利用等问题交织在了一起。新任总统杜鲁门在原子能问题上更依赖下属的意见，而国会的角色日益关键。事实上，除联合控制核原料之外，美方很快就中断了美英双方之间的核合作。虽然艾德礼政府力图将战时的合作维持下去，但遭到美方的拒绝。特别是 1946 年 8 月 1 日美国国会出台的《麦克马洪法案》生效之后，两国核合作的大门被一度关闭了，直到 1958 年 7 月 3 日英美两国政府签署《英美为共同防御目的利用原子能的合作协定》，英美才正式建立起了核同盟关系。

布什致卡罗尔·威尔逊的备忘录①

（1940 年 9 月 30 日）

有关铀问题的交流

在上一次国防研究委员会会议时，我同海军的鲍恩将军②（Admiral Bowen）讨论了与英国人商讨铀问题的可取性，我们俩都认为应当进行这样的商讨。上个星期六，我写信给海军的安德森将军③（Admiral Anderson），询问是否在此问题上存在任何的限制。星期日上午，布里格斯博士打电话给我，敦促此事应该在英国人离开之前及时获批。今天上午，我同安德森将军在电话中谈了此事，他表示，在此类科学问题方面没有限制，如果鲍恩将军认为应当进行商讨，那我们就可以自由地进行。毫无疑问他会以书

---

① Memorandum for Mr. Carroll Wilson, September 30, 1940, *Bush-Conant Files*, Roll 2, Folder 9.
② 哈罗德·鲍恩（Harold G. Bowen），时为海军实验研究所主管，海军少将。——编者注
③ 沃尔特·安德森（Walter S. Anderson），时为海军情报局局长，海军少将。——编者注

面的形式确认此事，但是我告诉他，我们在他做出口头表示的情况下就会着手进行。接着，我打电话给布里格斯博士，发现他已出城好几天了。于是，我打电话给图夫①（Tuve），他了解这方面的情况。他们计划从今天开始的一周内与考克饶夫也许还有其他人进行会谈。我告诉图夫，完全可以告诉富勒②（Fowler），这些依照日程表的会谈已经获得批准，一旦我们收到安德森的书面函件，我们就会确认这一切。图夫谈到了英国人和费米之间的接触。我告诉图夫，就如我之前告诉布里格斯的那样，军方将会讨论费米的问题，以及附带讨论尤里的问题，而在听到关于这些讨论的消息之前，我将静观事态的发展。因此，我们目前应仅向英国人表明，费米的使用问题正在讨论之中，在此期间我们不会向费米提供情报。据此推测，在这一问题上，英国人将受我们行动的影响，他们是否会见费米，将由他们自己做主，料想他们会完全听从我们的意见。我认为，我无须进一步介入这一问题，除非你需要我做些什么。

V. 布什

查尔斯·劳里森致布什的信件③

（1941 年 7 月 11 日）

亲爱的布什博士：

在昨日我们的会谈中，我告诉你，7 月 2 日我在伦敦出席了莫德委员会的一次会议。会议是在皇家学会召开的，有 24 名莫德委员会成员参加。

委员会主席 G. P. 汤姆森提供了一份报告的初稿，而一系列建议通过一个政策委员会提交给了空军部。由于你无疑会收到这一报告的副本，所以我只是指出，该委员会一致建议，在与一些大型工业公司合作的情况下，应以尽可能最快的速度沿着主要由西蒙教授提出的思路推进炸弹项目。所需工厂的方案已经被非常详细地制定出来了。

---

① 默尔·图夫（Merle A. Tuve），卡内基研究院地磁部的负责人。——编者注
② 拉尔夫·富勒（Ralph H. Fowler），英国物理学家卢瑟福的女婿，英国驻美采购委员会代表。——编者注
③ Letter to Dr. Bush from Charles C. Lauritsen, *Bush-Conant Files*, Roll 2, Folder 9. 查尔斯·劳里森（Charles C. Lauritsen），在丹麦出生的美国物理学家，时任科学研究与发展局下属 A 部门的副主席。——编者注

对于这项工作最好是在英国、加拿大还是美国开展，进行了大量的讨论。也有一些关于派遣一小拨人来这里推动研制炸弹的想法的讨论，但是与会者认为，在何处开展这项工作的问题得以确定之前，难以给出确切的建议。与会者认识到，有些人对此感到遗憾，即使此时在英国开展该项目不是不可能，但也将是困难的。

这次会议前后，我试图征得一些我最信任的人对于该项目的个人看法。我逐个地同 8 位物理学家进行了会谈，他们都非常强烈地主张，我们应承担起该项目。一些人表达了这样的观点，即成功的概率大于 90%，只要有足够的支持，在不到 2 年的时间里，这项工作将取得成功。

在你的要求之下，今天上午我向布里格斯博士报告了我获得的情报，并建议他指示在伦敦的霍夫德博士去查实，如果这里发出邀请，英方是否有可能派一个小组前来华盛顿进行会谈。

该小组也许应包括汤姆森、查德威克、西蒙以及两三位为西蒙制订计划的工程人员。霍夫德应查明，是否应直接向空军部、林德曼教授或是汤姆森发出邀请。然而，可能最好通过达尔文教授来处理此事。

谨上

查尔斯·C. 劳里森

国防研究委员会首个年度工作报告摘选[①]
（1941 年 7 月 16 日）

与英国科学家的交流

与英方充分交换科学情报，大大促进了国防研究委员会的工作成效。通过这种途径，美国的科学家能够在实战经验的背景下以及了解现今战术要求的情况下解决国防问题。此外，致力于实战设备测试的许多英国专家团队，向他们提供了积累的研究和开发成果。作为回报，我们的科学家可以以他们现有的知识提供所有可能的支持，在紧急问题上给予亟须的帮助。

---

① National Defense Research Committee for the First Year of Operation, June 27 1940 to June 28 1941, in George McJimsey, ed., *Documentary History of the Franklin D. Roosevelt Presidency*, vol. 43, Document 47, pp. 165 – 167.

更为重要的是英方分担负担，使美国研究人员很大程度上解脱出来，从而致力于完善那些未来几年作战可能依赖的技术化战争装备的重要任务。

国防研究委员会的联络处及其位于伦敦的代表团，已经与英国、加拿大和澳大利亚政府开展了这种科学情报的交换。伦敦代表团由一个设在伦敦美国使馆的小型常驻工作班子组成，他们与英国政府的各部及其研究机构，以及与驻伦敦的美国陆军和海军武官，保持着密切的联系。国防研究委员会各部门的一批批专家已被派往英国，同英国科学家进行直接的磋商。此外，报告和电报的交流一直不断。在华盛顿，国防研究委员会与英国供应委员会所属的科学总办事处（Central Scientific Office）之间，有着非常密切的联络关系。而与加拿大和澳大利亚政府的情报交换，大部分也是通过同一办事处进行。加拿大的科学家和国防研究委员会的科学家也有许多互访。通过这几种方式，我国的研究人员一直充分地了解这些英语国家的相关工作情况，我们取得的相关成果也会迅速地告知英方。

国防研究委员会华盛顿联络处的负责人是卡罗尔·L. 威尔逊先生，C. P. 哈斯金斯博士（C. P. Haskins）、F. S. 库珀博士（F. S. Cooper）为其助理。在总统的要求下，2 月詹姆斯·B. 科南特博士率领第一个国防研究委员会代表团前往英国。这样，与英国政府成员和英国科学家建立起了最热诚的合作关系，而这些都得到了负责伦敦代表团的弗雷德里克·霍夫德先生非常有效的维护和促进。

自今年 2 月之后，在大约一个月的时间内，国防研究委员会的专家三五成群地访问了英国，在他们的专业领域同英国研究人员建立起了联系。这些专家经常与陆军和海军武官协商，每一组人员都能够对另一组人员起到帮助作用。迄今派出的专家覆盖了这些领域：炸药、军用毒气、化学防护、无线电侦测、火力控制、近爆引信和反潜研发。

由查尔斯·达尔文博士[①]（Charles G. Darwin）负责的英国科学总办事处取代了亨利·蒂泽德爵士率领的英国技术使团。达尔文先生既亲自又通过他的技术人员保持与国防研究委员会工作的联系，并能够赋予这一工作以英国经验的益处。此外，国防研究委员会联络处与加拿大国家研究委员会（National Research Council of Canada）以及澳大利亚公使馆的科学专员，有着密切的联系。

---

① 英国生物学家查尔斯·R. 达尔文之孙。——编者注

与英方有效联络的最大障碍之一是人员和外交邮件运送的延误。虽然海运邮袋丢失的情况很少，但华盛顿和伦敦之间的运输时间要 4～8 周。最近足够的空中运输服务的建立应会大大减少这种延误。

此外，美国科学家以及与之联系的军方人员，越来越认识到英美之间交流所带来的互惠互利。这导致越来越多的个人联系以及国防研究委员会人员对英国实验室的访问。再加上运输和通信条件的改善，这种态势应使得将来的技术和科学情报交换会更加有效。

罗斯福致丘吉尔的信件[①]
（1941 年 10 月 11 日）

我亲爱的温斯顿：

为了使所有最大的努力得以协调甚至得以共同进行，看上去我们最好应立即就你们的莫德委员会和我国布什博士的组织都正在研究的问题进行通信或者商谈。我建议，出于一致性考虑，我们应使用 MAYSON 代指这个问题。

我让我们科学组织驻伦敦办事处的负责人霍夫德先生送交此信，因为他能够——如果必要的话，更明确地谈论这个问题，或者回答您的有关组织形式的问题，目前我国正在以这种组织形式开展运作。

诚挚敬意

富兰克林·D. 罗斯福

关于安德森、彻韦尔与霍夫德会谈的备忘录[②]
（1941 年 11 月 27 日）

11 月 21 日，星期五，在彻韦尔勋爵的陪同下，枢密院大臣与霍夫德先生进行了会谈，后者是总统在美国成立的、布什博士管理之下的科学组织

---

① PREM 3/139/8A, From President to Prime Minister, October 11, 1941. 这封信实际为布什所写，而且他将信中所提到的代号"MAUDSON"改成了"MAYSON"。——编者注

② PREM 3/139/8A, From Norman Brook to J. M. Martin, December 10, 1941. 诺曼·布鲁克为时任枢密院大臣约翰·安德森的秘书，约翰·M. 马丁则为丘吉尔的秘书。——编者注

驻伦敦的联络官员。总统已写信给首相，建议"为了使所有最大的努力得以协调甚至得以共同进行"，两国致力于管合金项目（tube alloys）的人员之间应进行更密切的合作；并且称，亲自传递这封信的霍夫德先生，可以回答任何有关美国目前正在借此开展该项目的组织形式问题。枢密院大臣解释道，在首相的要求下，他见霍夫德先生是为了临时探讨这里的和美国的致力于该项目的科学家展开更密切合作所依照的方式。

霍夫德先生则解释称，布什博士和科南特博士目前正渴望在这一领域进行更充分的合作，以及大西洋两岸致力于该项目的那些人员之间进行全面的情报交换。总统认为，现在应当尽快推进这项工作，他完全赞成布什博士所持的看法。目前正在起草一份潜在科学价值的评估报告，以供总统参考；在获得全部所需资金扩大目前正在进行中的研究工作方面，不存在困难；布什博士打算亲自管理和指导全部的工作。

枢密院大臣表示，在这个问题上，英王陛下政府非常希望与合众国政府进行尽可能全面的合作。然而，他们对情报泄露给敌人的可能性感到不安。在他们看来，不能让敌人知晓的重要事情是，在这个国家或在美国，当局正认真致力于该项目的军事应用。我们必须假定，敌人也正致力于该项目的种种可能性。如果他们获知我们正认真对待这件事，那么他们肯定会加快他们的工作。在这个国家，我们拥有保守秘密的手段，而在美国则不会如此轻易地拥有这样的手段。由于美国尚未处于战争状态，在大西洋彼岸的安全工作一定会更加困难。出于这种原因，重要的初步措施将是考虑在美国从事该项目的组织如何调整以最大限度地确保秘密不被泄露。霍夫德先生称，虽然该项目战前已是科学技术界期刊探讨的话题，但是代表政府所做的任何实际工作业已尽全力被置于保密之中。所有为政府工作的研究人员必须依据《反间谍法》签署一项声明，如果被证明违反规定泄漏官方机密，将被判处长达 20 年的监禁。当然，政府不能控制圈外的科学家或者科学新闻工作者的探索；但他们已尽力将此问题置于严格的控制之下，他们无疑会考虑我们希望提出的任何建议，使他们的组织做出调整以满足最重要的保密方面的需求。他们也会欢迎来自这方面的具体建议，因为他们最希望通过我们的经验受益；如果我们向他们提供我们在这里组织这项工作的方式要点，他们将打算在美国建立一个由布什博士直接管理的、高度仿效我们的组织。霍夫德知道，尤里教授和佩格拉姆教授对他们近期访问这个国家时关于我们的组织的所见所闻印象十分深刻；他毫不怀疑，他们将通过布什博士就此向总统进行汇报，并且可能竭力主张在美国应建立某种类似形式的组织。如果通过发送一份有关我们组织形式的书面陈述，连同我们能够提出的使美国的组织做出调整以满足我们要求的建议，无论是安全方面的还是其他方面的，将方便他去跟进他们的口头报告。

枢密院大臣称，他会考虑按这些思路起草书面报告交给霍夫德先生，以便传送给美国政府。但是，在这样做之前，如果霍夫德先生提供一份有关美国现已建立的组织的说明，他会很高兴。

霍夫德表示，他很乐意提供意见，但猜想尤里教授已向埃克斯先生提供了这样的说明。枢密院大臣称，他会第一时间确定是否埃克斯先生实际上已从尤里教授那里收到了所有需要的情报。

最后，枢密院大臣指出，他将建议首相临时答复总统，就我们在此问题上愿意同美国政府合作给予总的保证。另外，他将在会谈讨论思路的基础上起草一份详细的报告，以送交美国政府；并且在该报告拟就之后，再次联系霍夫德先生。

诺曼·布鲁克

大乔治街，S. W. 1

1941 年 11 月 27 日

丘吉尔致罗斯福的信件[①]
（1941 年 12 月）

我亲爱的总统先生：

非常感谢您 10 月 11 日有关 MAYSON 问题的来信。

无须我向您保证，我们愿意在此问题上同美国政府进行合作。我已安排霍夫德先生同枢密院大臣（约翰·安德森爵士）和彻韦尔勋爵进行了全面的讨论，我希望，他们可能会很快向他提供一份详细的说明，以便传送至美国。

---

① PREM 3/139/8A, From Prime Minister to President, December, 1941. 此信未注明具体日期，但从前后文件的关联判断，应在珍珠港事件之后，12 月 10 日之前。——编者注

布什致英国驻美科学总办事处负责人
查尔斯·G. 达尔文的信件①
（1941 年 12 月 23 日）

亲爱的达尔文博士：

　　我想确切地告诉你，我国在开展此项工作方面已经进行了某些重组，迄今该项工作完全由 S－1 部门负责，其主席是布里格斯博士。

　　整个项目大致可以分为工程学和物理学两个领域。在工程学领域，我已组建了一个计划委员会，负责人是 E.V. 默弗里先生（E. V. Murphree），成员包括一些杰出的化学工程专家。该委员会的任务是开展工程方面的研究，以及为更好地确定工程设计而开展任何认为必要的实验工厂的试验。这个委员会将直接向我汇报工作。

　　物理学领域将继续由 S－1 部门负责，但进行了以下重组。该领域工作被划分为三个部分，每一部分都有一名项目负责人。欧内斯特·劳伦斯博士负责的工作是小型样品的制备、某些电磁分离的工序以及类似的工作。A. H. 康普顿博士负责核物理领域的测算。哈罗德·C. 尤里博士负责离心分离或扩散分离的实验，以及目前他所关注的生产重水的物理和化学方面的工艺。国防研究委员会主席科南特博士已同意与布里格斯博士密切合作，协调物理学领域的工作，并出席该部门的会议，等等。另外做出规定，某一项目负责人，在布里格斯博士和科南特博士同意的情况下，出于加快工作进展的需要，可以直接向我汇报项目工作，而不经过常规的部门程序和国防研究委员会程序。这种安排为最大限度地开展工作提供了便利。

　　目前，该工作的所有领域都处于非常快速发展的状态。我不打算在这封信里谈论具体的计划，因为你将通过其他渠道获知它们，但我现在心中确定无疑的是，已从组织工作的角度做好了物理学研究和工程学研究的充分准备，并提供了足够的资金，以至于应该能够取得快速的进展，特别是鉴于各部门负责人的才干。

　　就如我之前向你提及的那样，我所概述的组织工作只是涉及问题的技术领域。有关我们两国之间在此方面的政策和关系问题是由一个包括科南

---

　　① Letter to Charles C. Darwin from Dr. Bush, *Bush-Conant Files*, Roll 1, Folder 1.

特博士和我在内的小组负责的，但是未将以上提及的人员包括在内。物理学家和工程学家完全理解，他们只应关注技术事务。然而，在事情的技术层面，我确信全面的交流很容易进行，特别是因为与我们的联络办事处保持着密切联系的科南特博士本人将会被充分告知进展的情况。加上最近尤里博士和佩格拉姆博士的访问，这将使该方面的问题被置于一个安全的基础之上。

　　但是，我有一个问题，它涉及广泛的政策和计划制订。我正送交给你一份国家科学院的委员会近期有关这个问题的报告副本。它不但涵盖由于尤里博士的访问以及其他原因你的工作小组已经有所了解的技术问题，而且包括某些有关长远政策的建议。我有权将这份报告的副本交至英方适当人士的手中，如果你能代我将它送交枢密院大臣，我将十分感激。就其性质而言，以及根据今天下午你我之间的谈话，我将它封好之后交与你，从这次谈话，我确信这对于你来说是适合的。

　　如果你能使英国方面适当的圈子了解我们所进行的重组情况，我将十分感激，我希望并相信这对于取得快速进展是有作用的。

谨上

V. 布什

约翰·安德森致布什的信件①

（1942 年 3 月 23 日）

亲爱的布什博士：

　　对于达尔文博士回国将国家科学院的委员会报告交予我手，我必须向你表示感谢，我已带着极大的兴趣阅读了报告。报告似乎涵盖了与我们的莫德委员会的报告大致相同的理由并得出了相同的结论，我想你已过目。这是最令人满意的结果，我正指示我们的专家对少数几点分歧进行研究，虽然很可能这些分歧会因近期埃克斯先生及其同事对贵国的访问而消除。

　　在去年夏天给汉基勋爵的一封信中达尔文博士提及你所主张的联合措施的建议，抱歉你不得不等了这么长时间才得到答复。但是，我们的政策

---

①　Letter from John Anderson to Bush, March 23, 1942, *Bush-Conant Files*, Roll 2, Folder 9.

委员会现在已经能够对这个问题进行一些考虑，并且我们目前的结论如下：目前美国和我国科学团体之间的合作事实上非常顺利，基于相互竞争的分离方法的初步实验模型的各自出资等，未给两国带来任何尴尬。由于技术状况相对变动很大，对我们而言，在完整规模的开发方面决定任何具体的计划似乎都是不适宜的，尽管我们希望目前正进行中的深入的科学工作在数月之内能够提供做出如此决定所依据的所有信息。

然而，我想向你保证，我们希望同你们在该项目后期阶段的合作会像目前正在进行之中的合作一样全面，我非常欢迎你就我们未来的共同行动提出进一步的建议。

诚挚敬意

约翰·安德森

布什致约翰·安德森的信件①
（1942 年 4 月 20 日）

我亲爱的约翰爵士：

有关你 3 月 23 日信中所提到问题的科学交流看上去是全面的，情况无疑属实，而且我认为总体上是令人满意的。埃克斯先生及其同事近期的访问大大有助于朝着这个方向发展。目前我认为，如果交流以书信和电报的形式充分开展，那我们将使问题的这一特定方面处于掌控之中。

然而，在我看来，重要的是要确保实验工厂投入运转时能够进行充分的交流。因此，我建议我们应在问题的这一方面特别保持联系。当大洋两岸任何一边的实验工厂准备就绪进行测试时，肯定应当有来自另一边的访问者观察它的运转，而我相信我们有充足的时间可以对此做出安排。

在实验工厂运转之后，接着将有一段规划的时期。到那个阶段，我强烈地感到，共同考虑未来的行动是非常可取的，我希望届时能更明确地交流我们的计划。但是，在我看来，大洋此岸的我们尚不能够对集中努力之事做出任何决定，所以各方面的工作正在得到支持和加快。然而，在今年夏天早些时候一些工作集中开展应是可能的，并且有理由确保届时处于次

---

① Letter from V. Bush to Sir John Anderson, April 20, 1942, *Bush-Conant Files*, Roll 2, Folder 9.

要地位的事情确实不是那么重要和具有前景。

感谢你写信给我。我相信，在这一特定的问题方面，我们可以随着计划和政策的制订而直接交换意见。

诚挚敬意

V. 布什

卡罗尔·威尔逊致科南特的备忘录①

（1942 年 4 月 24 日）

早在 1940 年 9 月 19 日，蒂泽德代表团②的成员就提到他们对于开启有关交换铀裂变情报的兴趣。1940 年 9 月 25 日，鲍恩将军告诉布什博士，最好在 9 月 27 日的国防研究委员会会议上——为了与蒂泽德代表团成员会谈而延期，考虑该领域的情报交换问题。我的记录没有注明当时是否考虑了这个问题，但这显然得到了批准，因为 1940 年 10 月 7 日在标准局召开了一次会议，出席的有铀委员会的布里格斯博士、佩格拉姆、图夫、冈恩③以及富勒博士和考克饶夫。考克饶夫那时是英国飞机生产部下辖的莫德委员会的成员之一，完全熟悉当时英国这方面工作的现状。我们有的最早记录是一份来自英国的文件，日期为 1940 年 11 月 14 日，而当年的 12 月 12 日，收到了 7 份文件，包括莫德委员会以及某些小组委员会的会议记录。1941年 1 月 11 日，又收到了 6 份文件，这些文件与之前的文件一样，是发送给布里格斯博士的。在那些日子里以及考克饶夫离开之后，是富勒保持着与布里格斯委员会的联系，我相信他们向富勒提供了菲斯克－肖克利文件④（Fisk-Shockley paper），大概还有布里格斯委员会的其他文件。所有这些文件的标题被列在了所附的备忘录里。

---

① Memorandum for Dr. Conant from C. L. Wilson, April 24, 1942, *Bush-Conant Files*, Roll 2, Folder 9.

② 1940 年 8～10 月，亨利·蒂泽德爵士奉丘吉尔之命率一个科学技术代表团访问美国，意在同美方交换机密的军事科技情报。——编者注

③ 罗斯·冈恩（Ross Gunn），美国海军研究实验室的技术顾问，物理学家。——编者注

④ 詹姆斯·菲斯克（James B. Fisk），美国物理学家。威廉·肖克利（William Shockley），出生于英国的美国物理学家。1940 年 7 月，菲斯克和肖克利就利用核能作为动力源的问题提交了报告。——编者注

在我们访问英国时，我与 G. P. 汤姆森教授在 3 月 31 日访问法恩伯勒（Farnborough）期间谈论了这个问题。当然，我无法谈及此处项目任何技术层面的问题，但是我告诉了汤姆森一些布里格斯委员会组织状况及其与国防研究委员会之间的关系问题。我附上了一份在与汤姆森会谈之后我所撰写的两页纸的备忘录，其中叙述了原子能和原子弹的意义。很明显，那时他们对于任何一种应用的前途都不十分乐观。我记得，在 1940～1941 年的冬天，他们相当迫切地要求利用初级中子去测算 U_{235} 的裂变有效截面，而布里格斯小组正安排尼尔[①]为此目的制造一些 U_{235}。

正如所附备忘录指出的那样，在我与汤姆森会谈之前，主要是富勒和布里格斯委员会之间进行联系，并且当时英方认为这种渠道是令人满意的。

这就是直到 1941 年 6 月我的记录中有关这个问题的所有内容。

卡罗尔·L. 威尔逊

附 录

我试着概述目前的情况，而不谈及此处有关裂变现象可能利用的重要工作的历史。管理（以及资金）是隶属于飞机生产部的。目前的委员会正处于重组之中，据此将有一个政策委员会，包括担任主席的汤姆森，还有查德威克、布莱克特[②]、霍沃思、西蒙、埃利斯[③]和考克饶夫；一个任务包括主要调查在内的技术委员会。

主要可从两个角度利用裂变现象，首先是作为一种原子能的来源，其次是原子弹。目前的情况大致如下：

（1）原子能。链式反应可以使用重水持续下去的发现，引发了所需数量的思考。使用 40 个氘原子对 1 个铀原子（铀和重水重量相等），则需要最少 10 吨重水。除非作为一种副产品在某些工业生产过程中获得（这里没有这样的可能性），否则这一数量重水的生产成本非常之高，以至于目前难以加以认真考虑。

---

① 阿尔弗雷德·尼尔（Alfred O. C. Nier），美国物理学家。——编者注
② 帕特里克·布莱克特（Patrick Blackett），曼彻斯特维多利亚大学物理学教授，防空科学研究委员会最早的成员之一，后在多个政府部门担任顾问。——编者注
③ 查尔斯·埃利斯（Charles D. Ellis），伦敦国王学院物理学教授。——编者注

这里使用碳块的工作非常令人失望。据认为，这可能是由于碳块中存在一些杂质。这一方法的探求正留给美国的研究人员。

（2）原子弹。这方面可能的有效性取决于从 U_{238} 中分离出 U_{235}。这里收到的有关比姆斯[1]工作的情报已经使得英方暂停了目前离心分离法的工作，因为比姆斯在这一方法上遥遥领先。他们在这里正全神贯注于纯粹的扩散分离法。西蒙开发了一种方法——涉及利用看上去非常有希望的判断，并且他有一座小型实验工厂。

在考虑制造原子弹可能性方面，这里迫切需要的是测算出利用快中子（25 万电子伏）情况下 U_{235} 裂变的有效截面。如果这种有效截面很大，制造原子弹则是可能的。如果很小，似乎不可能制造出原子弹。他们此时受到了尼尔会尽快制造出 5 微克 U_{235} 言辞的鼓舞。

估计能够 1 天生产 1 公斤 U_{235} 的西蒙型工厂将花费 400 万英镑。

（3）渠道。之前大多数的联系是在富勒和美方铀委员会（布里格斯、佩格拉姆和尤里）之间进行的。这似乎是一项令人满意的安排，大概达尔文将从富勒手中接过这些职责。

布什致约翰·安德森的信件[2]

（1942 年 6 月 19 日）

我亲爱的约翰爵士：

总统和政策委员会业已批准我方有关管合金未来计划的建议。所建议的计划涉及本局与陆军部之间的工作分工，包括为推进工作而进行的组织安排和资金筹措。为了便于你了解所设想的总体计划，工作将据此大力推进，我随信附上一份我刚给科南特博士的备忘录的副本，它概述了这些总体性的安排以及我们打算实施的计划的性质。

最近，我同你方的佩林先生[3]（Perrin）进行了一次非常值得关注且富有成效的谈话，其间我们讨论了涉及我们各自政府的各种政策问题。我打算将随附的备忘录给佩林先生过目，并使他一直了解进展的情况。他将近

---

① 杰西·比姆斯（Jesse W. Beams），美国弗吉尼亚大学物理学教授。——编者注

② Letter from Bush to Sir John Anderson, June 19, 1942, *Bush-Conant Files*, Roll 5, Folder 32.

③ 迈克·佩林（Michael W. Perrin），英国管合金项目技术负责人华莱士·埃克斯（Wallace A. Akers）的副手。——编者注

期你在该问题上的一些考虑告诉了我，而我希望他能在此驻留足够长的时间，以便处理该领域的联络事宜，对此他看上去非常适合。

当然，工作进展到目前的程度，我们的团队与你的团队之间一直保持着交流，因此，我认为这是可能的，即当将美国计划与英国计划进行比较时，我们会发现这些计划密切相关，而且届时显而易见的分歧或不必要的重复可能能够轻易地得以解决。

已取得的进展使我深受鼓舞，并且相信为从这一点出发推进工作而进行的新的组织安排将在大规模工程开发的前景方面取得快速的进展，同时可确保整个计划受到最大程度的安全管控。

诚挚敬意

V. 布什

丘吉尔关于 1942 年 6 月 20 日与罗斯福总统在纽约海德公园会谈的记述[①]

当我和总统在海德公园相会时，我们已接触到这一问题。我随身携带有文件，但是，由于总统还需要从华盛顿获得更多的情报，讨论还是得延迟到次日即 20 日进行。午餐后，在楼下一间突出的小小的房间里，我们举行了会谈。这房间阳光照不到，非常阴暗。罗斯福先生安坐在像房间那么大的书桌旁边。哈里[②]在其背后坐着，或者立着。我的这两个美国朋友似乎不介意这种酷热的气候。

我对总统大致说明了我们已经取得的巨大进展的情况，而且，我们的科学家现在肯定地确信，在这次大战结束之前就可以产生出结果来。他说，他们这方面的人们也有进展，但是，在全面进行试验以前，无人能说是否会碰到什么实际的问题。我们两人都深深感到会有一事无成的危险。我们知道，德国人在以怎样的努力来获得"重水"的供应——"重水"是一个可怕的、罪恶的而又不寻常的名词，它已不知不觉地开始在我们的秘密情

---

① 温斯顿·丘吉尔：《第二次世界大战回忆录》第 4 卷《命运的关键》，南方出版社，2005，第 1684~1685 页。

② 即哈里·霍普金斯（Harry L. Hopkins），罗斯福总统的私人顾问，1938~1940 年任美国商务部部长。——编者注

报中出现了。假如敌人先于我们获得一枚原子弹，将是怎样的情况呢？无论人们对于科学家的断言如何怀疑，这些断言在科学家们之间也争议纷纷，而且用外行人所难以理解的行话术语表达出来，但是我们在这个令人可怕的活动范围之内，总不能冒落在别人后面这个致命的危险。

我竭力主张，我们应当立刻搜集所有情报，在平等条件下共同工作，如果获得任何结果，要平等地分享。于是，关于研究工厂应建在何处的问题又产生了。我们已经知道必须担负的巨大费用，以及随之必须从战时工作其他系统方面大量地调拨资源和人才。鉴于英国正遭受频繁的轰炸和敌机的不断侦察，似乎不可能在英伦三岛建立所需要的巨大而引人注目的工厂。我们认为，我们自己至少也和我们伟大的盟邦同样地先进，而且，当然工厂也可建设在加拿大。加拿大通过自己积极采集的铀的供应，做出了重要的贡献。对于一个在大西洋两岸的科学家都不能保证成功的计划，既要花费数百万英镑，更要占用宝贵的作战能力，真是难于做出决定。尽管如此，如果美国人不愿从事冒险，我们当然可以依靠自己的力量在加拿大继续前进；如果加拿大政府持有异议，那么就可以在大英帝国的其他部分设立工厂。不过，当总统说出他认为美国决心要建设工厂的时候，我感到非常高兴。我们于是共同做出了决定，达成了协定的基础。我将在后一卷中继续叙述这件事。但是，与此同时，我深信不疑，正是我们把我们在英国所取得的进展和我们科学家对最后成功的信念告诉了总统，使他做出了重大而决定命运的决定。

罗斯福总统致布什的备忘录[1]

（1942 年 7 月 11 日）

我认为我尚未答复 6 月 19 日你所提到的关于购买某些加拿大铀矿石的问题。我同意你的看法，我们应鼓励加拿大人继续前行。

此外，我完全赞同你的专利控制政策。

我同丘吉尔先生就整个问题进行了会谈，我们的意见是完全一致的。

F. D. R.

---

① Memorandum for Bush from F. D. R., July 11, 1942, *Bush-Conant Files*, Roll 2, Folder 9.

约翰·安德森致丘吉尔的紧急备忘录①

（1942 年 7 月 30 日）

1. 当您要求我接管所谓的"管合金"项目的监管工作时，设想如果有关炸弹工程的实验工作顺利完成，将在本国建造一座完整规模的生产工厂。

2. 现在已经很清楚，生产工厂必须是建立在巨大规模的基础之上，以至于这场战争期间在本国建造它根本无从谈起。即使建造和运转一座实验工厂，也将造成战时生产的重大混乱。

3. 与此同时，美国人正以饱满的热情和我们难以匹敌的庞大支出致力于"管合金"全部领域的实验工作。他们正研究 4 种可替代的方法，并取得越来越快速的进展。尽管我们的方法仍然被认为可能是最佳的，但是只要受到本国可用资源有限的阻碍，依照这种方法开展的工作就几乎没有多大的希望。

4. 在这种情况下，在同我的顾问委员会讨论之后，我得出以下结论：我们必须现在做出决定，依照英国方法进行生产的完整规模的工厂只能在美国建造，因此，实验工厂也不得不在美国进行设计和建造。这样做的直接后果是，虽然某些更具学术性的研究工作将继续在本国进行，但我们将把我们的设计工作和相关人员移往美国。此后，有关炸弹工程的工作将被视为一项英美共同从事的事业。

5. 我情非所愿地提出这项建议，因为我想看到这项工作能在本国得以推进。然而，我必须面对这样的事实，在这个国家所做的开拓性工作是一项日益萎缩的资产，除非我们能够立刻对它加以利用，否则我们将很快被抛在后面。目前，我们对"合并"还能做出确实的贡献。很快我们的贡献将会很少或者全无。

6. 这一建议有着更实际的优点，比起继续在两个国家分别进行，如果这项工作是作为一项共同的事业开展，可能会更快地取得成果。另外，移往美国的人员能紧跟整个领域的发展。战后或者当我们一旦能够在本国提供人力等必需的条件时，他们可以被召回；这能使我们重新开展这项工作，不是从我们中断的地方，而是从届时共同事业给这项工作已带来进展的地方。

---

① PREM 3/139/8A, Minute from Sir John Anderson to Prime Minister, 30 July, 1942.

7. 如果您同意这一建议，我将立即同美国当局采取必要的行动——当然，要确保在朝着共同方向努力时我们应享有充分的代表性。

8. 如果您对这一建议感到有所疑问，也许我和彻韦尔勋爵可以前去见您，他参加了我的顾问委员会的讨论。

约翰·安德森

1942 年 7 月 30 日

约翰·安德森致万尼瓦尔·布什的三封信件[①]

（1942 年 8 月 5 日）

信件 1

我亲爱的布什博士：

在另一封信中，我谈到了我们的研究和发展计划相互关联这一非常重要的问题，你 6 月 19 日的信中也提到此事。在我看来，这方面亟须研究的一个问题是对战时和战后利用核能的控制。事实上，两国政府之间就控制的某些基本原则达成总体的一致意见，在我看来将我们的计划有效地相互关联是一个必要的初步做法。

从我收到的关于你与埃克斯先生 3 月的会谈以及与佩林先生 6 月和 7 月的会谈的报告中，我发现你与我们一致认为核能的利用，无论是为制造军事武器还是为工业的目的，都需要一种特别的且强有力的国际控制体系。U_{235} 这种铀同位素裂变被发现之后很可能出现的发展，将代表人类发展中的一大步，这种进步对于工业和人类的福祉具有越来越重要的意义。

另外，很明确的是，利用核能作为一种动力源的工厂的运转同时一定会导致生产出能够被用作军事武器的产品，就像专门针对军事目的的工作一样。因此，问题的这两方面应一并被加以考虑。

最近的工作报告显示，我们应明智地按照这种设想进行规划，即核能利用的问题将在不久的将来得到解决。我认为，这是毫不耽搁地提出掌握

---

① Letter from John Anderson to Bush, August 5, 1942, three separate letters, *Bush-Conant Files*, Roll 2, Folder 9. 这三封信的日期相同。——编者注

控制权问题并且在英美两国政府最高层之间单独和根据自身优势进行处理的充分理由。鉴于其特殊的重要性和紧迫性，我认为将核能的国际控制问题留待覆盖英美旨在为战时使用而临时整合的其他领域的任何一般解决方案去处理是不可靠的。

我充分认识到，在完整的控制方案能够实施之前，许多具体的工作以及很可能特别的立法必须要进行。然而，如果两国政府能够在可制定的最简单方案的要点上达成初步的一致，这足以阻止在核能问题解决之后可能立即出现的严重困难。有了这样的一致意见，在谈判达成国际管制的最终基础和制定其管理细节时，保持这样的状况应是可能的。

管制问题分为两个部分：（1）战争期间和（2）战后的条件下。关于（1）的规定限于两国政府——加上可能与加拿大以及之后与其他某些自治领国家政府——所即刻采取的行动；关于（2）的规定，由于涉及和平条约的因素，目前只能考虑其最一般的方面。

战时管制。我认为，一种手段就是提交专利。无论对如此专利的价值和妥当性的看法如何，事实是在这个国家核能领域的专利（见所附的定义）已被申请；可以肯定的是，在目前的情况下，数量越来越多的专利将被申请。我听说这也是美方的立场。专利提供了关于发明的日期和领域精心筛选和正式接受的记录。各国的集体专利程序大概提供了解决承认属地垄断发明的使用和权利的唯一已知手段，也提供了政府拥有部分所有权情况下给予发明人奖励的基础，就如明显将这样去做的那样。

根据诸如可能存在的对发明人进行奖励的安排，目前在贵国和我国正在开展的几乎所有该领域的工作都处于政府管制之下，以至于包含它的专利将自动成为各自政府的财产。

然而，将有其他国家申请专利的情况，我建议我们两国政府应一致同意，任何一方都将采取措施，从而无论是现在还是在恰当的时候将获得授予本国国民或居民任何专利的世界权利（world rights），当然也包括任何授予外国申请人的专利中的美国或英国的权利。

然后任一政府将承诺在其领土内给予另一个国家——免使用费或免偿付，所有第一个国家可能获得的专利的排他性转让许可。

如果你同意这项建议，那么有必要规划某种实施的机制。我认为，应通过两国政府组成一个联合核能委员会来做这件事，它的首要任务是制定出美英专利协议的具体内容。

该委员会将负责研究将联合国家中的其他交战国，例如英国的自治领或俄国，引入核能管理的情况，并提出他们可能被接纳的条件。

战后管制。如果这封信开头所表达的看法是正确的，那么我想你会同意对政策进行长远的考虑。对于阻止为军事目的滥用核能，显然最严格的管制是必要的。除此之外，还将涉及为人类提供工业用途的核能的全部基础——例如，是利润还是世界社会状况的改善，将成为最重要的方面。必须研究对除美国和英联邦之外的使用者进行管制的条款，就如对该领域发明人进行奖励所规定的原则那样，鉴于拟议的强制性获得专利的情况，这将成为一个非常重要的问题。

除了所建议的从专利机制进行管制之外，有必要规划进一步的管制，以便确保这种程序不适用情形的安全——例如，通过许可或其他方式的原材料管制以及研究和运行的管理。

这些战后管制的问题应受新的国际法或和平条约规定的支配，将有必要进行研究。

我认为，拟议的联合核能委员会拥有战时的知识和经验，可能成为战时管制与为和平条约和战后管制而成立的任何组织之间的桥梁。

关于专利控制问题，你知道，由于哈尔班博士和法国小组在法国、英国和美国的专利申请，在这个国家以及可能在美国已经出现了这种问题。

我很高兴地指出，我们现在已同哈尔班和科瓦尔斯基达成了一项协议，据此我们获得他们发明中所有的权利。我们还采取了所有可能的措施，我们相信会取得成功，去获得与这些发明相关的其他法国发明者的权利。

对这种获取的补偿则是在可能授予这些发明任何专利权方面以及在可能被他们拥有的其他专利权方面，承认法国和法兰西殖民帝国的发明者拥有的权利。

这封信提供的只是问题的一个大概，显然要花较长的时间去处理所有的细节。我倾向于认为，没必要等到这一步完成，而对于你来说现在就可能同意我们在基本原则上意见是一致的。如果是这样的话，我认为我们可以向总统和首相建议他们应交换信件，表达一旦可行两国政府就打算在此时所确立原则的基础上缔结协议的意愿。

诚挚敬意

约翰·安德森

所提及的核能领域的定义

每一项发明，无论专利申请的主题如何，只要被用于此目的或旨在如此利用，就涉及释放或利用原子内部能量的手段；每一项发明，无论专利申请的主题如何，只要它们如此被利用或旨在如此利用，就涉及制造适用于如此手段的物质、设备或工厂；不包括始终不受任何特殊的物质排列或其他应用手段影响的原子未加速的自然蜕变或放射性衰变所产生的原子内部能量。

信件 2

我亲爱的布什博士：

对于你 6 月 19 日来信中捎带一份你给科南特博士备忘录的副本给我，我非常感谢，那份备忘录描述了贵方管合金项目新的组织情况和工作计划。

抱歉的是我花了相当长的时间来做出答复。但是，对你我双方项目进行比较的整个问题需要仔细地思考，我打算静候佩林先生返回，以便他能够参与我们的讨论。

佩林先生已向我们解释了贵方很自然存在的不安，我们双方项目中所包含的各种方案应当速度相当地开展，以避免出现这种风险，当决定哪一种方法在大规模基础上得以应用的时刻到来时，一种好的方法，甚至是最佳的方法，不得不被放弃，原因仅仅是累积的设计和运转方面的数据不够。

因此，我们核查了我们认为可能的研发速度，在这个国家我称之为英国扩散法，从而使我们能够将之同贵方计划所阐述的进展速度加以对比。

就如你已了解的那样，在这个国家我们已有一些单元装置处于建造之中。其中有两台简单些的装置旨在提供空气动力学方面的数据，两台更大型的装置是原型机，大规模地将它们组装起来就构成了一座完整规模的工厂。

这两台原型机将展示装置机械设计的合理性或其他方面，也将表明所计算的分离是否能够实现。

这些机器的设计和建造的合同订于 1941 年 6 月，我们原希望其中首台原型机可在今年的 5 月份运行。

不幸的是，如同全新设备通常的经历一样，在建造过程中出现了未预料到的困难，而解决这些困难要花时间，所以目前我们不能指望第一台原型机在 12 月之前就绪，但在此之前，我们可以从较简单装置的运行中获得宝贵的信息。

与此同时，自今年伊始，负责这些装置建造和运转的工业组织正在研究完整规模工厂（每日生产 1 公斤 U_{235}）设计、建造和运转所涉及的种种问题。

该工业组织很快意识到，不足以表明仅一台装置就可工作，而必须建造 50～100 台装置组成的实验规模的总成设备，以便研究大型总成设备工作中出现的非常复杂的分配和控制问题。

因而，我安排着手调查建造这样一座实验工厂大致所需的时间以及该工作对我们国防计划产生的影响。这一调查显示，完成该工作最少的时间是 18 个月——并且只有获得对这里的任何工作而言都是前所未有的毫无疑问的至高优先权，以及肯定会造成总体国防工作的混乱，以至于不论其潜在价值有多大，也难以为一个在战争结束之前可能不会取得成果的项目进行辩解。

在获得任何合理优先权的情况下，所需时间肯定会是两年或可能更长。

我必须承认，获悉在这个国家将需要如此长的时间，而你信心满满地期望在短得多的时间内以相似的规模着手建造 4 座工厂，尽管你提到了付出巨大的国防努力，我感到很是吃惊。

我得知，在建造时间上的这种分歧据信是由于这样的事实，即我们几乎所有的机床产能都已从工业转向了国防工作，以至于任何拥有较高优先权的新项目都意味着是对已在进行中的一部分国防计划的干扰。另外，贵国从工业向国防转变的努力依然在进行当中，以至于实施新项目只是拖延了其他新项目的开展，而不是推迟计划中业已开展的工作。

这里我应当指出，即使在这个国家建造拥有 50 或 100 台机器的工厂看上去是可能的，进度与你建造每日生产 0.1 公斤 U_{235} 的工厂一样，但我依然怀疑它事实上应建在这里，因为即使英国的扩散工厂被证明是首选的类型，它也完全不可能在合理的时间内、以完整规模工厂的形式且花费大约 2500 万英镑而不导致我们计划的其他部分不出现混乱的情况下在这里建造。

还有一个难题。如同迄今所考虑的所有管合金的方法一样，英国的方法是一种需要复杂和精密设备的方法。工厂应在意外中断风险最小的情况下运行是至关重要的。

遗憾的是，我们难以保证在这个国家工厂不会遭受空袭带来的有形损坏。即使我们足够幸运地避免了实际的设备损坏，也几乎肯定会或多或少地因敌机在附近而必须关停工厂导致频繁地中断工作。

在我看来，目前至关重要的是，实验工厂应由建造完整规模工厂的同一家工业组织来建造，否则在从事更大规模的工作时，建造小型工厂所获得的实际经验将失去。在充分考虑这种情况之后，我得出这样的结论，我们应为我们的实验工厂建在美国而尽量找寻到某种形式的安排。这也是首相的看法。

我获悉，佩林先生向你和科南特博士提出，这种情况可能会出现，而你认为针对英国的方法安排设计和建造一座实验工厂以补充你方的项目对你而言是可能的，以至于可以以与其中其他方案完全相同的方式来处理。

我愿意尽快跟进这个想法，以判断我们是否能够做出令人满意的安排。如果你赞同总体性的想法，那么细节将有待贵方的讨论，但是我猜想步骤大致是下面这样的：

我认为，原型机的完成和测试运转应在这里继续做下去，否则我担心会出现相当的延误。但是，对这个问题必须给予进一步的考虑。

然后，一旦一方用不着进行"模型"实验，我们将向贵方派遣西蒙教授、派尔斯教授及他们研究团队的成员，加上来自这里的工业公司负责原型机设计、布局和运转的重要人员，他们已为完整规模的工厂绘制了草图。

一旦贵方工程人员的负责人选定了美国的工业公司，与他们签订实验工厂及其设备、完整规模工厂初步设计的合同，来自这些公司的技术人员将访问这个国家，以研究原型机的制造和运转方法。

由于我的建议意味着，将英国的扩散法加入你们美国的计划中去，犹如在联合竞赛中以同等的条件让第五匹马参赛——使用一个我相信源于你的恰当比喻——那我可以认为你愿意将英方成员纳入科南特博士的执行委员会之中去吗？当然，我们将为此目的派遣我们英方顶尖的技术人员。我想，还必须要有一些机制来共同考虑高级政策的问题，我欢迎你为此提供有关最佳方法的意见。

另一个需要考虑的问题是确保我们在这里能够完全知晓共同努力的进展的方式。很可能我们需要在美国建立一个小的联络处。

我想这大致覆盖了我对于将我们的同位素分离方法纳入贵方计划的看法。但我也应提及我们在管合金领域的其他工作。

　　我正考虑一项建议，将哈尔班博士及其团队迁往加拿大，在那里他们将开展关于动力项目的工作。

　　这不属于同一种情况，因为在同位素分离工作方面英国项目并入贵方计划是旨在实现同样快速的进展，而科南特博士率领下的贵方团队正全力以赴于石墨系统研究，你们相信——在我们看来是正确的，这将导致以最快的速度，尽管可能不是最有效的，生产出用于军事目的的94号元素。另外，哈尔班博士正致力于使用重水或可能是普通水的系统，而这是一项相当长期的工作。

　　同时，我们认为，两个团队的工作都将从经常性的讨论和思想交流中受益。另外，如果所有的同位素分离工作都在美国进行，那么对我们来说可能更容易对哈尔班团队的工作进行指导——如果该团队驻留在北美大陆的话，并将其与管合金项目的工作作为一个整体进行协调。

　　我正与加拿大政府沟通哈尔班博士及其团队迁往该国之事。同时，如果你有任何特别的看法，我将乐于听之。

　　关于生产重水，我们建议加紧推进我们在这里的工作，因为我得到建议是，只需对我们现有某些制氢设备加以较小的改动，就可使它们像生产氢一样生产重水。

　　由于我知道在管合金工作的极端紧急性方面我们看法一致，所以我希望你能够对这封长信中我所提出的建议给予即刻的考虑，我可以立即派我的代表去见你，以便讨论和解决细节问题。

　　从埃克斯先生和佩林先生关于他们同你会谈的报告中，我也意识到，我们都认为在我们两国政府之间就政府控制和专利政策达成一致意见是任何共同管合金政策一个必不可少的部分。我在另一封信中谈到了这个问题。

诚挚敬意

约翰·安德森

信件3

我亲爱的布什博士：

　　在今天我给你的有关我们两方管合金工作计划的信中，我提到了向贵方执行委员会派出英方代表的问题，以及我们需要在美国设立一个小联络处的可行性。

虽然我认为在我更正式的信中只一般性地讨论这两个问题更好，但我希望向你提供我个人的保证，如果我们一致同意按照那封信所提建议共同前行，那么我将尽我所能去物色既能对共同努力做出真正贡献又能被你所接受的人。事实上，如果你认为你愿意就此给出任何建议，我将乐意洗耳恭听。在这方面，埃克斯先生和佩林先生自然一直在我的考虑之中，而且我注意到，在给我的信中，你表达了佩林先生继续处理管合金领域联络事务的愿望。

诚挚的问候和敬意

约翰·安德森

布什致约翰·安德森的两封信件①

（1942 年 9 月 1 日）

信件 1

我亲爱的约翰爵士：

你非常周到地将你的想法以 8 月 5 日不同信件的形式来传达，我在答复时也将采取相同的做法。这在大洋此岸尤其方便，因为就如你所知的，技术方案是由科学研究与发展局的执行委员会以及陆军工程人员负责的，而一般政策事宜和国际关系问题是被分别考虑的，本局参与商议这些事务的仅有科南特博士和我。

因此，这封信谈及的是更广泛的方面，而关于技术方案我将在另一封信中提及。

当然，你知道，在有机会讨论你在参与政策考虑的那些人中所提到的若干问题之前，这样一封类似你 8 月 5 日的信件几乎难以完全答复。于是，除了一两个问题之外，我此时难以确切地写清楚。但是，我将继续其他方面的研究，希望稍后在其他广泛的方面得以解决之时再次给你写信。幸运

---

① Letter to Sir John Anderson from Bush, September 1, 1942, two different letters, *Bush-Conant Files*, Roll 2, Folder 9.

的是，在技术方案问题达到变得完全紧急的程度之前，对于影响这一问题的国际关系因素，我们有足够的时间来考虑其稳妥的发展。

在信中，你提到了专利控制问题。我确信，这最终将被证明是整个事情中不太困难的方面。然而，现在就应给予关注是对的。尤其我强烈地感到，如果相关各国政府掌握相当大一部分各自国内产生的专利权，将取得更大的进展，因为建立良好国际关系的问题由于个人在结果中的利益而不太可能变得复杂。总统认识到问题的这一方面，他指示我，尽可能全面地为科学研究与发展局获取该问题领域的专利权。但至少目前不涉及政府强占或购买专利权。然而，它涉及这样的安排，几所大学和商业实验室的研究人员依据合同完全授权本局去决定该如何处理专利的所有权，这些专利可能来自发展过程中取得的发明。最近我采取了措施去使这种覆盖面更加全面，因为有一些地方存在漏洞，并且我确信将由法律对在这方面基本上全是必要的地方做出规定。

作为这一原则的必然结果，总统向我指出，他希望相关其他国家也这样去做。关于他在这方面提到的一个特定问题，我已将这个看法传达给麦肯齐先生①。碰巧本局目前正处于与一家加拿大公司最后商定合同的阶段。于是，我派遣本局我的专利顾问——拉文德上校（Captain Lavender），前往渥太华与麦肯齐先生会谈，由美国海军方面详细说明这项工作。我采取这一做法是为了在工作完成之前使我们与加拿大公司的安排能够被充分了解，并由加方发表意见。我相信，在这种和其他情况下的结果将是政府对专利方面的充分控制。

我倾向于认为，这种将专利控制在政府手中的做法将被证明是非常有力的，以至于没有基于专利状况的政府许可，在我们各自国家内，这一系列发现和发明任何时候都不能被利用。当然，完全有可能叠加其他的控制措施，但如果这是不必要的，事情会多少变得更易于处理。

因此，在这方面，我很高兴地注意到，你与哈尔班及其小组做出的安排实现了你获得他们所有发明的权利的程度，我相信你对于其他法国发明者所采取的进一步措施可能同样富有成效。在我看来，这些措施与上述总的原则是完全一致的。

我对你提出的联合核能委员会的建议很感兴趣，我将仔细研究一番。

---

① 指加拿大原子能项目的负责人查默斯·J. 麦肯齐（Chalmers J. Mackenzie）。——编者注

我倾向于认为，目前这一确切的做法有些为时尚早。然而，对于达成这种适当的和充分的国际协议的方式以及可能提出的其他方式给予一定的考虑，并不算过早。但我尚不能够对这一确切建议发表进一步的看法。

你信中最后一段对我而言具有特别的意义。如果总统和首相在此问题上达成总体性的一致意见，那么我确信随后可能应制定必要的机制并采取具体的措施。幸运的是，他们之间已讨论过这个问题。另外，我很高兴地告诉你，我已得到了总统的保证，他和首相意见完全一致。当然，尽管这仅是泛泛而指，并且我不能超出上述最低限度的说法，但在我看来我们可以在恰当的时候继续探索达成协议的方式，并充分保证采取这些做法将被视为有助于贯彻如此显然已被讨论过的总的谅解。因此，我将继续在这个国家研究这一问题，虽然我感到整个问题的这一方面远不及眼下技术方案问题紧迫，但我希望一旦我有根据这样去做，就能够再次写信给你。

诚挚问候
V. 布什

信件 2

我亲爱的约翰爵士：

这是对你 8 月 5 日有关美英管合金项目相互关联的信件的答复。

就如你我所确信的那样，我们一直认为，在这一重要的问题上，我们分处大洋两岸的计划和方案应当精心地关联在一起，这对于取得最佳的全面进展是至关重要的。正是出于这个原因，当我在总统批准美方方案之后立即写信给你并原封未动地传送我们计划的时候，我向你指出，尽管美方的方案已被批准，但绝不是一成不变的，当我们获知我们认为英方当时正在制定的方案时，我们很乐意去进行评估，如果需要则做出改动。正是带着脑海中的这种想法，我阅读了你 8 月 5 日的来信，而在将此事呈交由科南特博士担任主席的有关这个问题的执行委员会时，科南特博士和我重申了我们的观点。

然而，在深入考虑方式和方法之前，我认为，我应当稍微笼统地谈一下我们的处境，因为我担心你在几个问题上会出现误解。事实上，我认为就我而言有必要在针对你信中的明确提议给出确切看法之前，将我们目前所面临的整个形势向你讲清楚，因为我根本不确定鉴于美国的实际情况你不会希望改变这些。

6月份批准的美方方案设想了三个阶段。第一是科学项目阶段，如你所知，正在加利福尼亚、芝加哥、哥伦比亚和其他地方大力地推进。第二是实验工厂阶段，这一方面包括4个实验工厂项目，以及1座被改造用于生产重水的工厂。第三是目前正处于研究之中的4种可能的工厂设计方案的建造阶段。

6月的决定首先在我局与工程兵团之间进行了项目分工，后者负责大规模的设计和建造工作。当时已按照计划为整个项目提供了资金。实验工作得到了批准全速进行，并且在材料分配方面遇到一些小困难的情况下继续如此推进。快速推进4个实验工厂和重水工厂改造，也被认为是合理的。然而，当时未决定以最快的速度推进建造全部4种设计的完整规模工厂。实际上，据说一旦达到了全面评估的程度，特别鉴于它们对其他战时项目的妨碍，就如当时研究可能指出的那样，它们将得到评估并且将在整个战时项目中被赋予优先的地位。

事实上，即使是实验工厂项目也难以在没有这种妨碍的情况下充分开展。我们刚刚对这个问题进行了研究，在项目的这个相对较小的方面，妨碍的程度超出了6月提出建议时我们的预期。于是，我们正重新研究这一方面。我有信心，我们会做出决定，实验工厂的工作应当在全部努力中处于非常高的优先地位，但即使在这个国家这一方面也没有如此的自由，而是需要取得适当的平衡。当然，问题不是工作会还是不会进行，因为它已经拥有了高度的优先权；问题仅仅是是否由于目前所出现的妨碍而应提升这种优先权。我预计这方面的问题会很快得到解决。

我们尚未达到尝试全面评估完整规模工厂的程度。但是，我相信在电磁分离法方面我们会很快达到这样的程度。事实上，在一个月之内，这一定会摆在我们面前。到那时，根据6月做出的指示，为了给予项目这一特定部分适当的优先权，将再次审查妨碍和相对重要性的问题。想必一段时间内其他类型的完整规模工厂不会达到这种程度。我想，由于利用组合方法而不是完全单一方法的有利性，事情很可能随着问题的发展而有所涉及。

现在我完全赞同你的看法，在这种努力方面，实验工厂是必需的。在减少任何通往常规实践的过程中，这都是惯常的做法，但是正如我们目前所关注的那样，这在开创性的努力中尤为重要。因此，你关注的扩散实验工厂完工的时间问题多少令人不安。从我以往的讨论可以看到，我非常希望现在这种工厂就可以运转，从而使我们获得确切迹象了解各种方法的相对前景。事实上，我希望实验工厂的成果能够使我们进行这样的对比，即我们可以排除多种方法探索的一个或多个方面，这种探索绝不可能在所有可能的方法上都取得全面的成果。然而，根据你告诉我的有关快速完成建造这种实验工厂所面临的困难，对于全部努力及其相关性来说，评估无疑是合乎逻辑的。

因而，我怀揣着这一特定的想法，将问题摆在了我们的执行委员会面前。这恰逢他们正在研究他们自己实验工厂项目的状况，因出现未预料到的阻碍而进行评估。很自然，执行委员会因此没有以目前我可以就此明确给你写信为基础而得出任何确切的结论。我认为，这是自然不过的事情，因为无疑我们在试图确定对于目前你看上去所面临的状况该做些什么之前，应确切了解在这个国家我们在实验工厂方面达到了怎样的程度。我同意，在这方面，我们也许不会面临几乎同样严峻的形势，但绝对可以肯定的是，我们所面临的形势是可比较的和有必要进行评估的。只有这样做了，我相信你才能够表示，从完整的角度看你关于实验工厂的看法是可取的。因此，一旦我方得出结论，我将立即告知于你。

当越过这一环节到最终建造阶段时，如你认识到的那样，我们会面临比你信中第3页第1段所指出的多得多的障碍。由于我们如此涉身其中——并且由此你的大部分来信是基于一种说法，不幸的是，该说法比这个国家实际存在的说法更加有前景——所以我认为在我明确阐释它们之前，你会希望就长远的方面给予进一步的考虑。

然而，存在某些容易解决的问题。我们不能在这个问题上进行过多的交流。我认为，尽管过去科学方面的交流开展得不错，但我们有必要继续朝着这个方向迈进。因此，虽然直到我们解决以上所提及的问题之后才会引起我方考虑为长期运转派遣科学人员的问题，但如你所知的那样，我们仍然保持这样的立场，我们很乐意你所提及的这些人做进一步的访问，并且我希望也有可能安排进行其他方面的访问。

我还认为，关于哈尔班博士在加拿大工作的建议可能带来在他的工作领域充分和频繁的交流，这在总体上是有利的。我获知，你正在与加拿大方交涉这一方面的问题，并且你无疑明白，如果你的安排使得在加拿大能够建立起一个哈尔班博士参与其中且与我们这里的小组密切联系的实力小组，我们将感到非常满意。

最后一个问题是由你关于应进行工程方面的交流而引起的。毫无疑问，我们将很高兴以与我们一直乐意欢迎你们的科学家相同的姿态去欢迎工程人员。但是，你提到了一点，即关于扩散实验工厂，我认为，我们尚不能对此做出决定。相同的看法也适用于让你方的一些科学人员作为管理该项目的执行委员会的成员参与我们工作之中的这个问题。虽然该项目依然处在目前的状态，但我们自然很乐意让执行委员会考虑科学家可以以你的名义访问我们。可是，在我看来，正式加入管理机构之事需要等待两个项目整合的方式和程度确定后再做出决定。

总之，我希望你明白，我的看法依然未变，即这是一项极其重要的事情，应在每一点上开展彻底的研究，并必须以合理和可能的最快速度得出一个结论。

诚挚问候

V. 布什

布什致约翰·安德森的信件①

（1942 年 10 月 1 日）

我亲爱的约翰爵士：

关于我们在管合金方面的计划以及这些计划与你们工作之间的关系，我现在可以写信多少告诉你进一步的情况。首先，我要概述一下这个国家的情况，我已向西蒙博士做了简短的陈述，并且我建议他可以恰当地向埃克斯博士转达。

现在已明确决定，在其他项目不构成妨碍的情况下，着手进行这一项目的三个方面。第一方面涉及基础性的实验工作。第二方面包括 3 座实验工厂、重水项目和 A. H. 康普顿负责的关于累积效应的实验。第三方面涉及建造和运行计划日产 100 克 U_{235} 的电磁分离工厂，但实际的产量自然还是有些不确定。需要仔细考虑这个决定，因为这一项目与其他项目在关键材料方面存在难以避免的冲突。据估计，由此涉及的材料金额在第二方面为 700 万美元，第三方面为 2500 万美元。上周六执行委员会召开会议，对加快如上所述的项目的各个方面制订出了明确的计划。

---

① Letter to Sir John Anderson from Bush, October 1, 1942, *Bush-Conant Files*, Roll 2, Folder 9.

其他工厂的情况仍处于与之前相似的状况。我们将对实验工厂进行测试，对成本进行估算，尤其是估算对其他项目在稀缺材料方面所造成的影响。当这方面的证据全部被掌握时，那么关于第二座或第三座工厂的问题将届时根据其优点做出决定。

现在，科学研究与发展局和陆军部之间在开展这一项目方面的关系问题已完全明确。科学性的项目仍处于科南特博士任主席的执行委员会的全面监管之下。工程兵团则负责工厂的建造。此外，整个项目的总体管理，特别是它的军事方面，目前已由一个包括军方成员和文职成员在内的小型工作委员会负责。该委员会将确定政策和措施，在项目的科学和工程方面，执行委员会将向其提供建议。将有一名陆军军官担任项目执行官去协调所有方面的工作。关于广泛的一般性政策问题，小型工作委员会仍将接受最初由总统领导的负责该项目政策的小组的指示。这个新的军事委员会的成员包括珀内尔海军少将（Admiral Purnell）、斯泰尔陆军少将（General Styer），并且由科南特博士或者我本人担任主席。它将接管对工作的全面监督。然而，访问我们的英国科学家的关系问题将继续由科南特负责的执行委员会处理，因为执行委员会将成为解决所有科学问题和技术问题的地方。

现在转到你8月5日信中特别提到的有关你们扩散法的开发问题，我听说西蒙博士已就这个问题向科南特博士任主席的执行委员会做了汇报。身处大洋此岸的我们的技术人员倾向于这样的看法，在不久你们将在英国针对原型机所做的实验和我们针对应在4月或5月就绪的我们称之为实验工厂所进行的实验的基础之上，有可能要在美国方法和英国方法之间做出抉择。整个这项努力的紧迫性如此之大，以至于执行委员会的成员感到应根据最基本的数据对建造大型工厂的问题做出决定，并且我们有理由制订大规模的开发计划，而无须等待实验工厂的运转。

因此，如果我正确地理解了形势的话，那么在我们的专家看来，不会出现你所提到的你们试验规模的50～100台机器总成装置的选址问题。这是一个建造每日最少生产100克和最多生产1公斤甚至是3公斤的完整规模工厂的问题。

我们都迫切希望，未来的开发能够以最大限度地发挥大洋两岸科技人才作用的方式进行。只是关于如何才能最好地做到这一点，我目前难以提出建议。我认为，做出英美双方项目进一步整合的决定的最佳时机，将出现在我刚提及的两种扩散法的测试结果获得之时。到那时，必须就建造扩散工厂做出决定。在此期间，我们有必要相互保持密切的联系，而我们正计划派一些人员前往英国，观看接下来几周内你们原型机的运转情况。正如我早前通过西蒙博士所带的话那样，我们非常希望埃克斯博士在不久的将来来到大洋的此岸。当他到来时，我们可以向他充分解释自春天同佩林先生会谈以来我们组织所发生的变化。鉴于这些变化——在这封信里我对此只做了概述，以及我们计划的成形，我认为埃克斯先生和我坐下来探讨在这一重要事业中利用两国全部科学资源的最佳方式是重要的。

　　遗憾的是，我尚不能够另外写信给你，就你另一封关于更广泛的国际关系方面的信件做出答复。我必须等待高层的进一步会谈结果，但我相信不久以后我可以就此重要的问题进一步发表看法。

　　此致

敬礼

V. 布什

美国陆军部长亨利·史汀生的备忘录[①]
（1942 年 10 月 29 日）

　　今天的内阁会议之后，我向总统提起了 S-1 问题，并告诉他正在加速进展；我们正从事十分之九的工作；布什和其他人都急于想知道，总统对外做出了哪些承诺。

　　他说，除丘吉尔之外他没有和别人谈过，但他们之间的谈话是非常一般性的。我问他，如果不分享超出我们所能帮助的任何东西，是否对我们继续前进不太好。他说是的，但是他认为，他、丘吉尔和我应在最近将来的某个时间一起商谈一下这个问题。他和我还谈论了一些巨大的潜在价值以及如何应付战后棘手形势的一些办法，旨在防止它[②]被用来征服世界。他自己也担心，可能会有一颗炸弹在敌人的领土上爆炸不了，从而把事情泄露出去。

亨利·L. 史汀生

---

① Memorandum by H. Stimson, October 29, 1942, *Harrison-Bundy Files Relating to the Development of the Atomic Bomb*, *1942 – 1946*（以下简称为 *Harrison-Bundy Files*），Roll 3, File 47, Record Group 77, National Archives Microfilm Publications, M1108, Washington D. C. , 1980.

② 指原子弹。——编者注

布什致科南特的备忘录①

（1942 年 11 月 2 日）

致科南特博士的备忘录：

本备忘录为不久将举行的与英方代表的会谈提供了一个基础。

1. 专利

依据全部开发合同为政府获得所有专利权的现行政策将继续执行。

此时此刻，我们不认为将此扩大至以购买方式获得专利权是明智的，因为这对于战争努力而言似乎是不必要的，并且会引起外界对此问题的过分关注。

2. 与英方的情报交换

总的政策依然不变，无论何时交换科学和技术情报要促进战争努力。鉴于我们的组织调整，有必要重新确定交流的渠道。下图列出了涉及的机构、交换的内容和个人的名字。

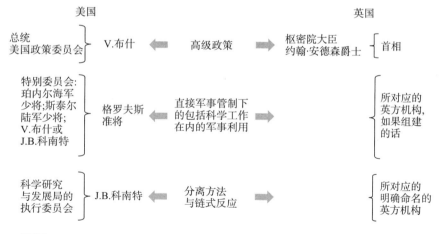

说明：

（1）与格罗夫斯将军相对应的人尚未指定，我们目前不会建议这样的指定。

（2）与 J. B. 科南特相对应的人也未特别提名，但可能会是埃克斯

---

① Memorandum for Dr. Conant from Bush, November 2, 1942, *Bush-Conant Files*, Roll 2, Folder 9.

博士。

（3）必须意识到，在第三层面的所有交换一定要置于科南特博士及其相对应官员的管控之下，未得到授权的交换现在应终止。

（4）对于科南特博士及其相对应官员而言，就所有的技术状况进行交换是适宜的。在他们的管控之下，他们可以安排负责扩散法和链式反应开发项目的个人之间的直接情报交换。但是，没必要就电磁分离法或英方目前尚未开展的其他方法的具体情况进行交换。重要实验项目的最终结果将按照第二层面而不是第三层面进行处理。

3. 科学人员的交流

将对此进行仔细考虑，所做的保留是，受邀到这个国家工作的人员必须要在美方的管理下工作。

4. 战后的关系

我们不打算更多地讨论这个问题。

V. 布什

科南特致布什的备忘录①

（1942 年 11 月 13 日）

在另一天同埃克斯先生的会谈中，我再次指出，不可能就战后时期的专利或专利权问题达成任何协议。我还指出，根据我们的宪法，除了参议院通过的条约之外，没有什么可以使未来政府放弃就其国际关系而言可能在这一整个问题方面所拥有的任何权利。然而，我提出，如果他担心"公共舆论的法庭"会出现这样一些主张，即这整个项目是美国人的创造，因此我们有权要求获得国际使用费，那么我个人作为 S－1 委员会主席很愿意将我关于已经开展的情报交换重要性的看法记录在案。他看上去非常乐于接受这种想法，并已向麦肯齐提及（但未征得我的允许）。在今天给我的备忘录中，埃克斯先生以书面的形式提出以下建议，我从中引述如下：

专利。交换信函确认情报交换的彻底性，由此不可能对发明主张

---

① Memorandum from Conant to Bush, November 13, 1942, *Bush-Conant Files*, Roll 2, Folder 9.

单独的功劳。

鉴于英国－加拿大小组可能会取消动力项目各个方面的专利保护——我将你的建议告诉了麦肯齐，应交换有关发明功劳的信函。他认为，这是一个令人钦佩的做法，建议信函最好由你、他本人和我（或者可能是科学与工业研究部大臣），而不是由布什博士、豪先生[1]和约翰·安德森爵士来写。他的理由是，信函应由那些与研究密切相关、对于情报交换的方式能说他们自己语言的人去写。

在我看来，如此交换信函将大大消除整个这件事上的国际纠纷，如果我们不小心谨慎，我担心很可能会损害我们在其他科学战线上的良好关系，我们都会成为输家。我看不出交换信函可能会带来什么坏处，并且我认为，它们可能会带来很多的益处。埃克斯先生刚与格罗夫斯将军进行了长谈，并提到派尔斯这个时候访问这个国家的事情。我提到这一点，只是为了说明我们竭力使英国－加拿大－美国在这一领域的关系尽可能愉快的重要性，我担心事情一直会令人感到非常不安。

詹姆斯·B. 科南特

科南特致布什的备忘录[2]
（1942 年 12 月 14 日）

作为 S－1 执行委员会主席和处理 S－1 问题的军事政策委员会[3]（Military Policy Committee）候补主席，我大胆发表一下我对未来该领域美英关系的看法。

在我看来显而易见的是，军事政策委员会和那些关乎政策问题的人，必须征求总统关于未来该领域美英关系的明确指示。到目前为止，我们在你管辖之下并委派我具体处理的科学领域有着全面的交流。由于美国工程

---

① 克拉伦斯·D. 豪（Clarence. D. Howe），加拿大军需部部长。——编者注

② Memorandum from Conant to Bush, December 14, 1942, *Bush-Conant Files*, Roll 2, Folder 9.

③ 为监管"曼哈顿工程"的高级委员会，向总统领衔的最高政策小组负责，在万尼瓦尔·布什的建议下于 1942 年 9 月 23 日成立，由布什任主席（科南特为候补主席），其他两名成员是陆军少将斯泰尔和海军少将珀内尔。格罗夫斯任"曼哈顿工程"的执行主管，向军事政策委员会负责。——编者注

兵团负责许多开发领域和全部的生产，对整个政策有一个清晰的认识看上去是重要的。除非仔细地做出安排，否则一方面继续全面的科学交流，另一方面对开发方面做出严格的限制，显然将是困难的，因为研究与开发之间的界线是模糊的，通常介入两者之中的是相同的人员。

在向美国总统提出该问题的时候，我认为应当指出，盟国间自由交换秘密军事情报大概只能出于一个原因，即推动两国都参与其中的这场战争。在你我都熟悉的几乎所有领域，这样的交换是必要的，因为英方和我们自己都从事相同或相似装置的研发和制造。但在我熟悉的一个方面，情况并非如此，即由于缺乏军事原料，英国无法生产某种毒气，在这种情况下，陆军部长规定，我们没有义务将这方面的情报提供给英方。

就此而言——"25"号或"49"号材料的生产①——英方告诉我们，在英国和加拿大都没有足够的设备去建造生产材料的工厂。他们也无意在这场战争期间投入生产。因此，我们将知识提供给他们，在任何情况下都无助于英方目前的战争努力。

目前，英方在扩散法的开发阶段进展顺利。进一步了解这种开发及其后续阶段的进展情况，将有助于我们建造自己的扩散工厂。然而，这方面的情报不是至关重要的，因为现在已经决定按照美方的计划前行，而不再等待英方原型机的测试。因此，彻底停止这一特定领域的交流会多少阻碍美方的努力但不会使之陷入尴尬的境地。

转到生产"49"号材料的"重水"方法，情况则相似。即使获得我们在这场战争中提供给他们的这方面情报，英方也将无所作为。可以肯定的是，一批有才能的人正在加拿大集结，从而致力于这一项目；这一小组至少包括了一名该领域的专家（哈尔班，大概是英美两国中最深入思考此问题的人）。如果能够利用这批人的才干与知识，对美国将是有利的，但是如果停止情报交换导致这一小组退出，也不会对这项努力造成太大的阻碍。

当然，应当指出的是，如果美国决定禁止所有有关 S－1 项目的情报继续流向英国，加拿大政府可能会拒绝允许特雷尔（Trail）重水工厂（位于加拿大，但由美国出资）的产品通过边界进入美国，其对矿石也可能采取同样的做法。（特雷尔工厂生产的重水将在明年夏初达到每月 0.5 吨；至

---

① "25"号材料指铀－235，"49"号材料指钚－239，由于这两种材料分别来自 92 号元素铀和 94 号元素钚，而两者的原子量分别为 235 和 239，所以分别取它们最后一个数字即为 25和 49。——编者注

1944 年 1 月，计划使美国的重水工厂每月能生产 2～5 吨。）加拿大方拒绝美国获得特雷尔工厂的重水将使我们的开发项目放缓，但不会使其瘫痪。矿石的问题更为复杂，在进一步考察科罗拉多的供应形势之前，我不想斗胆称我们能够自给自足。

很可能会出现美国现在停止交换有关 S－1 项目的情报是否公平的问题。从这种角度考虑问题时，必须记住以下事实：实际上，对于美英两国而言，以及对于我们的敌人而言，基本的思路是共同的。两种扩散法是两国独立推进的，但时常彼此交换意见，不可能说哪个团队借用他人的想法最多。

由于哈尔班前往英国，英方最有力地推动将重水用于动力工厂。另外，直到美国科学家发现副产品 "49" 号材料可能具有爆炸性这一事实之前，英方一直将重水动力工厂置于一个较低的优先地位。如果在这一整个领域存在任何国家权利的话，可以说 "49" 号材料严格意义上是一项美国的发明。

基于以上原因，我认为（a）如果停止美英之间在此问题上的所有进一步的情报交换，将不会严重阻碍整个项目；（b）在此过程中，不存在对英方的不公平。此外，英国人肯定不会高兴，由此导致的摩擦是否会对从加拿大或从其他地方获得材料供应造成严重不利后果，我难以做出判断。限制提供所有进一步的情报的好处，对美国来说是显而易见的。秘密能够更容易得到管控。我们目前恰好达到这样的地步，取得的进展是具有头等重要性的军事秘密。

在我看来，应将上述考虑告知总统（也许以更简短的形式），并且阐明应责令执行以下 3 种方案中的 1 种。

（A）停止所有情报交换。

（B）不但在研究领域而且在开发和生产领域，进行全面的情报交换，包括人员的自由交换。

（C）按照明确规定的方式限制情报的交换，例如以下：

1. 电磁法——禁止交换。

2. 扩散法——在设计和建造工厂的美方公司与从事相同项目的英方之间，进行全面的情报交换。

3. "49" 号材料和重水的生产——只进行科学研究方面的情报交换；禁止交换工厂设计的情报。特雷尔工厂的产品在送交加拿大小组时应附加明确的协议，即由此获得的所有情报应让美方工程人员知晓，但在加拿大不存在开发方面的工作，所以不允许英国人和加拿大人接触我们工厂的设计或者是建成之后的工厂。

4. 禁止进一步交换有关"25"号材料或"49"号材料在军事利用方法方面基本特性的情报。

单独考虑这个问题并排除其他复杂国际因素，我认为（C）方案是最符合美国利益的。我其次的选择是（A）方案。

詹姆斯·B. 科南特

埃克斯致科南特的信件[①]
（1942 年 12 月 15 日）

亲爱的科南特博士：

S-1 项目

美英团队之间的关系

截至今年 6 月份左右，致力于 S-1 项目的美英团队之间的关系是非常简单的，因为双方团队依然从事实验室或实验工厂规模的工作。那时，两国之间在工作的所有分支领域都存在全面的情报交换，为了避免工作重复，我们的科学计划是在充分了解其他团队计划的基础上制订的。

自 6 月以来，由于你方团队在工作的某些领域进入了试验规模或更大规模的运行阶段，而出于种种原因我们在英国尚未超出试验规模阶段，情况不可避免地变得复杂起来。

目前已在科学研究与发展局和美国陆军工程兵团之间就 S-1 的管理工作做了划分，前者负责实验室工作，而后者负责所有更大规模的工作以及与项目的军事利用相关的所有工作。

与此同时，工程兵团和科学研究与发展局决定，为避免泄露至关重要的情报，应采取更加严格的防范措施。

---

① Letter to Dr. Conant from W. A. Akers, 15 December, 1942, *Bush-Conant Files*, Roll 2, Folder 9.

这些变化的共同结果使我对一方面在美国开展的工作与另一方面在英国和加拿大开展的工作之间的未来关系问题产生了一些疑问。

我已同布什博士、你本人以及格罗夫斯将军讨论过这些问题，我认为你会同意这样的看法，即对我来说将它们写下来是明智的，以便你和布什博士、格罗夫斯将军能够仔细对它们进行考虑，并向我就每一个如你所看到的问题解释立场。

有一个非常重要的政策问题，以及某些其他重要性虽差一些但对我们非常重要的问题。

1. 有关生产成果情报交换的程度。

英方团队一直认为，不但应在研究工作方面，而且应在生产方面，尽可能维持密切的联系。比如，如果英方扩散装置的设计被证明是最适合大规模开发的话，以及如果我们在建造起完整规模工厂的情况下能够在英国或加拿大继续推进工作的话，我们希望，事实上要求尽可能多的美方科学家和工程人员参与工厂的设计、建造和运行。如你所知，我们实际上已敦促过，应派美方的工程人员前往英国，参与最后阶段的设计工作以及在那里现已完成的试验装置的运行工作。

我相信，直到今年6月份，应在任何试验和大规模的开发方面给予英方科学家和工程人员类似的特别待遇，也是你们的想法。

现在在我看来，有一种倾向认为，与美方的试验和大规模开发相关的工程联系应被限制在那些英方实际开展的方法方面，没有理由让英方代表期望被允许参与英方未并行开发的方面，或者甚至拥有开发方面的知识，例如劳伦斯的电磁法。

我已向你解释过了，在我看来，为什么应允许英方全面接触所有美方的大规模开发，存在两方面的理由。首先，因为任何一种方法的进展都会对研究中的致力于其他方法的项目有着直接的影响。例如，如果我们确定劳伦斯的方法可能是开展浓缩的最佳方法，即达到了50%～100%，那么我们应当停止设想建造一座能够进行完全分离的扩散工厂，而将我们的注意力限定在浓缩度最高达50%的工厂。

因此，重要的是，我们应准确无误和与时俱进地了解各种方法的前景。

其次，我认为我们应被允许了解的不仅是美方工厂的设计，还应包括工厂的建造和运行，是出于政治方面的理由。我认为，最高层的意图一直是，这项工程的开发实际应是两国间的一场合作事业，而不管方法最初出自哪个国家或者最终选择哪一种方法进行全面规模的开发，以及不管决定在哪一国建造这样一座大型的工厂。

如果我在这一点上的看法正确，那么仅仅从一个国家向另一个国家传送工厂图纸和操作说明难以实现打算合作的程度。如果大规模工厂建在美国，这一点似乎可以肯定，那么允许英方参与工厂的实际设计工作，英方的工程人员和科学家得到实际雇用参与工厂的建造和运行，这些都是必要的。我可以指出，凯洛格公司的总经理基思先生（Mr. Keith）实际上告诉过我，他希望英方机构能够派遣工程人员前往美国，成为他设计团队中的实际成员。我不知道这种邀请是否可以被看作一种官方行为，或者是否仅仅是基思先生个人自然而然的要求，因为他认识到将英方工程人员在致力于英国扩散实验工厂过程中所积累的经验纳入他的组织的意义。

2. 有关所涉及的理论问题（军事）的情报交换。

截至今年 10 月份，英美双方的研究人员一直在涉及为军事目的利用"25"号或"49"号材料的理论问题方面自由地交换意见。对我们而言，这样的交换似乎是必要的，因为这一物理学科分支的整个理论依然很新，以至于基础理论本身正伴随着它们可能的应用而不断发展。在这方面，派尔斯教授及其理论团队以及查德威克教授与他的快中子实验物理学家团体，已经取得了领先的地位。为了与奥本海默博士（Dr. Oppenheimer）及其团队交换意见，派尔斯教授已对美国进行了访问，而且在美英物理学家心中都一直强烈希望查德威克教授和弗里施博士访问美国，以便讨论他们的那部分工作。

由于派尔斯教授还负责英国扩散工厂的理论物理计算工作，所以他在今年的任何时间里都难以离开英国，除非不得不安排一项计划。在大约 11 月的最后一周到 12 月末期间，他前往美国讨论快中子理论工作是可能的，但是在 12 月末之后，他将留在英国一段时间以帮助开展英国扩散装置的试验工作。遗憾的是，这里已做出决定，这种军事意义的理论工作具有高度的机密性，除非派尔斯教授打算在战争结束之前一直留在美国团队之中，否则他访问美国是不可能的。因此，他不会在 11 月底来到这里，也不能在我理解的你想要他前来讨论的眼下来到美国。同样，在我们看来，派查德威克教授来美国只有在政策做出一些调整的情况下才可能，因为我认为他不会被允许与美方的理论物理学家交换意见，尽管他在英国负责的以及将在美国讨论的实验工作只是为理论物理学家提供数据。

将实验物理学家和理论物理学家之间的情报交换限于书面备忘录的形

式，肯定是不可行的，查德威克教授会坚持认为——我同意他的看法，如果在这种情况下他访问美国，会大大浪费他的时间。

同样，除非能够恢复英美理论物理学家之间相当大自由度的意见交换，否则这些材料在军事应用方面基本计算的发展，如果不会更糟的话，也肯定会受到严重阻碍。

我可以称，我们在英国意识到最严格保守整个 S–1 项目秘密的极端必要性，特别是有关军事应用的部分，但是我认为，必须在保密与效率之间寻求折中。我希望找到一些令人满意的折中做法是可能的，这样两国都会认为，有效的且令人满意的秘密联系正得到维系。与此同时，我建议，应通过派遣奥本海默博士及其团队中被认为是必要的成员前往英国短暂停留，来解决派尔斯教授与美方团队成员之间交换意见这一紧迫问题。虽然我们此时不能让派尔斯教授离开英国，但他肯定能够在英国拿出足够的时间与你们的代表进行会谈。

3. 重水慢中子系统的开发。

你会记得，在 2 月份我们讨论了派遣整个哈尔班博士团队前往美国的可行性，旨在使他们住在芝加哥成为康普顿教授团队的一部分。我认为，大家会普遍同意这将是一项有效率的举措，但是出于政治原因，这是不可能的，因为哈尔班博士的团队大多是由非英国出生的侨民组成的。所提出的替代方案是将该团队派往加拿大，他们在那里能够在与康普顿教授的团队保持最密切联系的情况下开展工作，在一封给约翰·安德森爵士的信中，布什博士称他欢迎这样的安排。

如你所知，我们现在正在蒙特利尔建立一个实验室，并将哈尔班博士的团队从英国带过来。

从一开始，我们和你们都认识到，这项举措只有在一致同意有关重水系统的工作应留给哈尔班博士的团队去完成的情况下才是合理的。这进而要求产自加拿大特雷尔工厂的重水应置于英国–加拿大团队的处置之下，直到为某些实验积攒足够的重水。

根据你的建议，渥太华的加拿大国家研究委员会主席麦肯齐正式写信要求 5~6 吨数量的重水应留给蒙特利尔实验室使用。到目前为止，你们没能够确切答复允许这样做，这自然使我们在加拿大处于一种困难的境地。我可以充分体会到，你们不愿意正式放弃与所有可能的大规模重水系统开发之间的联系。与此同时，我与麦肯齐主席以及英国–加拿大团队讨论了这方面的大规模开发问题，我们的看法是，加拿大的工业化学工厂的建设资源难以负担在加拿大建造一座大规模的重水"49"号元素工厂。

因此，我向你和格罗夫斯将军建议，最有效的做法是双方保持密切联系的情况下，部分在芝加哥部分在蒙特利尔开展该项目化学方面的工作；至于哈尔班博士团队在蒙特利尔开展的物理学方面的研究，将得到加入其中的加拿大物理学家的补充，并且当来自芝加哥的美国物理学家能够从他们的石墨项目工作中脱身之后，也将加入其中；一旦研发被证明是可行的，则将工程设计和开发委托给一家美国公司，按照合同为工程兵团进行工作。然后，来自英国－加拿大团队的工程人员将前往美国的工业公司，成为设计团队的一部分，这样，他们在加拿大已取得的工作成果将可以完全且立即为美国公司所用。这方面应不存在任何政治上的困难，因为哈尔班博士团队中的工程人员将是出生于英国或加拿大的。同时，这些从加拿大被派往美国的物理学家和化学家也将被纳入美方的组织之中。

此外，我向你建议，委托在美国履行这样一份合同的大致类型的工业公司，应是具有化学工程领域尽可能广泛经验的公司，而我认为杜邦公司肯定在最大程度上拥有这种经验。

如果这项建议，或者基本上与之相似的建议，能够被你所接受，那么我想所有有关重水和某些其他必要原料的应用问题将迎刃而解。另外，如果你决定成立一个新的竞争团队去开展重水系统物理学方面的研究，那么显然会引起一种非常困难的状况，因为在两个团队之间对可使用的重水进行任何分配必然都是效率低下的，它只能延长工程人员获得某些基本设计数据的时间。

4. 一般的情报交换。

我想说，尽管我们都认识到，应当尽量避免泄露有关 S－1 项目的情报，但在英国团队当中存在一种强烈的看法，对工作进行严密分隔性的划分会被贯彻到这样的程度，届时效率低下会被认为超过了保密所带来的好处。

目前，除了我上述谈到的理论事务方面的联系问题之外，依然存在蒙特利尔团队与芝加哥团队之间的情报交换问题。

哈尔班博士和我同康普顿教授讨论了互访的方式问题，在早先给你的一封信中，我谈到了这个问题。我想在这里补充的是，我们认为在不严重削弱保密状态的情况下，可以允许更自由的情报交换。

可能我们以后会提出这个问题，但我想说清楚的是，我们不认为我在早先信中所提出的安排是完全有效率的做法。

我对这封信的冗长表示歉意，但我迫切希望不会出现原可以避免的误解。

我可以在北美再待长一点时间，但我在 1 月初返回英国是十分重要的，所以我希望在此之前能够澄清这些问题。

敬礼
W. A. 埃克斯

科南特致埃克斯的信件[1]
（1942 年 12 月 15 日）

亲爱的埃克斯先生：

在最近一次负责 S–1 项目的军事政策委员会会议上，我得到指示，就贵国的查德威克教授和派尔斯博士访问这个国家的可能性写信给你。这个问题也被 S–1 执行委员会进行了讨论，委员会一致同意这样的访问。

我们希望，查德威克和派尔斯愿意对我们进行短期的访问，以便同诸如奥本海默、范扶累克和麦克米伦[2]这样致力于该领域一些基础问题的美国物理学家进行会谈。我们认为，除了英美物理学家们的会谈之外，应确保在这个国家以及在你们的国家不会使这些致力于理论计算的科学家没能考虑到所有的可能性。这种计算的反复核查对我们的计划大有助益。此外，这一团队可以概述对探求一些依然不确定的问题而言是必不可少的实验计划。

尽管我认识到使这两位杰出人士离开英国即使几周时间所带来的困难和不便，但委员会希望可以做出这样的安排。

敬礼
詹姆斯·B. 科南特

---

① Letter to W. A. Akers from Dr. Conant, 15 December, 1942, *Bush-Conant Files*, Roll 2, Folder 9.

② 埃德温·麦克米伦（Edwin M. McMillan），1933 年于普林斯顿大学获博士学位，后任职于伯克利加州大学的放射性实验室。——编者注

布什致罗斯福总统的信件[①]

（1942 年 12 月 16 日）

亲爱的总统先生：

　　我随信附上一份有关特殊工程的报告[②]，陆军部和科学研究与发展局按照你基于 1942 年 6 月 13 日有关于此的报告所做的直接指示，正大力推进该工程。

　　自那份报告形成以来，形势发生了显著的变化。在受控的状态下原子能得到释放并作为一种动力加以利用，不再有任何问题。此外，存在相对较大的可能性，在适宜的条件下，非常短暂的间隔时间内可以释放出同样的能量，从而制造一种在军事上威力无比的超级炸药。但是，在这最后一点上，在制造出第一颗炸弹之前，尚不能绝对地肯定，而且这需要相对大量的材料。自 6 月以来，科学家们对每个炸弹所需材料数量的估计已令人感到遗憾地大大增加。目前按我们的时间表预计，在 1945 年上半年内可以获得制造 6 颗超级炸弹所需的大量材料。只有在随信所附的建议得到批准并赋予该工程最高优先权的情况下，才能实现这一点。我们仍然不清楚，在与敌人共同朝着一个可用结果的竞赛中，我们处于何种位置，但非常可能的是，德国领先于我们，并能够早于我们制造出超级炸弹。

　　在 6 月正在进行的 4 种方法中，一种现在已经退出了竞赛。在目前经验的基础上，似乎不可能安全地再放弃一种方法，即使我们现在进入了完整规模建造的阶段。

　　出于这些原因，整个工程费用总的估算达到了令人担忧的 4 亿美元的数字。迄今，资金筹措是通过陆军部授权工程人员的负责人去使用建造资金解决的，目前可使用的资金达 8500 万美元。对于不久的将来，这是足够的，但如果整个工程要向前推进，对于此时必须签订的合同义务而言是不够的。

　　目前，英方在英国没有大规模的项目。他们正将他们的一些科学家调往加拿大，这些科学家在那里将开展工程某个方面的工作。根据你的指示，我们维持了与英方密切的科学情报交换。但未来的情报交换关系，有必要

---

① Letter to President from Dr. Bush, 16 December, 1942, *Bush-Conant Files*, Roll 1, Folder 4.

② 该报告有关美英关系方面的内容，实际照搬了 1942 年 12 月 14 日科南特致布什的备忘录，参见本书第 133 页。——编者注

进行澄清。

因此，看上去我们现在在几个问题上需要你的特别指示。报告中提到了这些问题以及建议。尤其对于是否要大力推进该工程，我们需要你的指示。如果不得不在拨款委员会面前为该工程的资金辩护，那么对于至关重要的保密而言将是极其有害的，所以建议你在春天的某个时候向国会请求所需的资金（3.15亿美元）；这笔资金的支持将由你斟酌决定。另外，建议你现在授权工程人员的负责人承担可能在他看来对于工程开展是必要的合同义务，包括政府承担的责任，但迄今尚未确定数量和持续的时间。

这份报告在呈送你手之前，正提交副总统、陆军部长和陆军参谋长审查。特别是，我请求告诉我你是否同意报告末尾所提的建议。

谨上

V. 布什

对 12 月 16 日布什致总统信件添加的说明
（1942 年 12 月 23 日）

自写这封信和报告以后，埃克斯先生的一封信阐述了英方在情报交换问题上的立场，他的信插在了这份报告的后面。包括在内的是以平行栏的形式对美英在情报交换问题上观点的总结。

除了目前的科学情报交换之外，如果我们不把情报交换的范围扩展至包括工厂和生产方面，英方毫无疑问会加以反对。由于在达成有关这一点的决定时应对他们的立场了然于胸，所以现在已经同华莱士先生讨论了这份总结和信件，并将它们呈送给了史汀生先生，华莱士先生和史汀生先生都赞同报告和建议。

科南特致布什的备忘录①
（1942 年 12 月 18 日）

1942 年 12 月 9 日星期三，S-1 执行委员会与格罗夫斯将军进行了会

---

① Memorandum from Conant to Bush, December 18, *Bush-Conant Files*, Roll 2, Folder 9.

谈，除其他话题外，还讨论了特别评估委员会的报告①。

第二天（12月10日）下午，军事政策委员会在格罗夫斯将军的办公室召开会议，讨论了同样的话题。同时，提出了这样的问题，如果评估委员会的建议得到采纳，将如何根据新形势调整英美之间在 S－1 事务方面的联系问题。而在加拿大集结的团队和重水处置问题被给予了特别的考虑。

次日，1942 年 12 月 11 日星期五，我同埃克斯先生共进午餐，我告诉他，整个问题正在美国将全力以赴于重水项目的设想下被给予考虑。在会谈中，他向我指出英方认为双方联系对于整个问题是多么的重要，为什么他们认为情报交换应当是自由和全面的。他 1942 年 12 月 15 日的信中涵盖了这几点，但未拿出有关英方观点的新根据。

我向你口头陈述了埃克斯先生 1942 年 12 月 12 日星期六与我以及 1942 年 12 月 14 日与你和格罗夫斯将军这几次会谈中的观点。正是在这一陈述和我们对其所做反应的基础之上，系统阐述了我们关于英美关系问题的建议。

1942 年 12 月 16 日星期三，除几分钟之外，我大部分时间不在办公室，所以埃克斯先生 1942 年 12 月 15 日的信件直到今天我才注意到。在与格罗夫斯将军沟通后，我发现马歇尔将军和史汀生部长已在军事政策委员会给总统的报告上签字。格罗夫斯将军和我的看法是，你应将所附的埃克斯先生的信件给代表部长的邦迪先生②过目，并解释这封信没有提到什么新东西，因而我们的建议不会改变。

我们猜想，你接着会将这封信（或摘要）连同报告给副总统华莱士过目，如果他建议如此的话，则提交总统。

詹姆斯·B. 科南特

布什致科南特的备忘录③

（1942 年 12 月 22 日）

我已阅你 12 月 18 日的备忘录，并建议将其作为记录事情来龙去脉很好的文件归入档案。在本备忘录中，我可以补充几点，也作为备案。

---

① 即指美国国家科学院专家委员会的第三份评估报告。——编者注

② 哈维·邦迪（Harvey Bundy），陆军部长史汀生在核事务方面的特别助理。——编者注

③ Memorandum for Dr. Conant from Bush, December 22, 1942, *Bush-Conant Files*, Roll 2, Folder 9.

在收到埃克斯先生阐释英方立场的信件之前，马歇尔将军和史汀生部长已经签署了报告。由于这是一封长信，且在方式上有些杂乱无章，所以我在一份将美方建议和英方立场以平行两栏形式排列的文件中，对要点进行了归纳。我还对埃克斯先生的信件添加了一两处说明，因为他的话语有一两处不太准确的地方。特别是，他暗示除非他留下，否则我们不会接待派尔斯，当然与此相反，我们最近对派尔斯和查德威克一并发出了邀请。另外，他还没有说清楚，在我们隔离某一群体的建议中，我们既将他们与圈子外的美国科学家隔离开，也与圈子外的英国科学家相隔离。而且，在提到哈尔班前往加拿大时，他称，只有重水工作留给哈尔班博士团队去承担的情况下，才应采取这样的举动。我们确实认为哈尔班团队将从事重水工作，但我保证我的记忆是准确的，无论是书面还是口头形式，我们都未向埃克斯先生做出过任何这样的承诺，我们将不在这个国家开展有关重水的科学工作。因此，有必要纠正这几点，而我认为在我的以平行两栏形式撰写的备忘录中，我非常公正地阐述了英方的立场。

为了邦迪先生可以呈报部长，12 月 21 日我将这份概要和埃克斯先生的信件送交给他，因为我认为，就如这些文件中所提到的那样，在我们继续将这个问题提交总统之前，部长应充分了解英方的立场。邦迪先生给部长写了一份备忘录，很快就将同他商议，并带我们中的一人或我们两人参加会议去回答问题。

随后，我将报告连同呈交总统的信件、埃克斯先生的信件和概要带给了华莱士先生。在我在场的情况下，华莱士先生非常仔细地详查了整个事件。他特别询问了我有关美英关系的问题。他表示，他本人十分赞同我们在这一问题上的总体做法，他已签署表明他默许其中所包含建议的报告。

一旦我确定部长在了解英方立场的情况下再次审查情报交换问题，并且如他在报告上签字所表明的那样不会改变他的看法，我就将整个事情提交给总统。我打算这样去做，将报告、给总统的信件以及埃克斯先生的信件和概要交与总统。

V. 布什

与英国和加拿大在 S－1 问题上的情报交换

美方的建议	英方的立场

原则

情报交换只限于目前接受方能够加以利用的情报。

将全面交换扩展到不仅仅是科学成果，而且包括生产设计和工厂。

目前的解释

如目前军事政策委员会所确定的。

1. 电磁法——禁止交换。

基于英方未开展这种方法的基础之上。

英方的要求（详见埃克斯先生信件的副本）。

全面交换。

基于一种方法的进展会对其他方法的研究产生直接影响的观点基础之上。

第二种观点，政治性的，大意是最高层的意图是，这项工程的开发应由两国合作努力，而不论所利用的想法最初出自哪一国，以及在哪一国建造工厂。

2. 扩散法——情报交换限于设计和建造工厂的美国公司与涉及相同项目的英方之间。

基于在美国建造完整规模工厂的计划以及认为有关原型机试验结果的交换完全是使其有效推进所必需的观点的基础之上。

将此方面的情报交换扩展至工厂的建造和运行方面。在美国建造和运行完整规模工厂时，实际聘用英国的工程人员和科学家。

如上原因，以及因为英方拥有为测试而处于建造之中的扩散工厂的部分模型。

3. 49 号材料和重水的生产。

只交换科学成果的情报；禁止交换工厂设计的情报。如果美国工程人员能够知晓所有获得的情报，那么最初特雷尔的产品（美国出资位于加拿大工厂生产的重水）可以供加拿大团队足以开展他们的实验所用。

由于在加拿大不存在开发工作，英方或加拿大方将不能获得美国工厂设计的情报，或在工厂建成之后接触工厂。

扩展至英方和加拿大方的工程人员参与美国出资且在坐落在美国的完整规模工厂的设计、建造和运行工作方面。

这方面的实验仅限于加拿大，为此目的而使用特雷尔的产品。美国的实验仅限于石墨法，目前认为该方法相比重水法效果不佳。

反对分配产自特雷尔的重水。

4. 禁止交换特定秘密实验室正在进行的有关炸弹设计研究和开发工作的情报。继续理论层面的交换，但此类实验室中被隔离的群体除外。

基于此方面最大安全保密的需要。目的是将这一特定实验室群体与圈外工作的美国科学家和英国科学家隔离开来。

全面交换情报。

以无效率为由，反对隔离一部分美方的科学家群体，即使他们继续与圈子外的大部分科学家交流，而后者将他们的成果提供给被隔离的群体。

关于埃克斯先生信件的说明：

第 3 页。声称"除非派尔斯教授打算在战争结束之前一直留在美国团队之中，否则他访问美国是不可能的"。这有点不太准确。在计划获批之前，不会做出确切的承诺。根据有关科学问题的情报交换政策，我们最近邀请了派尔斯教授和查德威克教授为科学会谈访问这个国家。如果目前的计划获得批准，我们则不会邀请他们——或者是项目外围方面的美国科学家访问，以及同从事炸弹设计和从事这种设计的理论基础方面工作的被隔离的群体交流。

第 4 页。"从一开始，我们和你们都认识到，这项举措只有在一致同意有关重水系统的工作应留给哈尔班博士的团队去完成的情况下才是合理的"。如果"留给哈尔班博士的团队"意味着美方不沿着这些思路开展工作，这是不准确的。

为目前的实验提供足够数量重水的唯一方案，是改造一家加拿大工厂的美方方案。这将成为生产出足够数量的这种材料用于大规模实验的第一来源。大约 6 个月之后，将有来自包含在目前计划之中的美国工厂更大数量的供应。

英方早先提出，哈尔班及其团队在这个国家开展工作。这一点未被我们接受。这一特殊的团队大部分是由非英国出生的国民组成的。有人认为，这样一个团队在此工作的话，可能会难以有效管控安全，还可能会出现同美方科学家的摩擦。将这一团队从英国调往加拿大工作被认为是理想的举措。

目前看上去这种特定的方法是最可能具有战后工业意义的方法。最近，它还显示出作为附带的结果具有相当大的制造一种超级炸药的可能性。

毫无疑问，为取得最佳的进展，在美国和加拿大都有从事利用重水方法进行实验的团队是可取的。在该领域全面交换科学情报的基础上，最初特雷尔的产品，在足以满足他们实验的程度上，应提供给加拿大的团队，也被认为是合理的。这意味着，美方的实验将在以后开展，可能只有在新的美国工厂产品可以利用的时候。

然而，此时美国承诺向加拿大团队提供全部的特雷尔产品，或者对美方在该领域的实验计划做出限制，被认为是不可取的。

不存在在英国或加拿大建造完整规模工厂的计划。但有计划在美国建造这样的工厂。意在由极具才干的美国工程人员团队负责此项工作，从所涉及的建造类型的角度看，他们拥有建造和运行尽可能关联密切的工厂的经验。无论源自何处，所有的科学成果应提供给这些工程人员。但是，有人并不认为，为了组成一支人员足够的工程团队，有必要让英方工程人员加入。也有人认为，加拿大的科学团队参与工厂的设计、建造和运行是不必要的。基于相同的理由，我们不邀请哈尔班团队到这个国家来工作被认为是不明智的。

布什致科南特的备忘录①

（1942 年 12 月 24 日）

今天，我与埃克斯先生进行了一次长谈。我告诉他，我们预计在几天之内会做出决定，并概述了它可能的性质。在任何问题上，我们都没有激烈的冲突。最后，我谈到情报交换的原则问题，特别是重提了用于实验的重水问题以及英方参与完整规模工厂的建造和运行问题。我可能错了，但我宁愿认为埃克斯先生本人不会在后一问题上——自然它是一个主要问题，进行争论。当然，我告诉他目前什么问题也确定不了，而我只是概述了现在看起来似乎会出现的问题。我向他指出，一旦做出决定，我就会同他联系，并且我将起草一封给约翰·安德森爵士的信，在发出之前，如果他有时间，则由他看一看，以便他能够指出任何我尚未阐明的地方，与此同时，我也打算将决定告知麦肯齐主席。他要去渥太华，在这个国家有一两件其他事去做。我告诉他，尽管我希望下周初就做出决定，但我不能保证这件事可能会被拖延一段时间。他给我一份他信件的新副本，内容有一些更正。然而，这些更正是非常小的，不会影响信件的含意。因此，直到后来我看不到在原稿和副本中进行改动的理由。顺便说一句，我告诉他，在讨论整个情报交换问题时，我介绍了英方的立场，并以他的信件作为介绍的基础，而为了方便使用，在这样做时我撰写了他的信件的梗概。我还向他指出他信中有两处我认为陈述得不太准确或充分，并且解释称，为了使记录完全可靠，我做了额外的说明。我说得很清楚，将推迟所有关于战后的讨论，我们目前只考虑事关这场战争努力的项目。事实上，我告诉他，我认为最好不要提战后的问题，或者让其不经意中闯入目前的讨论之中，最好首先就目前的项目和政策做出明确的决定，当以后这个项目完全步入正轨时，再讨论战后关系问题。

V. 布什

---

① Memorandum for Dr. Conant from Bush, December 24, 1942, *Bush-Conant Files*, Roll 2, Folder 9.

《史汀生日记》摘录①

（1942 年 12 月 26 日、27 日）

26 日

…………

邦迪给我了一份英国与俄国人已签署的关于交换新式和未知武器的条约副本——目前使用之中的和将来发明的那些武器。这让我们所有人都大吃一惊，它有着重要的影响。

27 日

…………

我问他②，是否知道 9 月 29 日英国人和俄国人就交换武器包括发明的所有新式武器的所有情报和设计图达成了一项协议。他说不知道。于是，我为他读了莫洛托夫签署的协议备忘录的约定。我告诉他，这似乎使我们在 S－1 以及微波③问题上处于一种非常严重的境地，因为不但怀南特④竭力主张我们应同俄国达成这样的协议，而且现在的英俄协议将必然危及诸如我们透露给英国人的新式武器的未来安全。他说，他认为具有规避条款的协议等于是毫无效力，但他同意我的看法，达成这样一项协议是非常糟糕的政策。他告诉我，他正准备去同刚刚抵达的怀南特共进午餐。我向他表示，我很高兴我来得正是时候。

罗斯福总统致布什的信⑤

（1942 年 12 月 28 日）

亲爱的万⑥：

　　我收到了你 12 月 16 日有关特殊工程的信件以及 12 月 23 日的补充说

---

① *The Henry L. Stimson Diaries*, New Haven：Yale University Library, 1973, Reel 8, vol. 41, pp. 118－119.

② 这里的他指总统罗斯福。——编者注

③ 指微波雷达。——编者注

④ 约翰·怀南特（John G. Winant），时任美国驻英大使。——编者注

⑤ Letter from F. D. Roosevelt to V. Bush, December 28, 1942, *Bush-Conant Files*, Roll 2, Folder 10.

⑥ 万尼瓦尔·布什的昵称。——编者注

明。我会批准这些建议。

请递交给我一份备忘录，告诉我，你如何看待为要求拨款我应试图对预算施加影响。

我正恰当密封后返还你的文件夹和信件。

永远真诚的

富兰克林·D. 罗斯福

埃克斯致布什的信件①

（1942 年 12 月 28 日）

亲爱的布什博士：

在周四我们会谈期间，你向我解释称，在我 12 月 15 日致科南特博士的信中，在你看来有两段内容没有对已进行的讨论留下真实的印象。

由于我认为重要的是不应出现误解，所以我十分仔细地重新阅读了这两段内容，并想发表以下意见。

1. 派尔斯教授的访问。

由于军事政策委员会现在已经邀请派尔斯教授前来这里，所以你认为我称"……除非派尔斯教授打算在战争结束之前一直留在美国团队之中，否则他访问美国是不可能的"是不准确的。

我们现在接到了邀请是事实，但日期是 12 月 15 日，跟我写信给科南特博士是同一天。事实上，由于信件不得不转交给身处渥太华的我，所以直到 12 月 21 日我才收到这封邀请信，而且无论如何是直到我的信寄出之后的第二天我才收到。因此，我说出这种话的时候，情况确实是真实的，因为在 11 月 4 日和 5 日与科南特博士、11 月 13 日与格罗夫斯将军以及 11 月 15 日再次与科南特博士会谈之后，他们一致同意我应当发电报推迟派尔斯教授的访问，当时看起来很可能只有那些将加入该群体的人才能被允许接近美国理论家团队。

2. 美国"49"号元素团队对重水系统的关注。

我使用过这样的句子，"认识到……这项举措（哈尔班团队前往加拿

---

① Letter to Dr. Bush from W. A. Akers, 28 December, 1942, *Bush-Conant Files*, Roll 2, Folder 9.

大）只有在一致同意有关重水系统的工作应留给哈尔班博士的团队去完成的情况下才是合理的"，以及"我可以充分体会到，你们不愿意正式放弃与所有可能的大规模重水系统开发之间的联系"。你认为，我信中包含这些句子的部分是带有误导性的，因为它会给任何阅读这封信的人造成这样的暗示，你在某个时候表示过美国团队不打算接触重水系统，而将该领域的研究完全留给蒙特利尔的英国－加拿大团队承担。我很遗憾，为了使我的信尽可能言简意赅，我以一种给人心中留下错误印象的方式处理了这个问题，而这些人不了解促使哈尔班团队前往加拿大的会谈。

我想这样说应当是正确的，今年3～10月的不同时间在你方S－1委员会的某些成员，特别是科南特博士、康普顿教授和尤里教授，与佩林先生、哈尔班博士、杰克逊①先生和我本人之间，进行了多次会谈，并且形成了这样的看法，即芝加哥团队将主要致力于石墨系统的研究，而他们希望哈尔班博士团队能够同时承担重水反应堆所必需的研究和开发。有人明确表示，如果英方团队不能承担此任务，芝加哥团队也将开展重水反应堆方面的工作。

你会记得，此时相比英方的计算，芝加哥团队的计算得出了一个显然不太理想的重水反应堆的倍增系数，另外，获得足够数量重水用于完整规模工厂的前景黯淡，因为它们取决于发现一种耐一氧化碳的催化剂用于从水煤气或天然气中的氢交换氚。

我希望，这第二封信会化解我第一封信可能导致的任何误解。我正送交一份副本给科南特博士，以便他能够与最初那封信一并归入档案。

敬礼
W. A. 埃克斯

布什致科南特的备忘录②
（1942 年 12 月 29 日）

我与埃克斯先生进行了一次长谈，我们共同审阅了给约翰·安德森爵士的信件的草稿。一开始，他就有若干可以轻易包含进草稿的小问题。

---

① J. F. 杰克逊（J. F. Jackson），英国科学与工业研究部的官员，"管合金局"下辖、由埃克斯领导的技术委员会的秘书之一。——编者注

② Memorandum for Dr. Conant from Bush, December 29, 1942, *Bush-Conant Files*, Roll 2, Folder 9.

关于与加拿大团队的情报交换问题，他向我们的理由投下了一颗重磅炸弹，称他们计划有工程人员在加拿大，这些人都是已从事过与完整规模工厂相关的设计工作的。他还称，如果没有沿着这些路线交换有关完整规模工厂设计的情报，以后很可能还是会做出决定在加拿大继续推进工作。当然，眼下我知道他们不打算这样做。然而我认为，我可以发现他们在加拿大拥有研究设计的团队，但我们难以理直气壮地在任何基础上表示反对。这使得情报交换的形势很难被厘清。

我让他写下他的看法和建议，我将它们附上了。我所持的看法是，现在需要进行情报交换的方面是科学工作，我们目前不应在我们现有原则的基础上以及现有条件下进行解释的基础上，通过该方案完全解决所有的问题，而且我认为，条件可能会变化，解释可能需要改变。但是我认为，在信件发出之前，我们必须非常明确地解决这个问题。我们的决定是基于这样的前提，即在加拿大将不会有设计团队；但显然将会有一个这样的团队；如果他们将其置于他们希望从事设计的基础之上，我们难以从逻辑上反对它在那里出现，因为他们可能希望建造工厂，尽管我们认为这样的基础是站不住脚的。

我已经写好了草稿，并做了一些修改，以满足不同方面的需求。我对这些根本不满意，但我会尽可能地忍受，直到我能够与你一起进一步解决问题。但带有上述修改的草稿还是遭到了抨击。

他提出的另一个问题是一个老问题，即如果我们有一个被隔离的团队，由于科学家之间缺少交流，将抑制取得进展。我们花了很多时间讨论这个问题，但是如可以预料的那样，毫无结果。我重申，我认为一个隔离的团队是可取的，并且我认为从安全角度带来的好处将超过由于限制科学家之间进行交流所造成的坏处。当然，他持相反的立场，并且相当机敏。我告诉他，我认为你我他之间应进一步讨论这个问题，但不要超出这个问题的范围。

我建议，我们一起进行初步的讨论，然后，如果可能的话，你和他在明天下午进行进一步的讨论。

总体上我感到，如果我们能够确实解决加拿大工程团队这个问题，那么我们就会有一个良机在听不见英方反对声音的情况下继续前进。然而，坦率地说，我不知道如何做到这一点。

V. 布什

布什致科南特的备忘录①

（1942 年 12 月 30 日）

　　鉴于埃克斯相当机敏的反驳，其中他提到在加拿大将有一个工程团队，如果加拿大团队未沿着相同的路线完全接触和参与美方的项目，有可能制订计划在加拿大建造完整规模工厂，我昨晚仔细考虑了致安德森信件可能的处理方式。

　　在我看来，在这一点上，我们可以使信的内容大致保留草稿的样子，但是加上这样的说法，这是基于我们获悉在加拿大不会有工程团队时所做出的考虑。然后，我们可以称，埃克斯先生现在告诉我们在加拿大将有一个工程团队，为了在此方面实现最佳的相互关系，所以需要进一步评估这个特定问题。当然，我们可以称，在两种情况下，工程人员都会配属给科学家，科学团队之间有关实验的情报交换必然涉及一定数量的与实验相关的工程问题。但是，有设计工程人员则是另一回事，因为我们现在获悉的是针对加拿大的计划，这需要进行研究，因为我们自己的设计团队尚未完成组建。这将使我们能够坚持所提建议中的决定，并向我们的军事政策委员会陈述应当进一步加以评估的一系列已发生变化的情况。

V. 布什

科南特致加拿大国家研究委员会主席麦肯齐的信件②

（1943 年 1 月 2 日）

亲爱的麦肯齐主席：

　　现在我可以就你关于分配特雷尔工厂产品的信件做出确定的答复。我相信，你会理解迟迟未答复的原因，这是我们对位于美国的我们自己的项

---

①　Memorandum for Dr. Conant from Bush, December 30, 1942, *Bush-Conant Files*, Roll 2, Folder 9.

②　Letter from J. B. Conant to Dean MacKenzie, January 2, 1943, *Bush-Conant Files*, Roll 2, Folder 10.

目进行评估以及过去一些天里发生了一些变化造成的。

为了你能够理解我在怎样一种背景下答复你所提出的特定问题，首先我要指出的是，自我们上一次谈话之后，在美国的项目方面发生了两个重要的变化。第一，我们已决定通过在生产元素"49"的过程中集中努力使用重水来补充芝加哥项目。为此，我们正与杜邦公司一道推进芝加哥工厂的开发、建造和运行工作，建造我们自己的重水工厂，以及设计生产元素"49"和使用重水的工厂。（杜邦公司将承担这项工作的事情仅限于我们之间知晓）你将看到，这一决定大大改变了我们以往讨论的基础。

第二，布什博士和我已接到高层的命令，对我们在整个问题上的情报交换做出限制，所适用的原则是，只有在情报接受方能够在这场战争中对其加以利用，我们才会全面交换新式武器和装备的设计、制造方面的情报。当然，这样的原则是出于保密的需要。因为贵国政府和英国政府显然都不能按使其在这场战争中得以使用的时间表去生产94号元素或元素"25"，所以我们得到指示将相应地对情报交换加以限制。一方在生产方法或设备的开发方面做得好，即使不可能开展建造工作，在此工作领域进行全面的情报交换，也有利于共同的战争努力。因此，我们将安排进行扩散法方面的情报交换。

我们非常愿意在加拿大有一个科学家团队集中致力于使用重水的基础科学工作，这样杜邦公司可以将它们的设计置于这种经验的基础之上。为此，我们将很愿意提供特雷尔工厂最初的产品给这个团队使用。我们期望，这个加拿大团队将沿着与美方工程人员（杜邦公司）联合制定的路线指导开展他们的项目，并让后者获知他们的全部成果。

限制情报交换原则的应用意味着，我们应该难以向加拿大团队提供任何有关提取元素"49"方法的情报，任何为此目的设计使用重水的工厂的情报以及任何生产重水方法的情报。

根据这种安排和我所提到的情报交换为命令所限，在我们看来，存在一个与事业相关的英国或加拿大的工程人员团队是不明智的，因为这肯定会导致管辖权的冲突和程序上的不确定性。当然，加拿大的科学家团队将同芝加哥康普顿博士的团队自由地交换有关链式反应中使用重水和有关链式反应本身的情报，但不包括元素"49"的化学特性或是分离。

我不必告诉你，我们多么感激加拿大团队在这一事业中所提供的支持。在我们看来，目前通过的计划将为最终的共同目标，即在最严格保密的情况下以最短的时间制造出用来对付我们共同敌人的武器，提供最大程度的支持。

谨致问候

詹姆斯·B. 科南特

科南特的秘密备忘录①

（1943 年 1 月 7 日）

关于与英方和加拿大方交换有关 S-1 情报的备忘录

本备忘录阐述了同英方和加方进行情报交换的一般性准则和规定。它源于这样的基本原则，即有关新式武器和装备的设计、制造方面的情报交换，只在情报接受方能够将其在这场战争中加以利用的程度上进行。由于加拿大政府和英国政府都不可能生产元素"49"和元素"25"，因此我们的情报交换相应地受到来自高层命令的限制。

1. 电磁法——不再提供给英方或加方进一步的情报。

2. 扩散法——所有的交换，包括基本的科学情报，将处于 L. R. 格罗夫斯将军的管理之下，他将对此制定特别的规定，以覆盖相关的工业企业和所有致力于该问题的其他方。

3. 重水的生产——不再提供给英方或加方进一步的情报。

4. 链式反应中重水的使用——鉴于加拿大－英国团队将在蒙特利尔从事该问题科学方面的工作，因此规定在芝加哥研究团队和蒙特利尔研究团队之间应全面交换与链式反应有关的科学情报，但是，芝加哥团队不能提供任何有关元素"49"特性或生产的情报，包括萃取的方法或动力装置的设计。

为了给杜邦公司的工程人员提供基本的科学情报，加拿大科学团队将同他们紧密合作，但只有在对他们从事基本的科学工作有必要的情况下，

---

① Memorandum on the Interchange with the British and Canadians on S-1, January 7, 1943, *Bush-Conant Files*, Roll 5, Folder 33A; PREM 3/139/8A, Copy of Secret Memorandum Dated 7 January 1943 by James B. Conant.

工程设计情报才会给予加拿大团队。

5. 快中子反应、所有与"炸弹"及原料使用有关的问题——不再提供给英方或加方进一步的情报。

6. 六氟化铀、铀金属等的生产细节——处于格罗夫斯将军的管辖之下。总体来说，不再传递情报。

7. 基本的科学情报——除了上述第 2 点和第 4 点所做的规定之外，只有在 S-1 执行委员会主席的直接批准下，才能将情报传递给英方和加方。

约翰·安德森致丘吉尔的备忘录[①]
（1943 年 1 月 11 日）

你会记得，1941 年 10 月罗斯福总统本人提出建议，"为了使所有最大的努力得以协调甚至得以共同进行"，你和他在管合金问题上应当通信或商谈。12 月，你向总统保证且答复称，我们愿意在这个问题上同美国当局合作，自那以后我们的政策是全面合作的。我们的科学家向美方说明了我们正在开展的工作，反之亦然。

1942 年 7 月 31 日，你批准了我的建议，今后原子弹工程应作为一项英美联合的事业在美国开展。这一建议的主要理由在于，发现完整规模的生产工厂将不得不建立在巨大规模的基础上，以至于如果在这个国家建造这样的工厂，将对我们的战争努力带来难以承受的混乱。然而，也有观点认为，联合事业更可能快速取得成果。

我立即向布什博士提出了此建议，他掌管美国科学研究与发展局，并且我的代表几个月来业已同他就此进行了磋商。但是，近来明显出于预算的原因，美方工程的控制权已移交给美国陆军部。于是，他们的代表加入了会谈，我一直在等待这些会谈的结果。与此同时，遵循总统与你之间达成一致的全面合作政策，我们一直使美国当局充分了解我们的状况和进展。

今天，我获悉美国有关当局接到命令，限制有关该问题的情报交换，所适用的原则是，只有情报接受方能够将其在这场战争中加以利用，他们才全面交换有关新式武器和装备的设计、制造方面的情报。这一原则看上

---

① PREM 3/139/8A, Minute from Sir John Anderson to Prime Minister, 11 January, 1943.

去正在被解释为，不向我们提供管合金绝大部分领域的情报。同时，在那些我们的工作领先于他们工作的工程领域，美国当局明显希望我们继续与他们进行情报交换。

这一事态发展犹如重磅炸弹来袭，令人非常难以容忍。我想，你不妨请罗斯福总统及时介入此事。我敢肯定，以如此方式对待我们不会是他的意思，我建议你可以敦促他做出指示，应在完全互利的基础上推进我们之间的合作。

我已同主计长讨论了此事，他同意与罗斯福总统接洽是迫切需要的。

约翰·安德森

托马斯·罗恩致约翰·安德森的电报①
(1943 年 1 月 18 日)

首相向哈里·霍普金斯先生说了此事②，并得到保证，尽管总统不打算就这个问题发出电报，但他完全知道该如何处置，并且会完全依照我们的意愿。

托马斯·L. 罗恩

约翰·安德森致丘吉尔的备忘录③
(1943 年 1 月 20 日)

1. 自我写了 1 月 11 日的备忘录之后，我收到进一步的情报证实，美国当局已经采取对英国和加拿大严格限制透露有关该问题④情报的政策。我看了科学与研究发展局的科南特的备忘录概要，阐述了"与英方和加拿大方交换情报的一般准则和规定"。他们总体的意图是，在一些最重要的方法上，不做进

---

① PREM 3/139/8A, Lord President's Minute 11 January to Prime Minister, 18 January, 1943. 托马斯·罗恩（Thomas L. Rowan），丘吉尔的私人秘书。——编者注

② 指美方限制与英方的情报交换。——编者注

③ PREM 3/139/8A, For Prime Minister from Lord President, 20 January, 1943.

④ 指研制原子弹。——编者注

一步的情报交换。只有在扩散法上，我们在此方面整体领先于他们，才允许进行事实上的交换，并且只接受制定特别规定的陆军部的控制。

2. 这一政策借口保密的需要，但不禁使人怀疑，现在处于完全控制地位的美国军方希望领先于我们，并且使人感到，目前在从我们早期工作成果中受益的情况下，他们不会由于将我们抛在一边而遭受过多的不利影响。

3. 主计长和我认为事态严重。我们希望你能说服总统纠正此事。如果事情得不到纠正，我们应该考虑对我们的计划和政策做出重大的改变。

丘吉尔致约翰·安德森的电报[1]
（1943 年 1 月 23 日）

我可能正获得最令人满意的个人保证，但认为最好还是不要从这里发出电报指示。

丘吉尔致哈里·霍普金斯的信件[2]
（1943 年 2 月 15 日）

你还记得我们关于非常秘密的事情，我们称之为"管合金"的会谈吗？其间你告诉我，总统一旦回国就会予以纠正。如果有一些有关于此的消息，我将十分感激，因为眼下美国陆军部正要求我们让他们始终了解我们的实验，却完全拒绝提供任何有关他们实验的情报。

温斯顿·S. 丘吉尔

哈里·霍普金斯致丘吉尔[3]
（1943 年 2 月 24 日）

关于你要求我在管合金问题上所做的事，我在这边进行了一些调查。

---

① PREM 3/139/8A, Message from Prime Minister to Lord President, 23 January, 1943.

② PREM 3/139/8A, Prime Minister to Mr. Harry Hopkins, 15 February, 1943.

③ PREM 3/139/8A, From Mr. Harry Hopkins to Prime Minister, 24 February, 1943.

如果安德森能够通过邮袋传送给我一份完整的备忘录，特别是形成主要误解的最初备忘录或者会谈记录或者任何可参考的副本，并说说他所认为的目前主要的误解，那将会十分有帮助。在这里一次不经意的调查中，我发现，我们的人认为并未违反协议，但是我打算彻底予以调查，安德森的备忘录对此会有所帮助。我希望你感觉好些。

丘吉尔致哈里·霍普金斯的两封电报①

（1943 年 2 月 27 日）

电报 1

1. 在我紧接着的下一封电报中，我送交给你一份简要的备忘录，概述了美英在所称的 S－1 或管合金工程方面的关系史。如果你不能获得其中提及的任何文件，请立即让我知道，以便我能通过飞机给你传送副本。

2. 不存在违反协议的问题。迄今为止所进行的所有情报交换的基础是一种完全的相互信任，以及这样一种信念，即认为只有通过全面合作才能最有把握和最快速地完成该工程。去年 8 月我方提出签订正式协议的建议，相比战时实际工作中的合作，1941 年 10 月总统同我接洽之后这一直被认为是理所当然的，则更加关注联合控制和战后安排问题。

3. 我们认为，没人会怀疑，在这一艰难且新颖的工程中，美英科学家和工程人员作为一个联合团队共同奋斗会比任一团队单打独斗更快速和更有效率地获得成功。

4. 当总统和我于 1942 年 6 月在海德公园谈论此事时，我整个的理解是，作为平等的伙伴一切以充分分享成果为基础。我没有会谈记录，但如果总统的记忆与此不一致，我将感到十分惊讶。

5. 我请求你审查情况并回到最初联合展开工作的政策，是基于我这样的信念，即如果两国共同的资源要最有效地加以利用的话，这样做则是必需的。但是我认为，在我紧接着的下一封电报中的备忘录将向你表明，如果我不得不以公道为由来证明我的看法是有道理的，对我来说这么做轻而易举。

---

① PREM 3/139/8A, Prime Minister to Mr. Harry Hopkins, 27 February, 1943.

6. 我必须要你就美方在此问题上的政策很快地给我一个确切的结论，因为有关这里的和加拿大的我方项目的紧急决定取决于我们之间的全面合作恢复到何种程度。

温斯顿·S. 丘吉尔

电报 2

以下是概述美英在所称的 S-1 或管合金工程方面关系史的备忘录。

1938 年 12 月在德国发现 U_{235} 的裂变之后，法国、美国和英国继续进行着有关利用这种现象作为一种动力产生装置的能量源和作为一种军事爆炸物的可能性研究。

从 1940 年中开始，美国的工作被置于国防研究委员会的 S-1 委员会的管理之下，在英国则处于飞机生产部的莫德委员会的管理之下，而情报以书面文件和口头的形式自由地进行交换。

国防研究委员会的班布里奇[①]和劳里森出席了 1941 年 4 月和 7 月莫德委员会的会议，这两次会议对英方的工作进行了全面的评估。

在日期为 1941 年 10 月 11 日的一封信中，罗斯福总统向首相建议，"为了使所有最大的努力得以协调甚至得以共同进行"，他们应当进行通信或者商谈。

1941 年 12 月，首相答复称，"无须我向您保证，我们愿意在此问题上同美国政府进行合作"。

与此同时，英方的工作进行了重组，并在直接对枢密院大臣负责的"管合金局主管"的领导之下得到了大大的拓展。在美国，也进行了类似的重组。

1941 年 11 月，佩格拉姆教授和尤里教授访问了英国。他们被允许自由出入我们所有的实验室，以便他们能够详细研究我们的工作和新的组织机构。

全面的情报交换也在以书面的形式进行（12 月 23 日布什博士致 J. 安德森爵士的信，1 月 20 日布鲁克先生致霍夫德先生的信，3 月 23 日 J. 安德

[①] 肯尼思·班布里奇（Kenneth Bainbridge），美国哈佛大学物理学家，后参与曼哈顿工程。——编者注

森爵士致布什博士的信，以及 4 月 20 日布什博士致 J. 安德森爵士的信）。

在双方看来，所有这些交流就是要在工程的所有领域进行全面的合作。

当 1942 年 2～6 月英国管合金局主管埃克斯先生在西蒙教授、哈尔班教授和派尔斯教授的陪同下访问美国的时候，这一政策得到了充分的确认。他们提供了有关我们所有进展和计划的全面且详细的情报，并能够与美方的科学家以双方完全坦承的形式讨论工程的所有方面。

1942 年 6 月，总统和首相在海德公园一般性地讨论了这个问题，并且首相清晰地记得，会谈的全部基础是全面合作和分享成果。

1942 年 6～10 月，布什博士和枢密院大臣之间通信往来的目的在于，为了联合国家的最大利益，找到最有效利用两国联合工业和科学资源的方式，完成管合金工程。

枢密院大臣提出，通过共同致力于在北美建造工厂，可以最好地实现这个目标。

在北美而不是在英国建造工厂的建议，不是由于英国方面存在任何技术上的无能，而是基于战略上的考虑认为这是最佳的方案，对共同的战争努力造成的干扰最小。

在此通信的过程中，没有迹象显示布什博士考虑要对技术情报交换进行任何限制。字里行间表明当时双方的目的依然是，找寻最佳的方式推动共同合作的事业。

在此通信的同时，枢密院大臣和布什博士之间的信件往来显示，前者强调他相信最紧密的合作和技术情报交换是必要的，为了共同开展工程以及战时和战后的联合管制，应由两国政府间达成的协议加以保障。

在布什博士的邀请下，1942 年 11 月至 1943 年 1 月埃克斯先生访问了美国，并将我们最近取得的成果告知了他，讨论了关联两国项目的问题。

在被告知美国陆军当时已负责除实验室研究之外的所有工作并且单方面出于保密需要而打算限制情报交换之后，1943 年 1 月 7 日，埃克斯先生最终收到了科南特博士的一份关于与英方和加拿大方在 S-1 方面交换情报的备忘录。

据说，这份备忘录出自这样的基本原则，"有关新式武器和装备的设计、制造方面的情报交换，只在情报接受方能够将其在这场战争中加以利用的程度上进行"。

根据美英当时各自规划的项目，备忘录详细阐述了将这一原则应用于 S-

1 工程全部领域的合乎逻辑的后果。它严格限制技术情报交换，完全摧毁了"协调甚至共同进行两国间的努力"这一最初的构想。

科南特致布什的备忘录[1]

（1943 年 3 月 25 日）

关于总统和首相在 S - 1 问题上通信的一些想法

在我看来，至关重要的是确保总统理解基本的问题。问题是，英方代表是否应全面获得我们正在建造的生产工厂的设计和建设方案，以及完全了解它们的运行。我相信，英方没有打算将提供给他们的这种知识用于他们自己工厂的建造和运行，因为他们承认不打算在这场战争期间建造这样的工厂。允许这样了解我们在生产层面的设计和运行，只能增添敌人知晓这些秘密的风险，既不能有助于战争努力，也不会使两国共同的资源得到更有效的利用。

从美国安全的角度出发，这些工厂的设计、建造和运行的知识是一项军事机密，如果该工程的发展可能性得以实现，那会是完全不同于世上见过的任何东西。因此，将这方面的知识交给一个盟国，而该盟国却不能在这场战争中直接由此受益，似乎会引起一个至少好比将要塞或战略港口的控制权转交他人之手的国家政策层面的问题。我理解，不是你或我或军事政策委员会在此问题上做判断，但务必以书面的形式确保美国总统了解这些决定所涉及的意义是我们的责任。

我从他们报告中所引用的两处内容明显可以看出，英国人自己不是没有意识到这些意义。来自莫德技术委员会 1941 年 6 月 23 日的一份报告草稿，蒙一名该委员会成员的好意提供给我们，我引述到"……了解我们应在多大程度上依靠美国的帮助正变得重要起来。将工厂建在加拿大或美国有着明显的优势。在这个国家建造如此大型的工厂，必然会在某种程度上干扰其他方面的战争努力；另一方面，工厂建在这里，我们将可以完全控制很可能被证明是一件重要武器的东西……"

总统应当认识到两国工业形势的差别。在英国，帝国化学工业公司

---

① Memorandum from Conant to Bush, March 25, 1943, *Bush-Conant Files*, Roll 2, Folder 10.

（化学托拉斯）非常接近一家垄断企业，政府所做的任何这种性质的化学工作都必须由这家公司承担。因此，即使英国人和英帝国拥有政府控制下的专利权，这个国家也肯定会通过英国人了解这种材料的制造和使用，特别是我们称之为动力装置方法的操作，来开发获利。我再引述一份来自英方的文件，即 1941 年 7 月 15 日正式交给我们的莫德委员会报告。附录 1："核能作为一种动力源——帝国化学工业公司的解释……（1）一些国家正对利用核能生产动力进行研究。如果这个问题得到解决，将带来一种新的动力源，从而影响整个世界的工业分布，因为相比煤炭、石油或电力，这种能量来源会非常易于输送。在这项研究工作领域，联合王国积极参与其中是十分重要的，这样英帝国不至于因疏忽而被排除在未来的发展之外。"

相比英国，在这个国家有许多具有强大竞争力的化学公司，公共舆论主张向它们全都发放许可证，以商业的形式对这些问题进行开发。此外，三家大公司在不同的阶段已参与到这一进程之中。尽管事实是在美国通过保持对这些问题的了解美国的企业可能整体上会获益，但没有一家公司能够像帝国化学工业公司在英国那样获利。至少从我的角度看，美国工业企业可能从中获益是一个非常小的考虑因素。主要的考虑因素是国家的安全和战后的战略意义。还应当指出的是，在进行这项美国事业的决策时，没有关注过工业企业方面的关系。甚至在技术层面，唯一来自企业的人员是新泽西美孚石油公司的默弗里博士①，他的公司无法从美国人的权利中获益。在政策层面和在同英方的会谈中，相关的美方人员都没有工业企业方面的关系，没理由特殊照顾美国的工业企业。另一方面，过去 8 个月在此处的两名英国代表都身处帝国化学工业公司理事会的高位，我们能够推断他俩在英国决定政策方面拥有重要的发言权。事实上，在我看来，如果由堪比你这样的英国科学家负责会谈，并且这些英国科学家像你在美国一样在英国的决策方面拥有相同的发言权，那么就绝不会引起这整个的争议。

我认为，参考特定的文件 C. C. W. D., Feb 27, 1943, 1744Z 和 C. C. W. D., Feb 27, 1943, 1807Z，英美关系的历史是基本准确的。对于首相签署的第一份文件的第 4 段，我应表示不同的看法，而且我认为这一点是重要的。除了一两个领域之外，美方的开发已进展得如此之远，以至于我们将英国的科学家和技术人员纳入其中，也不会有多大的助益。在这一两个领域，我们乐

---

① 伊格·默弗里（Eger V. Murphree），美孚石油公司的副总裁、化学家。——编者注

意做出这样的安排，但英方提出异议的不是这些安排，而是我们不愿意透露我们设计、建造和生产的细节。

我认为，贯穿与英方会谈和情报交换始终的是一个基本的设想，即我们都打算积极地继续进行这项工作。我非常怀疑，如果在某些阶段我们说我们打算放弃所有的科学工作，英方是否仍会愿意向我们传递情报。我相信，他们会说得很好，由于你们现在不能利用这方面的情报，为什么还冒着风险继续散发它们。我们现在已经在这些方法上达到了开发阶段，下一阶段——即生产，会呈现给我们一种类似的形势。因此，合作的基本设想已不复存在。在目前的工程阶段，英方无法开展不一致的工作，即所提到的材料生产。这是一个基本的事实，摧毁了有关公道的说法。

至于有关共同有效使用美英科学家的说法，我要指出，我们向埃克斯先生和麦肯齐主席提出的建议提供了这样最大限度的使用。如果英方接受我们的条件，在加拿大的团队可以在生产的一个领域加以使用，并且我们已经表示愿意交换有关扩散法的情报，若是他们继续建造一座实验工厂。

至于炸弹的制造，我的看法是，查德威克教授以及一两位其他英国人前来美国加入奥本海默博士的工作，将最有益于整个战争的努力，条件是他们要服从与美国团队一样的行动和保密方面的限制。我建议，军事政策委员会应授权这样的正式邀请，这只不过是对已发出的查德威克博士来美参与一系列会议的邀请加以扩展而已。事实上，已同埃克斯先生正式讨论过基于我刚刚提到的邀请查德威克博士前来的建议，但遗憾的是，遭到了拒绝。然而，发出这种确切邀请的决定应得到总统的授权，同时他应认识到，如果英国人在此工作阶段加入我们，他们将获得有关这种新式武器极其秘密和重要方面的知识。这可能等同于永远联合占领一座要塞或战略港口，而不是转让完全的控制权。

冒着放肆的风险，我斗胆提出一种可能的总统给首相的答复：

这种新式武器，如果取得成功，很可能证明在这场战争中是具有决定意义的。我们军方认为，不能冒任何风险泄露其制造的知识细节。从国家安全和共同战争努力的角度，我们不愿意向美国或英国的任何人提供有关我们生产工厂设计、建造和运行的情报，除非那个人能够现在将这一情报用于推进战争努力。只要贵国政府现在能够加以利用，你所提到的情报交换之事自不用说。所有会谈的基本设想是两国持续的合作，这意味着大西洋两岸在每一个阶段都要不中断地从事工作。但目前你们不能沿着美国正推进的四种方法路线继续从事生产。因此，从安全的角度看，合作只应在那些你们与我们并行开展的工作领域继续进行。如果你们在加拿大的团队像最近向麦肯齐主席所建议的那样同美国人合作承担某些科学开发问题，料想可以实现对英国科学家的充分利用。

在超级炸弹的最后阶段和开发方面，美国可以利用查德威克教授以及一两位其他核物理学家的工作。军事安全要求这种努力应在被隔离的状态下进行，限制接触访客和限制通信。希望你愿意派遣这些人员加入美方的团队，从事可能持续数年的这项工作。当然，不用说的是，在决定战略上和战术上使用该武器方面，美国和英国将通过特定的军事渠道进行合作。

詹姆斯·B. 科南特

布什致哈里·霍普金斯的备忘录①
（1943 年 3 月 31 日）

3 月 24 日，总统交给我随附的关于与英方交换 S-1 情报的文件，并指示我起草一份答复，无疑所建议的材料是为了给你一个答复，因为所附的电报标明要你关注。

不再有违反协议的任何断言。因此，英方的异议要么是针对已采取的政策，要么是针对政策实施的方式。关于这个问题，我再次同军事政策委员会，以及简要地同史汀生部长，交换了意见。我们谁都未发现，目前的政策，在马歇尔将军、史汀生部长和华莱士副总统仔细审阅和同意之后，又经总统批准，无论如何是不合理的，或者在这件事上到了阻碍战争努力的程度。我们也未能发现，目前政策的实施是不明智的。因此我认为，在可能提出任何修改意见之前，有必要更明确地确定为什么英方提出异议。

---

① Memorandum from V. Bush to Mr. Harry Hopkins, March 31, 1943, *Bush-Conant Files*, Roll 2, Folder 10.

就如 C. C. W. D., 1744Z 文件最后一段指出的那样，确实应该迅速地解决这个问题。然而，目前英方不愿意进行某些科学情报的交换，我们已对他们发出了邀请，仅仅意味着我们的科学家一时未能在不断进行的研究中获得与他们合作的好处。这远不如对这一具有独特意义问题的明确认识来得重要。因而，我将评论政策及它的实施，并且我建议你要求英方提出明确的批评意见。

所采取的政策是，无论是在这个国家还是在英国，只要有人需要它且能够现在加以利用从而推进战争努力，就将有关这个问题的情报提供给他，但是，出于安全考虑，所交换的情报将被限于这个明确的目的。

在这样一种政策上，没有什么新的或不同寻常的方面。它被普遍适用于这个国家和其他地方的军事事务。超越它则意味着将秘密军事事务的情报提供给个人，他们希望得到情报，要么是为了一般的兴趣，要么是为了将其用在非军事或战后的事务方面。这样做将降低安全性，却无助于战争努力。

这一原则的应用绝非单方面的。例如，在实施这种政策的情况下，我们自己的海军研究实验室也将受到获得充分完整情报的限制。这样做得到了海军当局的同意，尽管事实上海军研究实验室想获得完整的情报。像从事该问题研究的其他实验室一样，该实验室获得了全部对其正在推进项目的全速发展有必要的技术情报。再往前走则会降低安全性，而这个问题上的安全是重要的。在这方面，不应忘记海军研究实验室在总统任命的一个特别委员会的指导下，很早就从事该研究的多个方面，实际上我相信与任何地方的任何团队一样早。当国防研究委员会成立时，该特别委员会被重组置于前者之下。

相同的政策在科学研究与发展局的整个机构中得到执行。原则是任何个人都禁止获得秘密情报，除非对他履行其指定的职责而言是必需的。英国人自己也使用该原则，他们偶尔要求我们对他们提供给我们的情报施以特殊的限制，超出了现行的做法，特别是涉及秘密的问题时。

因此，我很难相信，目前英方的异议是针对该政策的。但是，C. C. W. D., 1807Z 文件最后两段与此十分相关。其一陈述了该原则，其二指出了执行是符合该原则逻辑的结果。接着继续说道，这"摧毁了'协调甚至共同进行两国间的努力'这一最初的构想"。如果执行是符合逻辑的，那么异议必然是针对原则本身的。然而，超越该原则涉及将情报提供给这些人，他们不是为了最好地进行战争努力，而是为了其他目的，比如战后商业利益。

我不得不由此得出结论，英方异议的出现是由于我们禁止提供他们认为可能对他们战后形势具有价值的情报。如果这真的是他们的立场，那么想必应该适当地考虑两国之间整个的战后关系。应根据两国关系带来的好处进行考虑，并从适当的角度看待其他关系。为此目的传送这方面的情报，将涉及我们向英国提供这个国家因付出极大成本和努力而获得的情报，并且尽管我们为了推进我们共同战争努力的目的无限制地传送情报，但我们几乎难以放弃将我们开发的成果作为战后规划的一部分，除非建立在在这方面达成某种全面协议的基础之上，可目前不存在协议。安全开发一种潜在重要武器的恰当做法，不应当仅因为一个事件而做出改变，以产生这种进一步的结果。在这方面，我请你关注所附的科南特博士的备忘录。

因此，为了在适当的时机考虑与战后广泛关系相关的问题，我的建议是，对所附电报的答复应尝试将问题集中在这一点上，如果确是如此，因为我倾向于认为，英国人主要想的就是这一点。

我相信，除此之外的原则的具体执行不是英国人首要关注的问题。但是，最好简单回顾它们一下。因为它们与政策相一致，在英方团队和美方团队的适用上不加区别，我相信它们是合理的，并且在适当考虑安全的情况下与取得的最佳进展相适应。

从一开始，两个国家中各处致力于同一问题研究的科学团队就存在全面的科学情报交换。建议这方面的交换应继续下去。最近未能做到这一点，完全是由于英方拒绝这样的合作，而他们反对的政策是他们所持的。

这样，在芝加哥有一个团队从事项目的一个领域，而在加拿大正在组建一个从事相同领域的团队。我们建议，这两个团队之间在科学研究方面进行全面的科学情报交换，而不是在我们独自准备开展的生产流程的细节方面。同样，在扩散法的科学研究方面有不止一个团队，我们建议在类似的基础上继续交换情报。

另一方面，我们在加利福尼亚长期致力于电磁法，而英国人未沿着这些路线开展工作。我们不必向他们提供有关这方面科学成果的情报。我认为，他们不会反对。因为他们不可能利用这样的情报，而在这方面我们的科学团队完全是足够的，目前以战争努力的其他科学领域为代价，包含了尽可能多的应致力于该领域的科学人员。

我们很快就会建议在一处隔绝的地方组建一支特别的科学团队，从事一些与实际炸弹制造相关的工作。千方百计不让敌人知道这一点是至关重要的。但要在该领域确保足够的秘密是极其困难的，因为在这方面的工作被纳入管控之前，一般性的背景知识已被各类科学家所了解。因此，我们建议通过特别的措施将该科学团队与外界隔离开来，包括与大部分我们自己的科学家和英国的科学家。但是，我们非常愿意邀请一两位英国科学家加入该团队，并且如此指明，只要他们本人遵守与我们所邀请的美国科学家一样严格的管理；时间可能会是数年。

我们现在正在建造生产工厂。在实现常规生产过程中所积累的情报将是广泛的，许多的发明将导致向美国政府提出专利申请。我们信任的美国公司正在处理这个问题。我们不建议让所有的团队都了解这些生产计划，无论是英方的还是美方的，除非为了保持全速发展而完全有必要扩展情报接收的范围。英国的商业利益集团想获得这些计划以及工厂运行的报告。毫无疑问，依据合同不一定要将它们在这方面的任何发明的专利权让与美国政府的各种美国公司也是如此。

最后，存在一个军事使用的问题。一段时间内，这不会成为问题。如果这场战争不会长久持续，如果不存在这种方法被用来针对我们从而造成灾难性后果的危险，那么这可能永远不是问题。但当问题到来时，无疑应建立特殊的军事渠道去恰当地考虑战略、战术和使用的问题。我确信，英国人的头脑中不会关注这一点。

总之，我的建议是，在做最后的答复之前，你再次简要地说明情况，并询问目前确切的异议究竟在哪些方面。

约翰·安德森致丘吉尔的电报[①]
（1943 年 5 月 13 日）

我刚收到最令人不安的消息，美国对铀和重水的供应实施了全面的控制。我认为，在进行有关管合金问题的谈判之前，你知道这一消息是至关重要的。因此，我已将整个情况告诉了马尔科姆·麦克唐纳[②]，不管怎样他明晚将飞回加拿大。他应在周六抵达渥太华，并准备好在接到你的命令时

---

① PREM 3/139/8A, Lord President to Prime Minister, 13 May, 1943.
② 马尔科姆·麦克唐纳（Malcolm MacDonald），英国前首相麦克唐纳之子，英国驻加拿大高级专员。——编者注

前往华盛顿加入你们。

布什关于与哈里·霍普金斯和彻韦尔勋爵
白宫会谈的备忘录①
（1943 年 5 月 25 日）

霍普金斯先生打电话告诉我，首相已经正式提到了有关交换 S‑1 情报的问题，并要我在他的办公室与彻韦尔勋爵进行会谈，看看是否有可能意见一致。

在对 S‑1 问题进行回顾之后，并且为了核查以确定我对陆军部关于该问题一个方面的看法判断是否正确，我拜访了斯泰尔将军和邦迪先生。我向斯泰尔将军询问了参谋部处理这个问题的方式。然而，我向这些人提及的这一点没有出现在之后的会谈中。

3 点 30 分，我见到了霍普金斯先生和彻韦尔勋爵。彻韦尔勋爵要我说明我们改变交换 S‑1 情报政策的原因。在答复时，我从体制的角度回顾了整个问题，从布里格斯委员会开始，经历了国防研究委员会的管理，军方的接管，军事政策委员会以及由副总统和其他人组成的政策小组的出现。之后，我概述了这些工作班子批准目前政策的过程，指明当事情进入陆军负责的生产阶段时，需要一项新的政策，因为之前科学研究与发展局只能从科学的角度来做这件事。接着，我概述了所采取的原则，并简要介绍了原则的应用。然后我问彻韦尔勋爵，他是不同意原则本身还是不同意原则的应用。他称，他不同意的是原则本身。

于是，我们进行了相当多的讨论，其间我粗略地指出，这是一项普遍得到应用的原则。另外，我明确指出，情报被限制只提供给在这场战争中能够加以利用的那些人的原因是出于安全目的。我明确表示，该原则正不偏不倚地被加以应用，像海军研究实验室这样的一些部门希望获得更多情报，但未被提供，因为它们不可能在这场战争中加以利用。

当我坚称按照目前的计划英方不可能为了这场战争的目的而利用生产方法的情报时，彻韦尔勋爵同意，就目前计划的执行而言，情况确实如此。

---

①　Memorandum of Conference with Mr. Harry Hopkins and Lord Cherwell at White House by V. Bush, May 25, 1943, *Bush-Conant Files*, Roll 2, Folder 10.

但是他表示，除非向英方提供这种生产情报，否则他们可能被迫改变计划着手自己生产，这样不利于战争努力的平衡。我逼问他，他们是否希望以这种方式在这场战争中获得有用的成果，他没有坚称他们可能会这样。问题最终涉及这一点，他相当坦率地承认，他们希望此时得到这方面的情报，是为了战后他们届时能够自己制造和生产这种武器，战争期间他们在这种武器方面有赖于我们，但准备在战后使自己有能力迅速开展这项工作。他否认商业方面的动机。他认为，需要 5～10 年时间才能实现商业上的利用，如果经研究显示出了商业用途，英方可以无困难地进入该问题领域。显而易见，霍普金斯重申和强调，英方希望获得情报的原因是，在这场战争结束后的很短时期内，他们能够很快而不经相当长的时间间隔就自己开发这种武器。

事情已非常明确地被归结为这一点，我持的看法是——霍普金斯先生同意我的看法，出于战后的军事原因向英方提供情报是一个需要根据问题本身的优缺点去处理的问题，从长远的角度看，这个问题与整个的国际关系大问题密切相关。彻韦尔勋爵表示存在一种关联性，因为除非现在能够确保英方为上述目的获得这方面的情报，否则他们可能不得不为了获得它而分散他们的一些战争努力。他指出，他不想说他们要这样做，这取决于首相，但是他们可能会觉得，为了战后不久他们的地位得到充分保障，他们会被迫这样做。当然，他澄清他所说的保障不是针对美国，而是针对届时可能得到大力发展的其他一些国家。霍普金斯先生说，除非将问题纳入条约之中，否则后续政府不能够承诺履行上一届政府所做的一些事情。

最后，霍普金斯先生指出，现在他第一次对问题有了非常明确的看法，他确切了解了问题的症结所在。显然他打算与总统谈谈，尽管他没有这样说。我问他，鉴于问题的新角度，他是否希望我在此时无论如何与华莱士先生或史汀生先生讨论一下。我这样问是打算非常明确地提醒他，在上报总统之前，他们应已做出决定。他表示，他不希望我采取任何下一步的行动，他认为目前我不应同两人中的任何一人提及此事，我告诉他，我会静候指示，不采取任何行动，直到我接到他有关于此的进一步消息。

除了他所说的之外，我对霍普金斯先生态度的印象是，他感到英国人正要求获得他们没有丝毫根据想要得到的东西；另外，我的印象是，他感觉彻韦尔关于他们不得不分散一些他们战争努力的说法是一种虚张声势，他们不会这样做。但是，我是从观察他而不是从他的任何确切表示中得到这种印象的。

在讨论限制政策——即安全实施原因的时候，我顺带告诉彻韦尔勋爵，如果我们打算将生产情报全面无限制地提供给英方，那么我们难以用充分的理由拒绝一家美国公司将类似的情报传递给另一家美国公司，目前我们使每一家公司仅限于它的固有领域，而禁止传递超出其实际运转所需的情报，并且我们认为，从安全的角度看，比起在美国公司中传递情报更不受限制的做法是不可取的。他表示，如果我们提供生产情报，自然是提供给英国政府，而我表示，我自然会认为，英国政府为了有效利用情报，会立刻与诸如帝国化学工业公司这样的一些公司合作，对此他没有辩驳。

V. 布什

丘吉尔致约翰·安德森的电报[1]
（1943 年 5 月 26 日）

总统同意应恢复进行管合金情报的交换，这项事业应被看作一项共同的事业，两国都将为此贡献出他们最大的努力。我认为他的裁决是基于这样的事实，即这种武器很可能会被及时开发出来用于目前的战争，它属于涉及交换研究和发明秘密的总体协议的范畴。

这一情况会告知给彻韦尔勋爵。

布什关于与罗斯福总统会谈的备忘录[2]
（1943 年 6 月 24 日）

今天，总统打电话邀我共进午餐，主要谈论的是有关 S-1 的问题，部分讨论了反潜作战和其他的事情。我解释了我就反潜作战访问英国的原因。

他问我，事情进展得如何，我告诉他，我们正非常积极地向前迈进，并且是按照计划进行。我对他解释道，我们仍然正同时着手研究三种主要

---

①　PREM 3/139/8A, Prime Minister to Lord President, 26 May, 1943.

②　Memorandum of Conference with the President, June 24, 1943, *Bush-Conant Files*, Roll 2, Folder 10.

方法以及一两个辅助的事项。我告诉他，我们期待在 9 月份会获得一个基础去好好地评估我们所处的开发程度，届时我们可能会发现将赌注押在两种方法而不是三种方法上是可能的，但是就目前的情况而言，我们认为，除了不放松每一种方法的可能性之外，做其他任何事都不是明智之举，他点头表示同意。他问我时间表的安排问题，我基于今天上午政策委员会的讨论向他做了一个相当仔细的陈述。这个中心点位于 1945 年 1 月 1 日，概率随着时间在任一方向上的变化而发生变化，早日实现最终结果的这种说法自然是实现一种相当孤立的结果，而非实现一种频繁可重复的系列结果。在给出这种估计时，我严格遵照的是最近科南特向我做出的估计，今早格罗夫斯将军似乎对此表示同意，当然也伴随着在一个未开发领域进行冒险的危险性。他接着问我，敌人处于怎样的情况。我告诉他，我们几乎完全缺乏准确的情报。我还向他指出了德国人的目标和目前正在进行的工作。我明确表示，德国人在我们之前就已严肃地进行这方面的工作了，所以他们可能领先于我们，我再次在今早的会议之后以概率比的形式表达了这种可能性。然后，他自己谈了如果敌人认为他们取得了如此进展，他们的心态会是什么样的，并且他倾向于保持防御姿态，直到最终能够造出这种武器。我们接着简要谈到了对日本或对日本舰队使用这种武器的可能性，我提出，或者我试着提出，因为在这一点上我不认为我真正成功地全面了解这个想法，如果我们考虑对日本而不是对德国使用这种武器，那么我们对该计划的看法或者我们的重视程度将会发生改变。

之后，他提到了在华盛顿州的选址问题，关于提到的这一方面，他认为迄今几乎没有消息泄露，但建造这一大规模的工厂可能会造成消息泄露。我向他解释了为什么我们一定要为了隔绝、电力、水等缘故在那里建一座工厂，而对于一个合适的选址正在被使用，他明显感到非常的满意。然而，关于泄露问题，他告诉我，前些天提出了一个计划，我判断是在内阁会议上，麦克纳特①先生说，"他知道有关于此的所有事情，这是一件非常秘密的事"。我告诉总统，大概那就是麦克纳特先生全部的所知——这是一件非常秘密的事，对他和其他每一个人一样是秘密的，我们为此都笑了。但是，他明显对严格保密的问题印象深刻，我告诉他，我认为是时候由他召集一个精选的小组，告诉他们足够的情况，以寻求他们的合作去阻止谈论这件

---

① 保罗·V. 麦克纳特（Paul V. McNutt），时任美国联邦安全署（Federal Security Agency）署长、战时人力委员会主席。——编者注

事了。我只是非常笼统地提出这件事，并且是在他实际上对同样的事情做出暗示的时候，因为他问我是否可以传播一些编造的故事，并称如果我们召集一个合适的小组并给他们讲一个故事，说这是一家固氮工厂或者类似的工厂，可能能把想法带向错误的方向。我告诉他，编造这样的故事的麻烦在于，有时这些人会要我们生产大量的肥料，我们应照例相当灵巧地对待整个事情。但是，就在那个时候，我称我认为向一个合适的小组讲述足够的真实故事以便提供了解这件事的背景可能是合适的，而他似乎认为可以掺杂一些编造的故事在其中，并问我是否能想到一个合适的。

他询问我有关材料控制的问题。我非常粗略地向他陈述了总体的矿石形势，以及像在提炼矿石等方面我们与加拿大总体关系这样的事情。

我向他指出，我们有两三位关键性的科学人士，他们正领导着有关这件事的重要团队，我想让他在给每一位人士的信上签名，并且告诉他，他正在做一件重要的事情，他表示这非常好。

然而，最重要的时刻是他问我现在与英国人的关系如何的时候。我问他，哈里·霍普金斯是否向他汇报了我们与彻韦尔勋爵的会谈，他告诉我，他还没有。于是，我告诉他，我们与彻韦尔进行了一次最不同寻常的谈话，让我完全惊讶于英方的观点，如会谈刚刚结束之后我在一份备忘录中所记录下的那样，我描述了这次会谈的实质性内容。我告诉总统，与彻韦尔会谈后不久，我仔细记录下了谈话的内容，并将其归入我的文件之中，而他说"我很高兴你这样做"或类似的话。当我提到彻韦尔将整个事情置于战后军事的基础之上时，总统同意这是令人吃惊的。我说，我难以想象在此基础上讨要东西，除非这成为交易的一部分，我认为我们最好在同英国关系的问题上坚持立场，因为我们的项目不会因缺乏情报交换而处于不利地位，英国人实际上已放弃了他们在这个问题上的努力，总统则大力地点了点头，没有要求我在这方面做任何更多的事情。在谈话中，话题数次回到英方立场这个问题，而每一次总统看上去都对他们采取这样的观点而感到意外。比如在一个问题上，他认为彻韦尔是一个头脑十分古怪的家伙。在我离开他的办公室时，他提到的最后一句话仍是英方立场的不同寻常性，我建议他让哈里·霍普金斯告诉他与彻韦尔会谈的情况。从这次谈话很明显可以看出，总统不打算在这件事上进一步发展同英方的关系，因为我怀疑自他上次见过我之后他是否真的想过这件事，而他甚至没有从霍普金斯那里获知详情这件事肯定是意味深长的。另外，很明显的是，除了照原样行事之外，我没有得到指示去做任何事。

我们多少简短地讨论了整个事情的战后方面，总统称，他认为阻止商业利益可能是必要的，我从中理解他的意思是，由于各种危险，必须将所有的应用置于政府的控制之下。关于这一点，我告诉他，我正遵照他的指示，尽可能将专利权完全控制在我的手中，工业企业和高等院校在此方面慷慨地予以配合，将项目过程中取得的发明完全授予政府，很少有格格不入者或抗拒者。我向他指出，存在一两个格格不入者握有专利权的案例，为了清除可能的威胁，我觉得应当加以购买，但我认为为此不应花费超过10万美元，而为了使专利权状况得以完善，我应当继续努力下去。他没有说"继续下去"，也没有提出任何相反的说法，而是点头，于是我们继续讨论问题的其他方面。由此我判断，对我而言，如果事情如此发展，以至于在合理的范围内购买重要的专利权是可能的，这将符合他对恰当做法的总体意见。

就可能的行动而言，会谈的结果似乎如下：当我在英国时，没有任何要为总统办的差事，关于同英方的关系问题，我没有接到指示去采取任何行动。总统正期待我们沿着9月的路线给出某种总结。他显然非常愿意在给一些挑选出来的科学家的信上签名。他明显支持性地看待就保密问题得到某些群体的支持，并十分关注保密的问题，特别是他愿意看到杜撰出一个精心编造的故事。

V. 布什

丘吉尔致罗斯福的电报①
(1943 年 7 月 9 日)

自哈里 6 月 17 日的电报之后，我一直在焦急地等待着有关管合金问题的进一步消息。我的专家处于待命之中，而我感到越来越难以对这种延迟做出解释。如果出现了什么困难，我恳请你让我立刻知道，也许我们能够帮助解决。

---

① PREM 3/139/8A, Former Naval Person to President Roosevelt, 9 July, 1943.

丘吉尔致约翰·安德森和彻韦尔勋爵的备忘录①

（1943 年 7 月 18 日）

1. 在布什的建议下，昨晚我与史汀生先生在适宜的环境下进行了一次长谈。他十分坦承和友好，指出他已从国会获得了 5 亿美元资金用于管合金的生产，同时拒绝向国会议员就用途提供任何解释。这是战时总统在军事事务方面的权利所包括的。然而，管合金存在商业性的一面，由于开发速度缓慢，这可能是最重要的。分享商业成果会有种种困难。他自称他本人并不了解具体的情况，但是他多次重复称，他宁愿发生其他任何事情，也不愿意我们之间出现缺乏诚意的情形。

2. 总统没有告诉他任何我们会谈的事，得知我认为我们受到了不公正的对待，他感到很不安。他指出，我们这边有身居高位的人信誓旦旦地称，我们在此事上的关注点在于商业和战后。我难以想象怎么会是这样。我向他解释道，我们的立场正好相反。我们将我们的需求完全建立在所许下的诺言以及这是一个能发挥巨大作用的战时秘密的基础上。此外，这不是一个应由单个国家所掌控的秘密。他看上去很友好且乐于接受。

3. 关于商业方面，我告诉他，如果他们花了全部这笔钱，做了所有的工作，而战争中不需要，那么他们自然会有优势。然而，如果存在一种新的动力源，一旦世界变得安全了，肯定必须要同其他国家广泛分享。

4. 由于这次会谈，我心中有了一个想法，我们应告诉他们，只要我们战时的权利得到完全的尊重，战后他们可以如同他们拥有专利权一样对任何商业应用征收使用费，而不致遭到我们的反对。

5. 史汀生先生要去英格兰西部，在周二、周三或周四之前不可能返回，周末他将离开前往北美。他同意，我们应再会谈一次。看上去周四是最佳的日子。他将带着布什博士和另一个人，我忘了后者的名字，我将带上枢密院大臣和主计长。我要他听听我们的情况，以便当总统向他问话时，他能够对我们的情况有充分了解。我明确提到，我有总统关于战时方面的说法。

温斯顿·S. 丘吉尔

---

① PREM 3/139/8A, From Prime Minister to Lord President of the Council and Paymaster-General, July 18, 1943.

罗斯福致布什的信件①

（1943 年 7 月 20 日）

亲爱的万：

当首相在这里的时候，我们讨论了关于管合金情报交换的整个问题，包括建造方面的项目。

虽然我关注到这方面安全的至关重要性，但我与英国人达成的谅解包括全面交换所有的情报。

因此，我希望你以包括一切的方式，重新开始与英国政府全面交换关于管合金的情报。

谨致问候

富兰克林·D. 罗斯福

邦迪关于 1943 年 7 月 22 日英国首相府会谈的备忘录②

英方出席人员：首相　　　　　　　　美方出席人员：陆军部长

约翰·安德森爵士　　　　　　　　万尼瓦尔·布什博士

彻韦尔勋爵　　　　　　　　　　　H. H. 邦迪

首相打开了关于 S-1 情报交换的话题，并指出总统数次与他达成一致意见——这件事应作为一项共同的事业，这些一致意见没有落在书面上，但在 1942 年 6 月口头表示过，在卡萨布兰卡和美国又再次提到过。因此，当英方于 1943 年 6 月 7 日接到科南特博士的一份关于严格限制情报交换的备忘录时，他们非常担心。看上去这大约发生在陆军部接管美国工程的时候。为了贯彻首相认为的与总统达成的一致意见，英方敦促重新审查这个问题，但是没有获得令人满意的保证。

首相所持的立场的是，这一特别的事情是如此重要，以至于可能严重

---

① Letter from F. D. Roosevelt to V. Bush, July 20, 1943, *Bush-Conant Files*, Roll 2, Folder 10.

② Memo of Meeting at 10 Downing Street on July 22, 1943, *Harrison-Bundy Files*, Roll 3, File 47.

影响英美的关系；美方声称拥有此事项方面知识的唯一权利，是不能令人满意的。首相进一步指出，英国关注的不是商业领域，而是获得全部的情报，因为对于英国未来的独立以及战时的胜利而言，这都是必需的；绝不能让德国或俄国赢得竞赛的胜利，从而可能被它们用来进行国际敲诈；如果我们不共同合作，俄国可能会实现这种结果。首相进一步表示，在和平会议上，美国绝不会采取对此单独控制的立场，如果美国采取不全面交换情报的立场，英国则有必要立即开始并行的开发，即使这样做是战争期间对力量的最不明智的利用。因此，首相称，他认为重要的是重新审查这个问题，从而带来情报的自由交换。

布什博士表示，美国一直愿意交换科学情报，只是对生产情报交换进行限制，除非有助于情报接受方开展赢得这场战争的任务；这种限制遵从的是战时普遍实行的安全原则。他进一步怀疑，科南特的备忘录是否被作为美方最终的立场送交给了英方；这份备忘录的措辞是否将事情置于一种负面的看法之下；事实上由美方提出的交换准则完全足够最有利于双方赢得这场战争的胜利；战后问题是单独的，全面交换情报的困难在于战后问题，包括政治方面和商业方面的。首相没有重视或强调任何商业利益的打算，而约翰·安德森爵士称，商业方面已经搞乱了问题，大概美方获知了英方强调商业利益的想法，因为他们是将商业上的潜在价值用作真实努力目的的一种掩饰。

接着，史汀生部长从一份备忘录中宣读了他对目前形势的看法：

1. 两国政府拥有一种尚未完成的科学假设方案，他们正致力于此。

2. 两国政府继续致力于这种方案的开发，并打算交换他们各自开发的报告。

3. 美方投入大笔公共资金开始建设，从而使这些方案可以被转变为现实成果。根据谅解，英方可以出于赢得这场战争胜利的共同目的分享这些成果。

4. 现在英方要求美方提交有关建造设计和其他生产经验的报告，以便战争结束和它目前其他建设方面的重负消失之后，英方能够立刻自己准备生产，以应对新的威胁或新的战争的危险。

5. 美方应毫不含糊地同意这一要求吗？除了政治方面的限制之外，应寻求保障措施防止成果的任何利用吗？应按照总统与首相达成的最初协议，拒绝完全不恰当的要求吗？

首相评论称，这是对形势鞭辟入里的分析。然后，首相建议，他赞成他自己与美国总统之间的协议具有以下几点：

1. 为这件事完全是一项共同事业起见而进行自由交换；

2. 每一国政府应同意，不使用该项发明来针对另一方；

3. 每一国政府应同意，在未获得双方都赞成的情况下，不将情报透露给任何其他方；

4. 他们应同意，在未获得双方都赞成的情况下，不针对任何方使用该发明；

5. 关于英国在商业或工业上的利用，鉴于美方大量的额外花费，将以总统认为是公平且公正的方式加以限制。

部长称，对于这些建议，他无法表达美国政府的任何看法，但是愿意将这些提交给美国总统考虑。

休会之后，布什博士和我等候彻韦尔勋爵，而部长正同首相谈论其他事情，我向彻韦尔勋爵指出，总统做出任何严格不属于其战时权力之内的承诺都会有很大的困难，在总统与国会的关系中这种承诺所带来的政治风险，以后可能会严重损害美英之间达成公平协议的任何尝试。

H. H. 邦迪

罗斯福致丘吉尔的电报[①]
（1943 年 7 月 27 日）

我已就管合金问题做出了令人满意的安排。如果眼下你在这个国家没有合适的人，那么你在这一事业方面的头号人物前来与我们的人达成全面的谅解将再好不过了。

富兰克林·D. 罗斯福

科南特致布什的备忘录[②]
（1943 年 7 月 30 日）

最近罗斯福总统的一封信期待着你去做出指示，在"包括一切的基础上"交换有关 S-1 工程的情报。作为军事政策委员会主席的你的副手，这

---

① PREM 3/471, Former the President to the Prime Minister, 27 July, 1943.

② Memorandum from Conant to Bush, July 30, 1943, *Bush-Conant Files*, Roll 2, Folder 10.

封信引起了我的注意。我发送了两封电报，副本都在 C. L. 威尔逊先生手中。在你回来发话之前，我没有采取任何行动。因为我现在听说你下周将在办公室，事情当然应留待你去考虑。

我记录下了你文件中以往备忘录所表达的看法，即与英方全面交换有关 S-1 工程的情报是一种错误。我坚定地认为，美国政府正式做出的提议是最符合战争努力、美国自身和最终世界和平的利益的。我只能表达这种期望，总统不会没有正确理解我们目前正在从事开发的这种武器的潜在价值，以及我们事业遇到的种种困难，而在对美国的未来有着如此重要影响的事情上彻底改变他的决定。

你作为军事政策委员会主席是否应对这一决定表示异议，并再次向总统解释我们秘密工程的全部潜在价值，对我而言，现在提出这种想法是不适宜的。然而，我愿意将我的看法记录在案，重启与英方无保留地交换情报（相比数月前我们限制性的提议），无论如何都无助于战争努力，反而将大大削弱我们美国的安全规定。就赢得这场战争的使命而言，致力于同英方交换有关 S-1 工程的那些情报，无论是时间上还是精力上，都是一种纯粹的浪费。如果你觉得合适，你当然可以在这一点上自由地将我的话引述给那些拥有更高权威的人。

詹姆斯・B. 科南特

美利坚合众国和联合王国当局关于
管合金问题合作的协议条款①

（1943 年 8 月 19 日）

鉴于在此次战争中尽快使管合金工程取得成果对我们的共同安全至关重要；并鉴于如果将一切可用的英国人和美国人的智慧和资源集中起来，

---

① PREM 3/139/10, Articles of Agreement Governing Collaboration between the Authorities of the U. S. A. and the U. K. in the matter of Tube Alloys, 19 August, 1943; *Harrison-Bundy Files*, Roll 3, File 49. 亦称《魁北克协定》。尽管加拿大并不是该协定的签字方，但考虑到其在核研发领域的作用和贡献，英方建议联合政策委员会中应有一名加拿大代表。克拉伦斯・豪为加拿大军需部长。1944 年 11 月迪尔去世之后，由亨利・威尔逊元帅接替；1943 年底卢埃林返回英国之后，由罗纳德・坎贝尔（Ronald I. Campbell）接替，而驻美大使哈利法克斯勋爵于 1945 年初接替了坎贝尔。——编者注

会更快地实现上述目的；并鉴于战争的环境，如在大西洋两岸均大规模地重复建造工厂是对战争资源的浪费性使用，并且因此已使美利坚合众国担负了过多的费用；

我们之间达成如下一致：

第一，我们将永远不利用这种力量来反对对方。

第二，未经彼此同意，我们将不利用它去反对第三方。

第三，除经相互同意外，我们任何一方都不得将有关管合金问题的任何情报交给第三方。

第四，鉴于战争努力的合理分工造成美利坚合众国肩负着生产领域的沉重负担，英国政府认可任何战后工业或商业性质的利益，在美利坚合众国与大不列颠之间均应根据美利坚合众国总统向大不列颠首相所指定的条件处理。除美利坚合众国总统认为公平合理且符合世界经济福祉的之外，首相明确表示放弃在这些工业和商业方面的任何利益。

第五，为确保两国之间全面和有效的合作使工程取得成果，特做出如下安排：

（a）将在华盛顿建立一个联合政策委员会（Combined Policy Committee），人员组成如下：

陆军部长（美国）

万尼瓦尔·布什博士（美国）

詹姆斯·B. 科南特博士（美国）

陆军元帅约翰·迪尔爵士（Sir John Dill）（英国）

约翰·J. 卢埃林上校（John J. Llewellin）（英国）

克拉伦斯·D. 豪阁下（Clarence D. Howe）（加拿大）

该委员会受各有关政府节制，其职能如下：

（1）不定期就两国所实施的工作方案协商一致。

（2）使工程的所有部门处于经常审查之下。

（3）根据委员会所达成的一致方案的需要，以限制供应的方式对原料、器械和设备进行分配。

（4）对本协议在解释和适用上可能引起的任何问题予以解决。

（b）在政策委员会的成员和他们的直接技术顾问之间，应就工程方面的所有部门的情报和意见进行全面的交换。

（c）在科学研究和发展方面，两国从事该领域相同部分的人员之间，应就情报和意见进行全面和有效的交换。

（d）在大规模工厂的设计、建造和运转方面，情报和意见的交换应根据在该领域的各部门中尽快使工程取得成果而必需或应有的特别安排来确定。这样的特别安排应得到政策委员会的批准。

富兰克林·D. 罗斯福
温斯顿·S. 丘吉尔

丘吉尔致约翰·安德森爵士的电报①
（1943 年 8 月 25 日）

1. 在一份给总统的备忘录中——罗斯福总统给了我一份副本，布什提出，下一步应召开联合委员会会议，制定安全规则，并安排加快项目进度所需的科学团队之间的会议。

2. 他表示，如果"一位顶级的英国科学家，为大家所接受且具有良好的判断力"能被派往美国，作为隶属于你之下的首席联络员，帮助安排该委员会的工作，那将有助于加快事情的进展。他应是一位才干如戴尔②或蒂泽德般的科学家，而不是（重复不是）致力于问题单个方面的实验工作团队的成员之一。

3. 布什解释称，"以往的会谈遇到困难是因为英方代表——帝国化学工业公司的埃克斯先生，是一位企业人士"。埃克斯先生目前在美国，"显然做出了类似的安排"，最近，在没有征求美方意见的情况下，为了情报交换他带来了 4 名杰出的英国科学工作者。由于在委员会制定规则之前美方不能使用他们，所以布什担心他们会认为美方不愿意进行情报交换，而真实的情况恰恰相反。"埃克斯是一个非常能干的人，但不是处理这件事的人选"。

4. 霍普金斯最诚挚地要求，布什对埃克斯的一番话在进入后者耳中时不应有任何变化。

5. 请发电报说说你的意见。我无法接受布什的看法。

温斯顿·S. 丘吉尔

---

① PREM 3/139/8A, Prime Minster to Lord President, 25 August , 1943.
② 亨利·戴尔爵士（Sir Henry Dale），时任英国皇家学会主席。——编者注

约翰·安德森爵士致丘吉尔电报的释义①

（1943 年 8 月 28 日）

我对这份关于埃克斯的报告感到苦恼，埃克斯作为我们的管合金行政主管做出了最突出的贡献，对他的正直和能力，我丝毫没有怀疑。在华盛顿会谈期间，有一种说法称，美国当局不认为埃克斯是一个在联合政策委员会代表我们的合适人选，可以从他的工作在于技术而非政治方向去理解这种说法。然而，之后没有人反对我们为他现在在美国的那种目而使用他，即协调我们各个科学团队的意见和活动，充当我们在政策委员会代表的首席技术助理和顾问。

我应补充一点，4 名杰出的英国科学工作者是在我的指示下派出的。如果不想浪费时间，这样做显然是必要的，并且符合以下 8 月 6 日布什博士给我的信中第 5 段的说法：

> 依照程序，在政策委员会成立之后，首先要做的事情看上去无疑是，美英两国的科学家应向该委员会陈述他们各自国家目前形势的总体状况，以及基于所提证据的未来计划，政策委员会将就贯彻协议规定而准备特定情报交换的形式达成一致意见。

然而，埃克斯被包括在我们驻华盛顿处理管合金事务的代表之中，在过去这显然引起了麻烦，但为了作为一项共同事业而开展这一工程的利益，很可能要继续这样做，这是我们难以忽视的一个事实。因此，我建议你考虑向总统提出，爱德华·阿尔普顿爵士应立即前往华盛顿做短暂的访问。他此行的目的首先是帮助安排联合委员会的启动，其次是向我提交他所认为的联合委员会机制使得我们目前在该工程技术领域的工作安排有必要做出任何调整的建议。

在后一方面，我们完全有权充分考虑的一个重要因素是，我们的工作人员在该工程方面的总体凝聚力和满足感。对于阿尔普顿将不得不提出的建议是否会对我们在华盛顿技术层面的代表性造成任何更大的影响，我表

---

① 　PREM 3/139/8A, Paraphrase of telegram to Prime Minster from Lord President, 28 August , 1943.

示怀疑，但即使在那个方面，他也必须记住我们在加拿大团队的态度，迄今他们已习惯了埃克斯在技术上的指导。我不认为，戴尔或蒂泽德适合这一使命，实际上我确信阿尔普顿是这方面唯一人选。除了拥有显然所需的科学上的卓越才华之外，他还是科学与工业研究部的长期负责人，而管合金局隶属于该部。因此，他对这件事负有总体上的责任，也熟悉我方参与其中的所有人。我完全有理由认为，他会被美国科学家所接受，他一直与他们保持着最佳的关系。如果你能就他是否能尽快成行发电报给我，我将非常感谢。

我们不能指望能够向埃克斯隐瞒美方对他提出异议这一事实，但是，我们当然没必要特别提到布什。

埃克斯关于英美加合作的报告[①]

（1943 年 10 月 9 日）

英国、美国和加拿大之间的合作执行英美协定的行动建议

引言

英美协定对交换情报和依据第 5 条的下述小标题的想法做出了规定：

（b）在政策委员会的成员和他们的直接技术顾问之间，应就工程方面的所有部门的情报和意见进行全面的交换。

（c）在科学研究和发展方面，两国从事该领域相同部分的人员之间，应就情报和意见进行全面和有效的交换。

（d）在大规模工厂的设计、建造和运转方面，情报和意见的交换应根据在该领域的各部门中尽快使工程取得成果而必需或应有的特别安排来确定。这样的特别安排应得到政策委员会的批准。

美国当局反对埃克斯先生担任"直接技术顾问"，理由是他与一家英国工业公司的关联，但明确表示，查德威克教授——当时是由卢埃林上校提

---

① PREM 3/139/8A, Collaboration between UK, USA and Canada, and Action Recommended to Operate the Anglo-American Agreement, 9 October, 1943.

名的，可以被接受。麦肯齐主席被接受担任政策委员会加方代表的"直接技术顾问"。

在该委员会的首次会议上，一致同意成立一个小组委员会，由斯泰尔将军任主席，成员包括托尔曼博士、查德威克教授和麦肯齐主席。

该小组委员会对位于美国、英国和加拿大的所有管合金工程的工作进行审查，并安排召开部门会议，讨论不同领域的工作。西蒙教授、派尔斯教授和奥利芬特教授①，以及哈尔班博士，参与合适的部门会议，而查德威克教授将出席除一个部门之外的所有部门会议。

作为这些会议情报交换的结果，查德威克教授满意地看到，在格罗夫斯将军的行政管理之下，美方正在积极致力于用不只一种方法去开展这个工程，相信如果要使一种军事武器在这场战争中加以使用的话，在 12～18 个月内，一定会取得成果。

在查德威克教授看来是有理由的，他们相信至少有一种方法——电磁法——事实上能够在这一时期内生产足够数量的用于第一颗炸弹的 U_{235}，而不管我们是否与他们合作。

大规模开展工作的另外两种方法是，生产 U_{235} 的扩散法和生产 94 号元素的石墨反应堆。在他们看来，这两种方法都可能要花费更长的时间去取得结果，因而被当作电磁法完全意外失败时的预防措施。此外，人们认识到，在电磁法工厂的产出将被扩大至可以向其供应浓缩材料程度的意义上，即使扩散工厂取得部分成功，也是有价值的。

他们尚未为生产 94 号元素安排建造大型的重水反应堆。但是已经建造了必要的重水工厂，他们声称很快能够以每月 3 吨的速度进行生产。如果没有恢复有关合作的意见交流，毫无疑问他们会着手建造一座重水反应堆。但是，我们有理由相信，他们现在可能会建议，如果英国政府和加拿大政府可以的话，两国政府应在加拿大做这项工作。

由于上述三种方法的大规模工厂处于领先状态，美国人有理由仅从有助于缩短他们建造工厂所需时间的角度去评判整个合作事宜，因为在他们估计的这场战争所持续的时间内，这些工厂不可能建在任何别的地方。他们不会对任何旨在促进改善设计的合作感兴趣，如果这涉及即使最小限度地增加建造的时间。

---

① 马克·奥利芬特（Mark Oliphant），又名马库斯·奥利芬特，澳大利亚物理学家。——编者注

他们不会考虑这样一种协定，其所规定的技术情报交换的目的在于允许英国人获得知识以使他们能够在战后建造自己的工厂。

因此，美国人相信，协定的第 5 条，即对交换大规模工厂的情报做出的特别规定，既不适用于电磁分离法，也不适用于石墨反应堆，而在这两个领域，我们根本没有进行大规模的工作。

在扩散工厂方面，他们愿意允许大量的情报交换，因为他们急于利用所有能够得到的帮助，而来自我们的情报可以加快他们工厂的建造。

英国管合金工程每一个部门的负责人已考虑了这样的问题，如何沿着上述路线与所对应的美方小组最好地实现有效的情报交换，也认真思考了在这个国家如何能够继续开展工作，自然是以大大缩减的规模。英国管合金技术委员会的一次会议具体讨论了部门的建议，提出应采取以下行动。

建议

1. 联合政策委员会英方成员的科学顾问

查德威克教授将继续担任联合政策委员会英方成员的"直接科学顾问"。以此身份，他可以接触美国和英国的所有工作部门，包括研究和大规模工厂。

此外，如下面提到的，他将参与美方的核物理研究。

2. 理论物理

（a）核物理

除了作为联合政策委员会英方成员直接技术顾问的身份之外，查德威克教授还参与了位于"Y"地点[1]致力于核物理和链式反应问题的团队，担任那里所开展的实验工作的负责人。

他会带上来自利物浦大学管合金小组的弗里施博士和罗特布拉特博士[2]，来自剑桥大学管合金小组的布雷切尔博士[3]，以及目前在伯明翰与奥利芬特教授共事的蒂特顿博士[4]。他还将带上作为英方管合金组织一员的玻尔教授。

抽调这些人必然意味着，在这个国家难以开展非常有效的核物理研究，但一个由资历较浅的研究人员组成的核心将仍然致力于研究查德威克教授

---

① 代指位于新墨西哥州的洛斯阿拉莫斯实验室。——编者注
② 约瑟夫·罗特布拉特（Joseph Rotblat），波兰裔英国核物理学家。——编者注
③ 埃贡·布雷切尔（Egon Bretscher），瑞士裔英国化学家和核物理学家。——编者注
④ 欧内斯特·蒂特顿（Ernest Titterton），英国核物理学家。——编者注

留给他们的问题。"Y"地点的工作成果将详细提供给查德威克教授和在那里工作的其他人员，但根据目前的规定，任何其他地方不能获得那里的工作成果。留在英国的资历较浅的研究人员将得到训练，可以在任何未来的日子里去拓展这里的工作。

因此，尽管有效的工作将在美国开展，但相比在这个国家继续目前的努力，实际上我们将通过这种安排获得更多的情报。

（b）链式反应问题

派尔斯教授将协助"Y"地点的团队，那里正在致力于解决炸弹临界质量和最佳尺寸、引信安装方式以及爆炸效果的问题。狄拉克教授将加入该团队，助理人员包括来自伯明翰大学团队的戴维森先生[①]等。

这种安排的结果就是使英国在这些问题上的所有工作遭遇阻滞，但是如同核物理工作一样，我们将通过在与美方全面合作的情况下开展该工作而大有收获。

有必要坚持主张，除了协助"Y"地点的团队之外，派尔斯教授应参与下面将提到的扩散项目的工作。

下面还将建议，在大约6个月之后，业已致力于电磁法的奥利芬特教授及其团队成员应当前往"Y"地点。他们将参与致力于炸弹的引信安装和军械方面问题的团队。在这一点上，有必要再次坚持主张，奥利芬特教授应能够自由讨论电磁工厂建造和运行方面的进展问题，即使他可能提出的任何修改意见能够被采纳而不造成工厂运行延迟的时机已经过去。

3. 电磁法

奥利芬特教授将加入伯克利加州大学的劳伦斯教授的团队，与奥利芬特一道的小组成员包括 J. 塞耶斯（J. Sayers）、H. S. W. 马西（H. S. W. Massey）、S. M. 杜克（S. M. Duke）和一名实验室技术人员 H. S. 汤姆林森（H. S. Tomlinson）。当然，马西和杜克目前受雇于海军部的科学研究与实验司（Scientific Research and Experiment Department），但他们的特殊资质非常适合解决管合金问题，以至于应为他们的放行做出安排。

据信，奥利芬特教授和他的小组能够为电磁工厂做出贡献，在不延误美方项目的情况下，仍然可以将他们纳入其中，从而增加工厂的产出。但是，这一阶段不可能长于6个月，奥利芬特教授和他的小组之后将加入位于

---

① 鲍里斯·戴维森（Boris Davison），英国物理学家，出生在俄国，父亲为英国人。——编者注

"Y"地点的团队。如以上所提及的那样，有必要坚持主张，在此之后奥利芬特教授应与美方的电磁法工作保持密切的关联，能够全面获得有关该工厂设计和运行的所有情报。

P. B. 穆恩[①]领导的一个研究小组，将留在伯明翰开展与美方问题相关的工作，并且旨在战后建造英国工厂时，提供工厂尽可能高效生产的情报。

奥利芬特教授应通过经常性的访问，即每年三次，为期数周时间，保持与在伯明翰所开展工作的密切联系。

这些建议能够使我们在美国从事一些有用的工作，并确保电磁分离方面的管合金项目在这里有效地开展。奥利芬特教授对这个国家的访问将保证两个国家的工作的适当衔接，并且我们能够在美方经验的基础上制订我们自己的计划。

4. 扩散法

我们认为，对美方扩散项目状况感到不快的格罗夫斯将军，将欢迎来自这个国家的专家团队严格审查整个项目。我们最终合作的基础显然必定取决于如此审查的结果。比如我们可能能够向格罗夫斯将军指出，所设计的工厂无法运转，或者他们的时间安排难以实现。在每一种情况下，合乎逻辑的过程是，由于不能及时完成，联合政策委员会中的美方成员将建议暂停他们项目的所有工作。

英方成员大概将提出他们的看法，如果必要，进一步的研究和开发工作应在英国单独开展。

事实上，委员会的美方成员肯定会遵循格罗夫斯将军提出的路线，鉴于已花费的资金，格罗夫斯将军可能希望继续开展项目，指望借助一些碰巧的机会取得成功。

重要的是，英国科学家和技术人员不应被听任与我们认为不能成功的美方的大型项目密切关联。

我们可以从托尔曼教授[②]那里获得一些有关最佳行动时刻的进一步指导意见，他目前应到了这个国家。

与此同时，我们建议，为进行初步的调查研究，以下这些人应尽快访问美国：

---

① 菲利普·穆恩（Philip B. Moon），英国核物理学家，长期与奥利芬特共事。——编者注

② 理查德·托尔曼（Richard C. Tolman），加州理工学院研究生院院长、物理化学和数学物理学教授。——编者注

　　派尔斯教授（除了他在"Y"地点的工作之外），以及来自伯明翰大学的福克斯[①]；

　　西蒙教授，以及来自牛津大学的阿姆斯、柯蒂、库恩和琼斯；

　　来自大都会威格士公司的埃尔切和斯梅瑟斯特；

　　来自帝国化学工业公司的布朗、基尔顿、帕克和史密斯；

　　来自蒙德镍业公司的法伊尔。

　　如果这一代表团的报告足够充分证明在美方扩散项目方面的密切合作是合理的，美方将同意以在我们看来充分使用他们的方式让英国专家融入其组织，那么上述中的一些人或全部将留在美国。

　　必须认识到，失去这些专家的任何一个都定会对这个国家能够继续大规模开展研究和开发工作造成严重的后果，在极端的情况下，相当于几乎完全停止。

　　但是，应领会的是，英国专家从他们与美方积极的大规模努力的关联中所获得的知识，将足以弥补遭受削弱的英国开发工作。

　　5. 重水反应堆

　　虽然托尔曼教授可能指出这一点，但我们尚不知美方会建议什么样的行动。但是，在蒙特利尔的部门会议上，英方代表得到的印象是，美方愿意将所有的物理学研究留给蒙特利尔小组去做，他们能够最有效地利用他们的资源，以及像美方将提供的铀金属、重水和 94 号元素这样的材料。

　　也有人认为，美方会提出，应在加拿大建造一座完整规模的重水反应堆。在这种情况下，美方将从他们在美国建造的工厂中提供足够量的重水。

　　在这种情况下，我们将不需要在英国或加拿大建造一座完整规模的重水生产工厂，而我们现在知道我们能够做到这一点，并一直在推进。但是，在加拿大方的态度明确之前，应推迟做出停止目前进行中的有关这个项目设计工作的确切决定。

　　6. 常规组织

　　为与美方的管合金组织进行科学技术方面的联络，有必要在卢埃林上校的办公室建立一个管合金办事处。

　　建议目前工作于防空研究与发展机构的 W. L. 韦伯斯特（W. L. Web-

_____

　　① 克劳斯·福克斯（Klaus Fuchs），德国裔英国核物理学家，1950 年 3 月因间谍罪被判处 14
　　　年监禁，1959 年被提前释放，前往东德定居，任核物理研究所副所长，后成为民主德国科
　　　学院院士和德国社会统一党中央委员会委员，1988 年 2 月去世。——编者注

ster）承担此工作。他在管理位于华盛顿的英国科学总办事处的经验使他特别适合这个岗位。

很明显，根据上述建议从英国向美国大量转移工作和人员，将需要在美国有一个比这个联络办事处大得多的组织。事实上，目前很大一部分由位于老皇后街的管合金局所承担的工作将移往美国。

这将引起管理和控制英国管合金工程的整个问题，但是，只有在我们整个的合作政策确定之后，才能够对此有效地做进一步的考虑。反过来，在了解本备忘录所包含的建议被接受和执行到何种程度之前，不能做此考虑。

威廉·A. 舒克利夫关于战后政策
致卡罗尔·威尔逊的备忘录①
（1944 年 3 月 27 日）

概要：如果 S－1 工程能在战争结束之前圆满完成，那么必须制定一些政策——很大程度上没有先例可循。作为讨论的基础，以下几页按这种顺序阐述了一些可能的政策：

Ⅰ. 安全方面的政策

Ⅱ. 开发方面的政策

　　　机密利用方面的政策

　　　机密研究方面的政策

　　　非机密利用方面的政策

　　　非机密研究方面的政策

Ⅲ. 专利和专利申请方面的政策

Ⅳ. 立法方面的政策

Ⅴ. 培训和出版方面的政策

有人提出，制定政策的延误——尤其是安全方面的政策——可能造成机密情报的泄露，并且可能阻碍新科学事物的开发。另外，政策的不确定

---

① Suggestions on Post-War Policies re S－1, From W. A. Shurcliff to C. L. Wilson, March 27, 1944, *Bush-Conant Files*, Roll 4, Folder 19. 威廉·A. 舒克利夫（William A. Shurcliff），美国物理学家，1942 年加入科学研究与发展局负责专利申请工作。在本书引用时，备忘录中所提到的 3 个附录均已省去。——编者注

可能导致工作的混乱。

由于各国倾向于向它们的重要开发项目投入大量的政府资源，所以这个国家未能积极在军事和非军事领域开发新科学事物可能导致我们的技术水平逐渐下滑。

第一部分　安全方面的政策

如果 S－1（"原子物理学"的"核力量"）工程在战争结束之前圆满完成，那么政府将面临性质上和重要性上未有先例的政策问题。

至于安全方面的政策，主张战后相当长的时期内维持这一最伟大秘密的观点将是值得考虑的；此外，似乎可以肯定的是，如果原子物理学为和平目的的副产品应用得到开发，一些情报泄露将是不可避免的，甚至是可取的。

机密事项（Secret Matters）

很有可能，原子物理学的一些领域必须在战后很长一段时期内维持保密状态——也许是永远。想必这些领域将包括：

原子弹。成分、机械设计、引信安装、效力、拥有的炸弹数量、储存堆放的地点、相关人员的姓名。

原子有害物。成分、使用方法、效力、拥有的数量、储存堆放的地点、相关人员的姓名。

各国拥有 U_{235} 的数量以及纯度、地点等。

U_{235} 分离工厂的具体设计以及效率、月产量等。

矿床。地点和所有的储量。

非密级（公开）事项

另一极端是不论采取什么预防措施都一定要为公众所知的事项，最好在一开始就正式披露。

一些范围广泛的流言和一些零散的事实陈述已经在公众中流传，因为几乎任何对这个问题感兴趣的人都可以说上一二。本人最近从一位与该问题目前工作无关的科学家那里听说，某些人已经在收集来自秘密研究地点的信封和邮票，为了"战后"卖给集邮家。本人从与该秘密工程不相干的人那里至少还听到了其他 6 种传言。1943 年，本人在军事情报处看到的至少 15 份军事武官和战俘的报告，引述了中立国和敌国讨论原子能以及敌国即将或未即将研发原子能的消息来源。本人见到了 30～40 份专利申请（由那些与这一政府工程不相关的人归档），它们暗示原子能可能很快就会实现。

独立致力于原子物理学领域的科学家几乎肯定已经察觉到了一种趋势，一些他们往昔的同事"消失了"，并且获得了一个共同的匿名工作和地址。这些独立的科学家很少不会发现其中的含意。

那些"知情人"（在 S-1 工程取得成功结果的情况下）就他们致力于的总体领域向他们的家人和朋友做出暗示的诱惑，一定几乎变得难以抗拒。可以想象，一些这样的知情人可能无意中泄露了非常重要的事实，比如喝醉的时候。也可以想象，泄露可能由大笔贿赂而导致——尤其是如果相关个人对政府怀恨在心，或者在一个不友好的外国定居。

再者，一项严格保密的计划有可能因某一外国政府的不恰当披露而挫败——例如由一个技术上没有美国先进的不友好国家，因为它不会为披露可能所知的或所猜测的我们行动的情报而损失什么。

此外，必须预想到，这个国家的独立发明人——或者在国外的科学机构——"重新发现"秘密情报的只言片语，如果我们力图保护的资料范围太过宽泛的话。可以预想身在美国的"重新发现者"会将他们的"发现"提供给政府，如果政府表示没有兴趣或者将整个事情保密然后表示没有进一步的兴趣，他们会感到迷惑甚至是怨恨。通过用政府业已熟知的以及可能正在加以利用的想法，去不断纠缠政府，"重新发现者"将很快能够对秘密工程做出合理的判断。

在上面列出的情况中，涉及外行人或科学圈子外的人似乎很难，如果不是不可能的话，应控制圈外人口头和书面的提及，除非政府向他们指明什么是不能披露的，为什么披露是有害的。

最后，有一些理由（以下几页将做出阐释）说明为什么披露原子物理学这一新科学事物的某些方面，事实上是可取的。首先，与友邦全面交换技术情报构成了一种可取的披露形式。其次，为了抑制有好战倾向的国家的鲁莽举动，可能有必要将一些技术"王牌"放在桌面上。再次，为了充分开发原子物理学应用到某些相邻领域，必须将这一新科学事物的一些细节告诉那些我们自己的医学家和物理学家。最后，为了招募顶尖人才从事机密的政府工程，必须就有关这项工作的性质和意义做一些暗示。

鉴于这几方面的因素，可以得出结论，如果该工程被证明是成功的，那么以下大部分事项不能或不应长期向公众隐瞒，因此应当在战争结束之后立即正式公布。

（**非密级事项**）

原子弹：它们的存在以及不加掩饰的它们"非常有效"的事实。

原子有害物：它们的存在以及不加掩饰的它们"非常有效"的事实。

U_{235}：处于完全分离状态的存在数量。

分离 U_{235} 的工厂：它们的存在、大致地点和规模。

原子动力工厂：它们的存在、总体有效性和意义。

几乎所有和平时期裂变产品、中子等在物理、化学和医疗方面的应用。

秘密事项（Confidential Matters）

中等安全级别（限制或秘密）适合以下事项：

所开采矿石的质量；开采和处理的方法。

用于工业目的的原子动力工厂的具体设计。

诸如不时从非战略种类归入战略种类的其他事项，取决于原子物理学本身或同型科学领域的发展状态。

人员的许可

对于从事划归机密事项的人员，也许应规定特别严格的许可要求。可能这些人员应被要求避免同外国科学家和外国政府的代表进行非正式的接触。除了最高层官员，应对所有人员采用分割管理原则。可以指定联络官员监督将较低（秘密）许可人员非常需要的机密情报的科学部分提供给他们。

对于从事划归秘密事项的人员，不那么严格（秘密）的许可将是足够的。这方面也应坚持分割管理原则，任命联络官员与拥有较低级别许可或未获许可的人员打交道。

第二部分　开发方面的政策

不同开发领域，军事的和非军事的、机密的和非机密的，都可能被揭开。目前认为是机密的军事利用，可能被和平时期非机密的利用在重要性上赶上或超越。（附录1论述了一些和平时期"副产品"的应用，其中某些几乎肯定会脱颖而出）

机密利用方面的政策

应成立一个机密利用小组，负责新科学事物机密领域的实际应用——

通常为军事领域。该小组将安排活性材料的储存、建造成品武器和军事动力工厂、测试已完成的装置、对装置如果在军事作战中得到最有效使用提出建议。

如果该装置对陆军和海军来说非常重要，那么机密利用小组也许应对参谋长联席会议或某些其他总括的军事小组负责。

机密研究方面的政策

应成立一个机密研究小组，负责设计新型的秘密原子武器，并改良已有秘密原子武器的设计。将开展理论和实验方面的研究，以及开发和实验工厂方面的研究。当然，该小组应保持与上述机密利用小组的密切联系。

非机密利用方面的政策

应成立一个政府的非机密利用小组，负责新科学事物的秘密（以及大概一些非密级）方面的实际应用——通常为非军事领域。该小组可能将建造、安装（以及运行？）工业动力工厂。另外，它可能要制造大量有用的同位素，比如放射性的 C_{14}，供化学家、生物学家和医疗人员广泛使用。所建议的其他项目见附录1。

当然，政府的非机密利用小组不必关注私人团体能够充分开发的那些利用。包括在这一类别中的那些不依赖机密或秘密情报的利用，和那些不会导致不受欢迎的垄断行为的利用，以及那些可能在开展过程中为私人团体带来合理利润的利用。可能的例子是：制造和出售（为了实验广泛使用）大量的苯胺、葡萄糖、乳酸或麦角固醇，它们的每一个分子都含有一个放射性的碳原子 C_{14}。还有一种另外的利用可能是出售小的便携式中子发生器，供油井使用（见附录1）。

非机密研究方面的政策

应成立一个政府的非机密研究小组，负责开展原子物理学秘密（某些情况下为非密级）领域的研究。该小组应保持与上述非机密利用小组的密切联系。

当然，大部分非密级原子物理学领域的研究将由独立的团体承担，包括大学和工业集团。

第三部分　专利和专利申请方面的政策

包含秘密和机密材料的申请

很大程度上属于新科学事物秘密和机密领域的申请，专利审查员应当拒绝其作为专利颁布。

机密研究小组提出的申请和该小组划为秘密级或机密级的申请，应通过专利审查员的特别授权由该小组保留在自己的机密文件中（将这样的申请保留在专利局，没有特别的好处。起草的副本越少——且单独分发和归档得越少——泄露的机会就越小）。这些申请将无限期地保持闲置状态。它们可供充分授权的专利局官员审查，以便让专利局决定是否圈外人的相关"发明"事实上是<u>新</u>的。

登记备案的非政府团体提出的且发现与原子物理学秘密或机密领域相关的申请，应由专利局持有，并处于搁置的"机密"状态，应警告发明人保守事情的秘密。如此申请的副本应由专利局转送至机密研究小组。如果该小组发现某个发明是有用的，该小组应获得永久许可，并应向受让人支付补偿金。支付金额应由机密研究小组确定，并且不应超过100万美元。

登记备案的外国政府或公民提出且发现涉及机密原子物理学事项的这方面申请，应由专利局转送至机密研究小组的对外联络处（或由对外联络处向该小组报告）。然后，事情应通过恰当形式的国际安排或条约加以解决。

包含秘密和机密材料的专利颁发

如果机密研究小组发现所颁发的美国专利明显涉及原子物理学的秘密或机密领域，该小组应向专利审查员建议，不应分发该专利的额外副本，与其相关的所有文件都应保密。

只包含非密级材料的申请和专利

这些应由专利局按正常方式对待。然而，当政府小组发现某一专利对于它的某一项目有价值，那么该小组应获得永久许可，并且在专利有效期内应向受让人支付合适的补偿金。但是，支付总额不应超过100万美元。

第四部分　立法方面的政策

可能新科学事物的重要性足以证明国会成立一个特别委员会去提出政策和政策变化建议是值得的。可能该委员会应由军事委员会的一个"原子物理学小组委员会"组成。

可能需要立法：

（A）指定机密小组应对其负责的核心机构——例如参谋长联席会议。

（B）成立一个新闻审查小组，授权其禁止报纸、广播公司等披露有关原子物理学机密和秘密领域的事实或传言。

（C）确定特别的专利机密和专利许可政策以及所需的授权。

（D）确定原子物理学的哪些机密和秘密领域可以透露给外国政府；确定应从这些国家政府搜罗哪些情报；在某一外国政府或个人应就原子物理学机密领域的申请登记备案时，建议专利审查员如何操作。

（E）获得和开发国内（以及可能包括国外）的矿石资源。

第五部分　培训和出版方面的政策

秘密的政府小组应为从事原子物理学机密领域的人员提供特别的培训。

非机密的政府小组应鼓励以及也许补贴学员在新科学事物理论和应用（非密级）方面的培训。年度补助金可以发放给有资质的大学。

政府应鼓励以及也许补贴有关原子物理学（非密级领域）的教科书（非密级）的撰写和分发。以下一些主题或题目可能是适合的：

"铀"（概述铀的化学性质和地质学情况；早期的利用；提供类似 1940 年特纳[①]在《现代物理评论》第 150 页的文章和 1940 年达罗[②]在《贝尔系统技术杂志》第 267 页的文章那样的非密级总体评论）

"核物理手册"（术语、缩写、定义、广泛的已知核数据表）

"原子物理学词典"（对所有术语、定理、理论按字母顺序的简短解释；战前原子物理学的权威参考书目）

"原子物理学方面的分析工具"

"同位素的分离"（删除有关详细解释 U_{235} 分离的内容）

"中子"（特性、产生、探测、控制等）

"质谱分析法"（理论、实践和应用）

"放射性同位素的化学和医疗应用"

政府应鼓励以及大概补贴单周或双周出版的非密级原子物理学期刊（见附录 2）。

[①] 路易斯·特纳（Louis A. Turner），美国冶金工程学家，1943 年加入曼哈顿工程。——编者注

[②] 卡尔·达罗（Karl K. Darrow），美国物理学家，在贝尔实验室从事研究。——编者注

政府应鼓励一个有资质的小组提出标准术语、单位和符号的建议（见附录3）。

延迟宣布政策的后果

延迟可能导致泄露

如果在战争结束之前新科学事物取得成效，或者看上去即将取得成效，延迟制定安全政策可能导致重要的机密情报严重泄露。一些人员——那些充分知情的或做出准确猜测的人——可能以"现在可以说了"的战后洋溢之情"告诉所有人"。其他人可能认为某些技术事实是机密，但可能认为允许披露相关人员的姓名和相关的地点。还有其他人可能认为只有军事应用是机密，认为可以不受限制地披露所有"纯技术的"方面。简而言之，缺乏明确阐释和广泛发布的政策，可能使整个事情零散地泄露出来。

仅命令所有的圈内人"什么也不说"很可能是非常没有效果的。因为对一些人来说，说出"只是一点点"的诱惑可能是难以抵御的，特别是当出现紧急情况以及某个人希望夸大其近期的成就以便在企业或大学谋得一份较好的工作的时候。另外，圈外人（包括报纸和电台）可能做出一些准确的猜测，以至于圈内人可能采取这样的态度："当其他每个人正自由地谈论这件事的时候，试图保守秘密还有什么用呢？"

似乎应该做的是：

（A）在战争结束之前，应做出政策决定。

（B）在战争结束之前，应在媒体发布一般性的声明，战争期间被认为是机密的陆海军等部门的材料战后不应披露，除非有陆海军部门的特别书面许可，否则可能遭受严厉的处罚。

（C）战争结束之后立即以广泛的形式公开宣布原子物理学的总体状况，声明包括对所有人——无论圈内还是圈外——发布紧急警告，不能透露有关这件事的任何情况，除非在官方声明中出现过的内容。（声明应阐明，哪些方面是非密级的，可以自由地讨论）

延迟可能阻碍开发

如果在制定安全和开发政策上出现延迟，那么可能严重阻碍开发。招募技术娴熟的人员从事机密项目可能变得十分困难。已有的人员可能会辞职。工业公司可能从事他们后来发掘的项目，去复制政府已秘密开展的工作；或者这样的公司可能因政府的进展而感到黯然失色（实际或仅是臆断），以至于他们不再参与一些研究的领域。企业提出要求澄清政府的技术活动和目的，可能十分的迫切。

在单位和标准方面缺乏政策和快速行动，可能使原子物理学背负几个不同的且相互冲突的单位和标准体系。

缺乏出版方面的政策可能导致文章普遍且不成系统地分散在许多期刊中，从而使得外国政府有可能通过创建一种或数种原子物理学期刊而违反规定。

延迟可能在商业上产生的后果

缺乏官方政策的声明以及如果不幸的谣言开始流传——例如，谣言到了这样的程度，称煤炭和石油将几乎很快过时，煤炭和石油工业可能出现明显的不稳定。可能会引起可以想象的政治动乱和（煤矿工人）工会的抗议。可能不经意间导致股市的波动——或者可能是谣言制造者有意诱发的。一个世纪前在加利福尼亚发现黄金、大量新油田的发现、茶壶山丑闻（Teapot Dome Scandal），可能都会被有关这一新科学事物的事实或夸大其实的谣言所产生的后果所超越。

积极鼓励新科学事物的必要性

就像德国通过大量投入而在磺胺类药物研究方面所取得的空前进展，以及美国1940～1944年通过集中大量的努力而在雷达方面所取得的独一无二的进步那样，如果采取鼓励、协调和可能是补贴的积极计划，可以期待在原子物理学及其应用方面取得非常重大的进步。

如果我们未能采取这样的计划，并且我们将该领域留给相互竞争的私人团体（它们可能彼此间对所取得的进展相互保密，可能加入国际卡特尔或垄断联营，可能有意回避见不到专利和利润的领域），那么似乎可能的是——大概很可能——由于那些对重要的新领域常常提供大力支持和大量补贴的其他技术先进的大国，我们在10年或20年的时间里会黯然失色。

联合政策委员会英方代表罗纳德·坎贝尔
致财政大臣约翰·安德森的信件①

(1944 年 5 月 31 日)

亲爱的财政大臣：

1. 当我们于 5 月 18 日同邦迪讨论托拉斯②等问题时，获得我们同意与他同来的格罗夫斯表达了这样的看法，最终的军事制品不应保留在英国，而是应存放在加拿大，因为英国太容易遭受可能的攻击。查德威克告诉格罗夫斯，他不认为这对英国政府而言是完全能够接受的，迪尔和我表示赞同，尽管他承认有必要进行非常特殊的保护，但表示这绝不是不可能的。听到这样的话，格罗夫斯没有继续这个话题，邦迪也不赞成他所说的，而是淡化这个问题，同时认可需要采取特别的防御措施。

2. 我认为，如果正式提出这种看法，我们有特别好的理由来进行反驳，比如我们能够安排安全防御；如果报复的可能性能起到威慑的作用，那么显然我们必须拥有<u>即刻</u>报复的手段；如果出现危机而使我们事实上有必要采取主动首先使用这种武器，那么显然我们必须使一些这样的武器处于我们自己的控制之下，以便毫无迟疑地加以使用。

3. 当我们对来自刚果的矿石进行分配时，基于安全考虑，我们完全可能会提出类似的看法。事实上，美方可能主张这种材料不应存放在英国，可能尝试坚持分配给英方使用的那一部分应运往加拿大安全储存。我们认为，这种看法大概会首先出现在联合开发托拉斯的联合秘书处和行政办公室的范围内，出于 ANCAM52 号电报第 5 段所主张的理由，我们在联合办公室的代表面对格罗夫斯应能够很好地坚持他自己的看法，格罗夫斯可能担任托拉斯的美方执行官员。我们必须准备好强烈坚持这一点，我们有能力使任何分配给我们的材料在英国处于安全的状态。另外，我们可能不得不主张，美国已经有充足的材料供应满足这场战争的需要，因此英国像美国一样对刚果的矿石有着强烈的直接兴趣。

---

① PREM 3/139/11A, Ronald I. Campbell to Lord Anderson, 31 May, 1944. 约翰·安德森于 1943 年 9 月 24 日转任财政大臣，直至 1945 年 7 月 26 日，但仍然负责管合金事务。——编者注
② 即指英美为联合控制世界核原料而达成建立 "联合开发托拉斯" 的协议，具体见下文。——编者注

4. 查德威克警告我们，如果目前英方在技术层面的讨论导致在英国启动这一特殊工程的工厂规模的工作时，可以预期会出现基于安全考虑的类似反应。如果所有的英国工厂、原材料和最终的武器都存放在加拿大，从安全的角度出发，格罗夫斯（以及可能一些有影响的美国科学家和企业家）肯定会更加高兴。

5. 我们、查德威克和他的人都没有刻意向美方隐瞒这样的前景，在适当的时候将在英国进行大规模的工作，而且曾公开地告诉格罗夫斯，近期在华盛顿举行的英方技术会议将讨论，除其他事务外，如何最好地利用在满足美方和加方需要之后在英国仍然可用的资源。一旦做出决定，我们理应将在英国开展大规模工作的计划通知美方，我们期望不会遭到非常有力的反对。

6. 查德威克也向我们报告，美方一直不愿意明确地以书面的形式同意向蒙特利尔小组提供有关 94 号元素化学特性和分离的情报。显然能够辩称，这种情报对于实验工厂项目来说是不必要的，但从查德威克口中我们得知，提供情报是如此自然地适应那里所进行的工作的总体计划，以至于看上去是目前协商一致的合作的必然发展。在这一特定的例子中，虽然涉及安全的理由以及可以援引《魁北克协定》第 4 段（d）中所做的保留，但我们认为，美方基本的动机之一是希望能够应对战后的调查，仍然能够指出一个与英国科学家没有交换过的重要情报领域。科南特尤其可能受这种理由的驱动。查德威克希望，在接下来的几天里，会达成一项被他本人、考克饶夫和麦肯齐都接受的协议，它将在 94 号元素的化学特性方面为蒙特利尔小组提供积累丰富经验的机会，同时仍然保留不公开情报的表面形式（参阅PEW 90 号和 WEP 114 号文件）。

7. 除了基于安全和担心国会调查的公开理由之外，我们注意到美方自然流露且不断增长的对于他们开展这项工程的自信和乐观。就一部分美国人而言，这伴随着不断加强的责任感以及他们在国际事务中能够扮演合适角色的渴望；就另一部分美国人而言，这无疑是一种想法的证据，即这种武器能够被严格垄断，由此能为美国提供最大程度的保护。

8. 很有可能——确实很可能——没有任何一种所提到的特定情况会上升到有待联合政策委员会去解决的状态。格罗夫斯关于安全和其他问题的看法不一定代表美国军方的观点，其他理由中所涉及的科南特、科学家和企业家，在政治方面远不是那么重要。基于安全的理由有可能单独通过适当的美英军事当局之间的会谈直接得到解决。

9. 另一方面，越来越明显的是，关于对这种特殊军事技术长期管制的看法，包括其他国家加入这种管制的最终问题，正在变成一个真正可以转变该工程特殊方面理由的基本问题。尽可能使这一基本问题处于搁置状态可能是权宜之计，但我们认为，你应当注意到一种情况，似乎需要大力澄清我们自己的观点，正如我们现在和不久的将来不时可能要做到的那样。如果我们的政策与美方的政策出现了分歧，那么我们必须准备好注意任何可能损害我们地位的花招。

10. 这一管制问题也与联合政策委员会目前正在考虑的专利问题相关，韦伯斯特已就此写信给了布洛克①。

11. 由于格罗夫斯的言论以及为了向你描绘我们所看到的画面，在收到你的第 CANAM 62 号电报之前，写下了上述内容。第 CANAM 62 号电报引发了进一步的考虑，迫使我们要更缜密地看待我们未来的计划。

12. 你的第 CANAM 62 号电报一定提到了长期管制的问题，甚至比上述提到的内容更加有说服力。我们思考了沿着你所建议的路线阐明政策的必要性，但是认为托拉斯管理小组成员在一段时间内将做足够多的事情使自己被接受为一个共同的工作小组；处理从刚果采购的问题；组织勘探活动；感知他们问题的大小。

13. 目前，在我们看来，联合政策委员会无疑应对管合金的需求开展研究。当然，这一需求可以完全基于这样的想法，抢先购买所有未处于美国或英国政治控制之下的资源。就铀矿而言，如果没有发现大规模的新资源，这可能是可行的。在交付时不论矿石最适合哪一种分离方法统统买下，这样就可能获得所有的铀矿。然后，将具有军事价值的铀矿存储起来，无害的部分转回工业部门。

14. 可能需要进行一项调查以确定工业方面的需求，但是，我们怀疑真正的问题是，为铀的无害部分找到足够的以及多多少少的经济出路。

15. 关于钍，我们获悉它的地质蕴藏十分广泛，以至于抢先购买或控制大概是不现实的。如果进一步的研究表明情况确是如此，那么我们必须致力于为管合金的目的获得足够的供应，并且应当研究如何能最好地防止我们所不能垄断的钍的滥用，保持对铀的控制，只要这对于钍的加工是必要

---

① 阿瑟·布洛克（Arthur Blok），英国科学与工业研究部的专利专家。——编者注

的，并且保守技术情报的秘密。

16. 当然，我们一致认为，应当开始研究出于管合金目的的铀和钍的需求。首先，我们认为，应从技术和策略的层面着手研究。但是，在目前有关这些方面的知识的情况下，我们不可能在未来的一段时间里得出十分准确的看法。

17. 相比任何其他因素，真实需求的估计数字更可能直接取决于政治上与战略上对战后形势和需求的看法。我们自然认为，我们已经掌握了足够用于这场战争的原料供应。这必然引起关于战后控制这种军事技术的基本讨论，在竭力要求从技术和策略角度进行研究之前，我们必须准备好面对这样讨论的结果。

18. 在我们看来，提出这一控制问题十分及时，但是，如果我们打算这样做，那么我们必须了解你们更多的想法。一旦开启了这个问题，我们可以按以下路线进行：

（i）联合开发托拉斯向所有国家调查铀和钍的供应情况，以确定

（a）已经开采或能够轻易获得的数量；

（b）在已开发的矿井中所能获得的数量；

（c）未开发地区的预期数量。

（ii）联合开发托拉斯将即刻与非洲金属公司①谈判，结算第一批 344 万磅矿石的合同，并通过合适的渠道探求获得更多数量矿石的条款。

（iii）英国将勘探和开发英帝国范围内的资源，以确保战后不久它自己独立的供应。

（iv）联合开发托拉斯将对军事利用过的铀和钍的工业需求和潜在市场进行调查。

（v）联合政策委员会将启动和维持从策略和技术层面对管合金军事需求的研究。

（vi）联合政策委员会将启动和维持可用手段的技术和安全研究，从而降低不能处于控制之下的资源有害利用的风险。

（vii）美英两国政府将启动战后控制的适当形式和战略使用军事技术的研究，只要政治形势允许，就加以实施。

19. 虽然我们打算在联合政策委员会揭开这些问题，但我们必须准备好

---

① African Metals Corporation，矿业联盟的子公司。——编者注

美方成员在此阶段不愿意考虑本质上属于战后的问题。

20. 他们有充分的证据和明显的理由，希望将工程一直置于总统战时权力之下的战争活动的基础之上。事实上，《魁北克协定》证实了这种态度，并且他们可以声称战后问题超出了联合政策委员会的职权范围。正是出于这个原因，我们建议有关这种军事技术战后的政治和战略控制以及利用的关键性问题，应有待两国政府而不是联合政策委员会去研究。（见上述 vii）

21. 显然，该委员会必须总体上获知如此进行的讨论的动向，它的人员甚至可能协助讨论。然而，我们怀疑，除了它现在作为最合适的机构去处理的技术、策略和业务问题之外，它是否应当尝试变得更起作用。

22. 此外，如果我们就如此无所不包的路线展开坦诚的对话，那么我们无疑将在人们想法的背后发现对于这种特殊技术商业权力方面的某种程度的关注。按照《魁北克协定》，这个话题不在这里进行讨论，我们认为美方不会转移任何物质努力去发展这条路线，但他们显然认识到它的利害关系和极端重要性。这项技术尚不确定，对商业权力的长远需求是未知的，甚至可能是不可知的。应当能够正式将这一商业方面排除在目前的对话之外，但在一个紧密的联盟领域，人类几乎不可能将国家对它的担忧与纯粹的军事利益完全分离。

在与美方代表进行任何沟通之前，迪尔和我欢迎你对这些观点的回应。

诚挚敬意

罗纳德·I. 坎贝尔

托拉斯协定和宣言[①]

（1944 年 6 月 13 日）

富兰克林·德拉诺·罗斯福代表美利坚合众国政府，温斯顿·伦纳德·斯宾塞·丘吉尔代表大不列颠及北爱尔兰联合王国政府，于 1944 年 6 月 13 日订立这份《托拉斯协定和宣言》（Agreement and Declaration of Trust）。上述政府在下文中被称作"两国政府"。

---

① PREM 3/139/10, Agreement and Declaration of Trust, June 13, 1944; *Harrison-Bundy Files*, Roll 3, File 49. 该文件实际先由丘吉尔于 6 月 10 日签署，然后转交罗斯福于 6 月 13 日签署。——编者注

鉴于 1943 年 8 月 19 日美国总统和英国首相所达成的协定（下文被称作《魁北克协定》）；

还鉴于对顺利进行目前这场战争的有关国家的共同利益而言，在切实可行的情况下，确保尽早获得足够的铀和钍供应是一个重要的目标；

又鉴于对两国政府各自管辖领土范围内的铀和钍矿石的供应进行最切实可行的控制是两国政府的意图；

并且鉴于英国政府打算同各自治领政府、印度和缅甸政府进行接洽，以获得这些国家政府对他们各自领土范围内的铀和钍矿藏加以管控；

以及鉴于对除英美两国政府、各自治领政府、印度和缅甸政府控制范围之外的某些地区的铀和钍供应实现控制，已决定成立一个联合机构。

现在就此达成一致意见并宣布如下：

1. （1）将在哥伦比亚特区华盛顿市成立一家托拉斯，名为"联合开发托拉斯"（Combined Development Trust）。

（2）该托拉斯将由 6 名成员组成并实施管理，而这些成员将由依据《魁北克协定》成立的联合政策委员会任命和解职。

2. 该托拉斯将尽最大努力去获得对除两国政府、各自治领政府、印度政府和缅甸政府管辖领土之外的某些地区的铀和钍供应的控制，并开发生产，为此应采取可能被认为是符合共同利益的以下措施：

a. 勘探和调查铀和钍供应的来源；

b. 通过获得矿井和矿床、采矿许可或以其他的方式，开发生产铀和钍；

c. 为任何旨在生产铀和钍的矿井和采矿工作提供设备；

d. 调查和改进生产铀和钍的方法；

e. 获得并承担对铀和钍、铀和钍原料的处置处理；

f. 提供储存及其他设施；

g. 出于共同的利益，承担旨在有效贯彻托拉斯宗旨的任何职能和行动。

3. （1）托拉斯应在联合政策委员会的指示和指导下履行其职能，并作为其代理人。托拉斯获得的所有铀和钍、铀和钍矿石及其供应，以及其他财产，应作为受两国政府共同所托保管之物而持有，处置或以其他方式处理应依据联合政策委员会的指示。

（2）托拉斯应就其因联合政策委员会时常所需而采取的行动提交报告。

4. 出于履行其职能的考虑，在现实可行的情况下，托拉斯无论何时无论何地应利用两国政府已建立的机构，可以在其认为权宜所需之时雇用其他机构及人员并支付报酬，可以将其全部或某一职能委托给任何机构或人员。

5. 托拉斯可以以被任命者的名义获得和持有任何财产。

6. 托拉斯为履行其合理职能所需的全部资金中的一半应由美国政府提供，另一半则由英国政府提供。

7. 在联合政策委员会停止存在的情况下，托拉斯承担的委员会职能应由届时的美国总统和英国首相指定的其他机构或个人承担。

8. 该托拉斯协议和宣言的签字方，在战争结束之后应尽快向他们各自的政府建议续签，以及对这一战时紧急协议进行修订以适应战后的形势，并以条约或其他恰当的形式使其正式化。在上述续签或修订之前，该托拉斯协议和宣言应一直完全有效。

富兰克林·D. 罗斯福

温斯顿·S. 丘吉尔

罗斯福总统与丘吉尔首相在海德公园会谈的备忘录①
(1944 年 9 月 18 日)

1. 不接受将"管合金"公之于世以便就其控制和利用问题达成国际协议的建议。该领域应被继续视作绝对保密之事；但是当"炸弹"最终问世，在成熟考虑之后，也许会将其用于对付日本，并警告它将重复遭遇这种轰炸，直至投降。

2. 在打败日本之后，英美两国政府之间为军事和商业目的开发"管合金"工程的全面合作应继续下去，除非或直到共同协议终止。

3. 应对玻尔教授的活动进行调查，并采取措施确保他担负不泄露情报的责任，尤其是不向俄国人泄露。

---

① PREM 3/139/10, Aide-memoire of Conversation between the President and the Prime Minister at Hyde Park, 18 September, 1944; *Harrison-Bundy Files*, Roll 3, File 49.

布什、科南特就公布原子弹、相关立法以及同英加
签订条约致史汀生的备忘录①

（1944 年 9 月 19 日）

A. 时间表

（1）如果要对敌使用原子弹，我们认为若对日战争再持续一年将使用它们，那么将有必要在使用它们的同时向公众发布有关这些炸弹的信息。在我们看来，所发布的这种信息应采取相当详细的叙述开发历史的形式，从而提供全部必要的科学事实并将荣誉归于许多相关的科学家个人。同时，似乎总统应当以更概括的方式向国会汇报，并建议与英国和加拿大签订一项条约待参议院批准，以及为管制原子能的生产而提出立法建议。

（2）如果在对敌使用原子弹之前，对日战争已经结束，那么我们认为应当在战争结束之时以相同的方式发布（1）中所提到的信息。我们不能过于强调这样的事实，即一旦战争结束，完全不可能保守这些至关重要的开发知识的秘密。在整个事业中，涉及太多相关的人员和相关的工业企业；只有媒体在自愿接受审查的基础上密切配合，才能阻止这件事在出版物中被广泛讨论。此外，我们应当强调，在接下来的 5 年里这种技术和科学在一些国家里一定会迅速发展，以至于我国政府以为保住现有知识的秘密我们就是安全的这种想法将是极其危险的。我们主张，要么在原子弹使用之时，要么如果在对日战争结束之前这种炸弹尚未问世，那么在敌投降之时，除了原子弹生产方法和组装的详细方案之外，应最充分地披露必要的科学事实。

B. 立法和签订条约的必要性

（3）在我们看来，在披露必要的事实之后立即制定法律是极其重要的。这一法律应规定成立一个国家级的委员会，拥有权力控制和管理涉及整个该技术的材料生产、原子动力的生成和沿着这些路线的实验。似乎同样重要的是，与加拿大和英国签订一项条约，确保在这些国家实施相同的控制，

---

① Memorandum from Bush and Conant to Secretary of War, September 19, 1944, *Bush-Conant Files*, Roll 4, Folder 19.

将《魁北克协定》所规定的情报交换置于长期的基础之上，以及将这两个国家未来的工业权利置于一个令人满意的基础之上，依据《魁北克协定》，这方面的权利由美国总统负责决定。此相同的条约将必须考虑那些由总统和首相直接制定的广泛的政策条款。

（4）在叙述开发历史和必要的科学事实的公开声明中，应当指出我们与英方达成的协议源于这样的事实，我们早就共同致力于这一开发，已就涉及从事目前战争的科学情报交换达成了一致意见。依照这一总的政策，已在这方面做出特别的规定，只有在技术情报交换有助于这两个国家从事目前战争的情况下，才与英方进行这种交换。鉴于近来几个月里所有大规模的实验和开发在这个国家完成，以及某些方面在其伊始和发展阶段都是由美方单独承担的，所以一些技术问题未透露给英方。自由交换的领域，对美方努力的帮助是很大的，现有的共同安排正极好地发挥作用。看上去应当签订一项条约，确定是否应与英方全面交换技术方面的情报，并且不限于那些与赢得这场战争相关的工作方面。

（5）几乎没有必要主张，必须制定国家法律去控制原子能以及能够产生原子能的材料的生产。然而，应记住以下事实。一是不但涉及控制原子弹所需的相对大量材料的生产，而且涉及只需少量材料以热的形式产生原子能的更小规模的实验。这种性质的装置通常被称作"热水锅炉"，在接下来的几年里，建造起来相对容易。它们将提供一个强烈的中子源，这些中子的危险性与被大规模排除在外的 X 射线的危险性相同。这些热水锅炉还会产生放射性的有害物，若不采取良好的预防措施，将对所有附近人的健康构成危害。这整个原子能的事物是一个新技术，其潜在价值超出了我们的估计。因此，一些年内某人可能设计一个实验，如果实验不受控制，可能毁掉一座城市的绝大部分。人类第一次面对可以产生太阳热能的那种能量。因此，我们指出的形势，不但从军事角度关乎国家安全，而且国家在这方面面临一种独特类型的健康危险。

（6）我们建议，依法管制该领域所有类型行为的必要权力，只能来自与英国和加拿大拟议签订的条约，或者来自联邦政府在军事防御事务方面的普遍权力。对于依据国家防御权力实验能否被足够管制，我们表示质疑，而我们认为，对这样的实验实行管制是至关重要的。

以授予联邦政府专利的形式，已获得了对该领域发明的良好管制。这能够防止私人公司不经联邦政府许可就从事该领域的商业项目，但是，仅通过专利，政府难以指望有效管理产生原子能的材料生产，以及对实验加以管制。此外，很可能会出现规避已有专利权的新发明。因此，我们认为，国家立法和一项条约是必需的。

（7）在计划能够成熟至起草最终的条约和法律方面，时间可能是很短的。所以，我们敦促你尽快将此事告知总统。

美国、英国和比利时关于购买比属刚果核原料的协议备忘录①

（1944 年 9 月 26 日）

1. 比利时政府与美利坚合众国政府和大不列颠及北爱尔兰联合王国政府一致同意应采取以下举措，在这场针对德国和日本的战争期间以及在未来，为了保护文明，无论何处的所有铀矿石和钍矿石都应处于有效的控制之下，为此比利时政府将确保对所有比利时领土管辖范围内的上述矿产进行有效控制。

2. 因此，作为美利坚合众国政府与联合王国政府为一方，比利时政府为另一方，彼此磋商的结果，一致同意应在代表美利坚合众国政府和联合王国政府的联合开发托拉斯与代表生产企业（上加丹加矿业联盟）的非洲金属公司之间签订一份合同，由上述公司向上述托拉斯提供含有大约 344 万磅铀化合物的铀矿石及其精矿。

3. 比利时政府承诺，对依据上述合同的条款和条件提供含有大约 344 万磅铀化合物的铀矿石精矿进行担保。

4. 美利坚合众国政府和联合王国政府承诺，对联合开发托拉斯依据上述合同的条款和条件收取上述铀矿石及其精矿进行担保。

5. 美利坚合众国政府和联合王国政府承诺，向生产企业（上加丹加矿业联盟）提供诸如合同各方一致认为的重新开采和进一步开发矿井以生产上述矿石及其精矿所需物资的便利。

6. 在履行完成上述第 2 段所提到的合同内容所需的时间内以及此后的

---

① PREM 3/139/3, Memorandum of Agreement, September 26, 1944; *Harrison-Bundy Files*, Roll 3, File 49. 该协议实际是 9 月 6 日草签以待复国后的比利时政府的正式批准，10 月 10 日访问英国的比利时殖民事务大臣告知英美双方，9 月 26 日比利时内阁会议通过了该协议，于是决定将协议的签订日期定在当日。——编者注

10 年内，在购买比属刚果出产的所有铀矿石和钍矿石问题上，比利时政府给予美利坚合众国政府和联合王国政府第一优先购买权，前提是比利时政府保留以下权利，即为自己的科学研究和工业目的储备适当数量的上述矿石，但除下列第 9 段中所规定的情形外，排除为工业目的与利用这些矿石作为一种能源直接相关的任何方式。

7. 比利时政府承诺，依据上述第 1 段申明达成的一致，对上一段中所提及的自己保留矿石的利用实施管控。

8. 在上述第 6 段所提及的时期内，比利时政府承诺尽最大努力向美利坚合众国政府和联合王国政府提供单独用于军事和战略目的所需数量的铀矿石和钍矿石。

9. 关于上述提到的矿石作为一种能源的利用，将适用以下安排：

（a）在美利坚合众国政府和联合王国政府决定为商业目的而将依据本协议所获得的矿石作为一种能源利用时，上述两国政府将允许比利时政府以平等的方式参与其中；

（b）比利时政府承诺，在他们考虑将这些矿石作为一种能源利用时，只有在与美利坚合众国政府和联合王国政府磋商并达成一致之后才能加以利用。

10. 本协议备忘录应被视作一项符合其目的的军事机密。

布什、科南特就原子能的未来问题致史汀生的备忘录①
（1944 年 9 月 30 日）

1. 目前的军事潜力。按目前的时间表将在 1945 年春夏生产出足够的材料，供每一颗相当于 1 万吨高爆炸药效力的数颗炸弹所用，或者供每一颗相当于 1000 吨高爆炸药效力的相应更多数量的炸弹所用。当想到每一架 B - 29 轰炸机被设计运载大约 8 吨高爆炸药时，显然这些原子弹的军事效力将大大减少对所发现的平民和工业中心目标形成破坏所需的轰炸机数量。例如，一颗 1 万吨高爆炸药等效炸弹将产生等同于 1000 架 B - 29 轰炸机满载情况下的效力。就如一开始看上去可能的那样，如果更小的原子弹被开发

---

① Memorandum to the Secretary of War by V. Bush and J. B. Conant, September 30, 1944, *Bush-Conant Files*, Roll 4, Folder 19. 这是同一天提交的两份备忘录中的第二份，是在第一份观点基础上的展开。——编者注

出来，那么一架 B - 29 轰炸机运载这样一颗炸弹（相当于 1000 吨高爆炸药），将产生 100 架 B - 29 轰炸机满载情况下所产生的破坏力。这两种类型的炸弹哪一种首先投入使用，取决于目前进行之中的某些技术的发展。从所耗费的每一磅材料造成最大破坏力的角度出发，最有效利用材料的方式可能是通过一颗更小的炸弹精确击中工业目标，重复一下，这将相当于 100 架正常载弹的 B - 29 轰炸机。

应当指出的是，像所有高爆炸药炸弹一样，在对不坚固的目标使用这些炸弹时，比如工业设施和大批的建筑物，其产生的破坏力最大。针对它们的防护是地下设施和坚固的混凝土建筑物。就如普通高爆炸药炸弹的情况一样，这样的建筑物相对安全，即使针对超级炸弹，除非是被直接命中，但是在原子弹的情况下，直接命中的定义大概包括炸弹在几百码范围内落地。

虽然这些备忘录是针对国际形势的，但我们此时想再次指出，这些原子弹的制造和整个原子能领域的任何进一步实验，给一个国家国民的健康造成了非常大的危险，除非实验被小心地加以控制。现在，以使用较小数量浓缩铀产生热的形式制造一种产生原子能的装置是比较容易的。这样的原子能装置能够产生热，但不会产生爆炸性的能量，被称作"热水锅炉"。这些小型的热水锅炉也产生强烈的中子辐射，对 100 英尺以内的任何人都是致命的，除非给予足够的防护。另外，这些热水锅炉的运行过程会产生放射性的有害物质。显然，只有在政府的细心管理之下，才能允许建造这样的装置，然而这样的装置对于物理科学的进一步发展是最为重要的。在私人实验室禁止此类的发展是难以想象的，但所有这样的实验显然必须得到仔细的监督和管理。

由于这种新科学事物副产品存在多方面的应用，许多工业公司会想要从事这整个领域。与作为一种工业动力源主要开发原子能截然不同，工业公司希望用热水锅炉及其产品、放射性有害物质进行实验。显然，所有这些研发应得到许可，所有的专利权应归属政府。没有人能够说出，这一科学领域的新发展会是怎样的，或者不同地方使用这些新材料和这些新技术进行的实验结果会如何。所有实验的结果应提供给美国政府，并且如后面所建议的那样，通过一项国际协议提供给全世界。正如我们上一份给你的备忘录所提出的那样，管制这一整个实验和开发领域以及规定某一国家机构负责该技术进一步发展的法律，其权力可能来自一项国际条约。

2. 未来的军事潜力。目前在生产两种材料用于原子弹。一种是铀的同位素，通常被称为"25"；另一种是铀裂变反应的产物，一种被称为"49"的新元素。在一定条件下，通过将它们的原子核裂变成碎片，这两种物质能够产生能量。

我们的一些理论物理学家认为，"25"和"49"的原子核裂变所产生的能量，在一定条件下，极有可能产生高温，从而引发这个地球上从未发生过的反应，非常类似于太阳的能量源。这种反应需要将重氢转变为氦。这种反应过程将释放巨大的能量。使用重氢（以重水的形式）且由使用"25"或"49"的原子弹引爆的超级炸弹，将产生不同于原子弹当量级的破坏力。因此，我们可以称之为超超级炸弹（super super bomb）。尽管这种可能性是在将来，但是在第一颗原子弹问世之后的 6 个月或 1 年之内，可能出现这种炸弹被证明是可行的情况。

当想到使用自动操纵弹和导弹的方式投送超超级炸弹时，或者即使不存在一架轰炸机在现代雷达设备的引导下趁夜色或密布的阴云而来的可能性时，我们会发现在未来的战争中人口中心是多么的易受攻击。除非建议将所有的城市和工业工厂转入地下，或者相信对空防御能够确实保证敌机或自动操纵弹不出现在易受攻击地区的上空，否则未来世界的每一个人口中心都将任凭先发制人的敌人摆布。

然而，在描绘这一可怕的未来场景时，几乎没有必要进一步指出，空军、海军或陆军若不准备跟进，任何国家想如此摧毁大规模的工业中心或平民中心似乎都是极其不可能的。因此，似乎没必要担心小国家，尤其是没有什么工业潜力的国家，通过秘密开发这种武器来扰乱世界和平的可能性。但是，任何大国或者前大国进行这种开发来威胁世界和平的可能性似乎确实很大。

3. 美国和英国目前暂时的优势。很可能，德国沿着开发原子弹的道路没有走得太远。俄国有机会在这一方面推进得很远也非常不可能。另一方面，一旦战争结束，至少俄国，也可能是德国和其他国家，会很轻易地积累起我们现在在技术知识和科学信息方面所拥有的优势。当战争爆发而采取保密措施时，我们发现在基本事实方面的很多东西刚刚露出端倪。如果我们愚蠢地试图执行命令保守注定会发生泄露的我们现有科学信息的秘密，而与此截然不同的是，外国科学家会很快掌握与我们现在所持一样的科学观点。我们目前的优势完全在于建造生产材料的工厂方面。即使这也很快会被超过，并且似乎比最初所看到的成本要低得多。这是一个技术发展方面的老故事，在第一个人展示事情能怎么做之后，很快就会出现完成同一目的的成本更低和更容易的方式。为了不使我们在这个问题上因美国花费了大笔的资金而迷失，我们必须记住，为了节省时间和确保实现我们的目标，我们同时三管齐下。现在我们知道，四或五种方法中的任何一种都可以生产出制造原子弹所需的材料。建造一座工厂去运用这些方法中的任何一种几乎不会是一种成本高昂的事业，并且肯定能够在几年内完成。现在我们还相信，用这种材料制造原子弹的基本依据没有呈现太大的困难，任何人在力图实现这种目标的道路上都会取得成功。我们现在在该领域的困难以及在该问题军械方面的大量资金和人力的付出，只是因为我们希望使用较小数量的材料尽快制造出原子弹。这需要开展尚未完成的困难实验。对任何人来说，现在已明确借助一种更正统工艺的方法并不难以开展。简而言之，建造一座生产原子弹的工厂，现在似乎绝不是一种比登天还难、成本高昂或艰苦的事情。另一个问题是，如果必要，在战争结束时，由另一组开始从事该领域的科学家本质上可重新发现基本的科学信息。因此，美国和英国在这一领域拥有的优势实际上是非常短暂的。我们不能过于强调这一点。

4. 战争结束之后不可能彻底保守住秘密。

这一点如此明显，以至于不怎么需要对我们总结性备忘录中所阐述的内容进一步展开。只有严格的媒体审查或继续目前的自愿安排，才能防止对于这个问题的自由讨论。另外，试图实行绝对保密会严重妨碍一些相关领域的科学进步。在我们看来，一旦军事形势允许，从各方面看最重要的是使这整个问题公之于众，以至于（a）公众可以对危险有所了解；（b）我们可以通过国会建立的新权威机构实行公开的管制；（c）我们可以对目前我们不知道的在私人场所进行的任何实验进行管理；（d）我们可以利用这一新领域去促进物理学、化学和包括医学在内的生物学的发展。

5. 部分保密和国际军备竞赛的危险。

正如本备忘录已经指出的那样，俄国科学家以及大概德国和其他国家的科学家，可能不久就会投身于开发这种新型武器的竞赛之中。在三四年内，他们可赶上我们目前的水平。危险在于，如果各国间相互保密，我们无从知晓情况是否确是如此。因此，我们自己关于在未来战争中使用这种武器的想法可能会基于错误的前提，即认为我们的敌人难以以牙还牙。但是，更危险的仍然是第 2 部分所提到的出现超级原子弹的可能性。这种炸弹爆炸的灾难性后果是不同于原子弹本身的另一个当量级的，它所需的材料是轻易可以获得的。虽然不能说这种炸弹一定能够被制造出来，但当政府首次开展这一研究时，似乎与原子弹的开发一样可能。但是，无论这一特定的思路从军事角度被证明是否有用，可以肯定的是，将会出现意想不到的发展，从而极大地加强用于破坏目的的原子能的效力。

如果我们处于几个强国秘密开发这种潜在性的形势之中，那么我们则是生活在一个最为危险的世界里。无须阐述这种形势对于公共舆论的影响，或是对于任何尝试发展一种国际组织去维护和平的影响。然而，我们希望强调，所有这些发展与物理学和化学的进步之间的关系非常紧密；任何出于军事理由试图在这个国家秘密掩盖这种发展，将遭遇涉及不同科学学科的许多问题。但是，出于同样的原因，这个问题本质上是设想在国际间自由地交换科学情报。如果存在这样的情报交换自由，任何人都会非常清楚地知道与这种武器相关的军备形势的状况如何。

6. **所建议的国际情报交换**。出于已概述的原因，我们得出结论，在原子能领域实行所有国家自由交换情报，将促进美国的安全和世界和平的前景。我们认为，不应将这托付给通常危险的科学出版方式，而是应集中于一个对国际组织负责的国际机构。条约的签字国将保证他们所有科学家的成果能够由这个国际机构的代表自由地获得，反过来后者务必保证成果在世界范围的出版与获得这些成果一样迅速。国际组织中的各国将进一步一致同意，允许国际机构的代表自由访问他们的国家，并与所有的科学家，包括这个国家的政府雇员，讨论原子能的所有问题。在我们看来，俄国会是最不愿意参加这一相互配合行动的国家，但因为我们在这种技术方面拥有优势——如果只是暂时的话，所以看上去显然要交换条件。

虽然我们相信，自由交换科学情报的做法是重大的一步，某种程度上消除了这种新发展对文明所构成的内在危险，但我们认为，如果不是立即去做的话，也应作为第二步去进一步做出安排。同一国际机构不但应规定它的代表要在所有国家的科学实验室之间自由巡查，自由出版所有原子能科学方面的成果，而且应规定检查所有的技术设备。这提出了更大的困难，想必在这个国家和在俄国一样会遭遇强烈的反对，因为这意味着上一份分析中所提到的向国际组织的官员公开所有的工业设施。然而，我们认为，如果这个国家和其他国家的人民确信目前刚刚初露头角的这种新武器的可怕潜在性，他们就会愿意在适当保护商业秘密的情况下提供这样的安排。由于检查代表是拥有职业传统的科学和技术人员，所以我们相信不久在这样的一个国际专家团体中会形成公正和负责的传统，从而确保他们的监督权力不会被滥用。也就是说，他们会抵制诱惑，不将履行他们职责过程中获得的不属于问题领域的秘密情报泄露给他们自己的政府或是一些商业公司。

我们承认，即使在科学层面，也存在一些规避的可能性，在技术和工业层面，规避的可能性则非常大。尽管如此，我们认为，沿着我们概述的路线，有可能朝着一个确定的目标前行，即使成绩远远不够理想。我们想不出任何其他的方案，使这些新发展更可能被用来促进和平，而不是确保在另一场战争中的毁灭性破坏。

布什致科南特的备忘录①

（1944 年 10 月 24 日）

几天前，部长跟我谈起我们最近的备忘录，但显然他尚未决定应当就此做些什么。我倒认为，对他而言能做的最好的事情是添上他自己的看法，并将备忘录呈交总统。当然，总统需要的是一个出色的坚实团队去研究这件事的含义，并向他建议可能的行动，但是我判断，就目前来说这不大有希望做到。

最近，我对另一个问题进行了一些思考，可能提供了一种处理这个问题的方式。现在每一个人都同意，我认为在欧洲战场不太可能出现生物战。在远东，形势可能充满危险，特别是如果开始化学战的话，但是我认为，即使在那里，就目前的战争而言，也几乎不可能出现任何大规模的生物战。事实上，这个国家在这个问题上的激动情绪已经平息。陆军部成立了一个新的生物战委员会，并且第一次规定在适当的基础上与英国交换情报，但参谋长联席会议方面的行动似乎完全停止了，在这个国家，全部的事情正委托该委员会处理，而我怀疑，除了开展一定数量的化学战实验之外，该委员会能否发挥作用。

在未来的世界里，可能存在某种危险，未来的侵略者秘密地谋划生物战，并突然地施加于这个世界。我猜想，这取决于生物学问题的发展，但可能性已经以某种形式存在了。现在，在我看来，如果在全世界的生物学

---

① Memorandum for Dr. Conant, October 24, 1944, *Bush-Conant Files*, Roll 4, Folder 19.

家之间全面交换情报,这个问题就远不会那么危险,尤其是如果通过一个国际组织来做这件事,加上所有的大国时常轮流举行流行病学的国际会议,以及一个核心组织负责收集公众的健康信息,特别重视预防流行病。在这种情况下,如果某个国家秘密大规模发展原子能的军事方面,我认为,将很可能为人们所知。当然,任何在其内心深处不抱有侵略念头的国家,会倾向于真诚地参与这样的事情,并开放情报交换,除非这个世界实际上比我愿意认为的要更加口是心非。尝试实现这一点,很可能是值得的。

作为实现这一目标的一种手段,在与英国已经建立情报交换的情况下,我建议,我们应立即倡议与俄国在这个问题的所有方面进行全面的情报交换。我们可能从解决这个问题的方式中收获许多。

在我看来,敦巴顿橡树园会议走得很远,事实上比我最初认为在这个战争阶段能够做到的更远。他们规定了有关经济问题的国际机构,以及一些在国际联盟之下做过的事情,但是他们没有在这个机构中给予科学情报交换应有的地位,如果以上我所概述的方法拥有任何有效性的话。有一份概述未来生物战危险的文件,以及国际情报交换提供针对生物战的保护能够用来及早将这件事曝光,都是可能的,但我不太确定应在何处插入这个问题。作为一个开端,与斯退丁纽斯①的会谈可能是有益的。

你很容易看到,我心中想的要比外表看到的更多,我正在思考一个进入的楔子。但是,我很愿意根据其自身的优点与你一起探讨这件事,从其与其他事情关系的角度看,可能也是如此。

V. 布什

邦迪、科南特、布什和麦克罗伊的会议备忘录②
(1944 年 12 月 8 日)

科南特博士和我引入了有关这个国家 S - 1 问题战后管理的话题,并竭力主张应立即制订这方面的计划。作为制订计划的一种方式,我们建议,陆军

---

① 小爱德华·斯退丁纽斯(Edward R. Stettinius, Jr.),1944~1945 年任美国国务卿。——编者注
② Memorandum of Conference, December 8, 1944, *Bush-Conant Files*, Roll 4, Folder 19. 约翰·麦克罗伊(John McCloy),美国陆军助理部长。——编者注

部长向总统提出成立一个负责起草计划的委员会（committee or commission）。这些包括起草法案以及起草适当的时候向公众发布的声明。预计该委员会还将向陆军部提出建议，继续进行目前对周密的战后方法至关重要的实验。我们明确提到，在相当程度上，这是一个独立于在国际关系中恰当处理这个问题的问题。在后一方面，我们一致认为，国务院现在应加入进来，最好由部长立即向总统建议此事。国务院也应当在涉及美国事务的该计划委员会当中拥有代表，因为它们存在互相之间的关联。例如，这个国家实行管制的立法可能基于一项条约或者诸如税收或国防这样的其他事项。邦迪先生和麦克罗伊先生同意上述意见，并且邦迪先生将在下周初向部长提及此事。关于人事，我们都一致同意，如果部长在该委员会的代表是部长办公室的乔治·哈里森先生（George Harrison），将是一个令人感到愉快的选择。科南特博士和我表示，委员会有必要包括如 A. H. 康普顿、欧内斯特·劳伦斯和 I. I. 拉比这样的杰出物理学家。科南特博士和我还认为，应包括一名非常熟悉该问题的工程人士，比如罗①。科南特博士和我都不认为，我们各自应参与这个计划委员会。我尤其向邦迪先生表达了我的想法，我应当全身心致力于战时工作，而不牵涉任何不必要的战后事务，作为一名科学顾问，我应当为总统服务，因此，我不参与这个特定的委员会会更好。我们全都认为，该委员会将有一项非常重要的工作要做，应当及早开始。还有关于战后商业方面的讨论，我们表达的看法是，在一些年之内，这些不可能是重要的，但可能会有一种以令人意想不到的方式发展的新技术。在军事事务方面，我们认为，存在将原子动力用于战舰的可能性，海军对此有浓厚的兴趣。因此，海军应在该委员会有一名代表，我们认为，最好由海军上将金②指派一名军官，因为金已经与这个问题有密切的联系，反之，福里斯特尔③先生没有紧紧跟进。

　　会议进一步讨论了国际关系及由此引起的一些问题，还有敌人在这个问题上可能的发展状况，以及如果在不同的情况下投入战争使用，估计这种开发将会产生的后果。

V. 布什

---

① 哈特利·罗（Hartley Rowe），美国工业工程师，1944 年加入洛斯阿拉莫斯实验工作。——编者注
② 欧内斯特·金（Ernest J. King），时任美国海军作战部长。——编者注
③ 詹姆斯·福里斯特尔（James V. Forrestal），时任美国海军部长。——编者注

布什致科南特的备忘录①

（1944 年 12 月 13 日）

今天上午，我与部长讨论了 S−1 问题。我向他描述了在这个问题上我同比德尔·史密斯将军②的联系，并告诉他我提供给史密斯的有关德国在这个问题方面状况的估计。我非常认真地向部长重复了这一点，我想，他现在已对我们的和德国的状况有了充分的了解。我还认真地指出，虽然我意识到了错误估计的严重性，但由于这样做的重要性，我会根据稍显不足的证据向他提供我的估计，而不会在任何方面掩盖它。昨天，我检查了最近来自斯特拉斯堡的证据，但没有发现有理由改变与古德斯米特、弗曼和罗伯逊③在巴黎会谈时所得出的看法。

我告诉部长，我认为让国务院参与进来的时机已经到来，他表示同意。他还同意，对他来说，正确的做法是与总统商量此事，他明显打算这样去做。他还告诉我，他认为与华莱士先生进一步交换意见是适宜的。在这方面，我们对战后有关这个问题的国际情报交换应采取的政策略做了讨论，但未连篇累牍。部长提出的主要观点是，这是一个非常难以做出的决定，也是一个如此重要的时刻，需要在制定政策时采取极其谨慎的态度。对于我们应持怎样的立场，可以非常明确且非常恰当地说，他尚未下定决心。

接着，我告诉他，我们认为现在需要就问题的美国方面去制订计划，去起草供总统发布的声明，去起草法案，以及去决定，如果有的话，现在应当进行哪些具有战后用途的实验，无论是军事方面还是商业方面。我明确表示，我们认为，商业方面在将来还很遥远。我指出，你、哈维·邦迪和我讨论了这个问题，我们都认为，由部长办公室的乔治·哈里森牵头的

---

① Memorandum for Dr. Conant, December 13, 1944, *Bush-Conant Files*, Roll 4, Folder 19.

② 比德尔·史密斯（Bedell Smith），时任欧洲盟军总司令艾森豪威尔的参谋长，陆军中将。——编者注

③ 塞缪尔·古德斯米特（Samuel Goudsmit），荷兰裔美国物理学家，是战时美国政府成立的专门调查德国原子能、化学和生物武器的“阿尔索斯小组”（Alsos Mission，1943 年 12 月由格罗夫斯成立）的首席科学顾问。罗伯特·弗曼（Robert Furman），美国土木工程师，在陆军工程兵团服役，后被格罗夫斯指派负责情报工作，为阿尔索斯小组成员。霍华德·罗伯逊（Howard P. Robertson），美国数学家和物理学家，曾担任陆军部长的技术顾问，科学研究与发展局驻伦敦的联络官员，盟国远征军最高司令部的科学情报顾问。——编者注

小组将是足够的。我称，你和我都觉得我们不应成为这样一个为了战后目的的计划制订机构，而应由杰出的科学家成为其成员，并提出了我们的理由，虽然有些勉强，但部长似乎同意了这一点。在离开他的时候，我问是否下一步是由邦迪先生为他起草一份文件，明确阐释计划委员会应是怎样的，业务范围是什么，他同意下一步如此做是适当的。然后，我去见邦迪先生。他得知下一步由他负责，为与国务院的会谈和计划委员会扫清道路，而我判断，他很快会就此事向部长做出一些汇报。

V. 布什

《史汀生日记》摘录①
（1945 年 3 月 15 日）

……

我花了上午的部分时间去准备就这个 S-1 问题接受总统的会见。我曾要塔莉小姐②为我本周与他会谈确定日期，总统上周六提出他要与我见面。她建议明天、周五或周六，我说这几天的任何一天都可以。但是，在十二点半的最后一分钟，我接到了来自白宫的一个电话，她告诉我，总统建议我今天过去吃午饭。这使我的日程安排有些被打乱，使我在过去之前像拼命一样赶紧准备 S-1 的问题；我最终做到了，准备好了所有的文件。当我抵达时，我不得不等候他半小时，因为他现在正在白宫的主楼用午餐，而他经常因拖延的约会滞留在行政办公室。但我们在大约两点十分时坐了下来。

首先，我就他给我的一份来自吉米·邓恩③的备忘录发表了看法，吉米对曼哈顿工程方面甚嚣的谣言感到担心。吉米认为，这可能会变成灾难性的，他建议我们找来一批"圈外的"科学家去审查该工程，因为谣言正在四处传播，说万尼瓦尔·布什和吉姆·科南特在这个问题上向总统兜售了蹩脚的东西，应当查一查。这是一份非常紧张不安且神经过敏的备忘录，

---

① *The Henry L. Stimson Diaries*, Reel 9, vol. 50, pp. 189–190.

② 格雷丝·塔莉（Grace Tully），罗斯福总统的私人秘书。——编者注

③ 吉米·邓恩（Jimmy Dunn），正式姓名为詹姆斯·C. 邓恩（James C. Dunn），美国职业外交家，战时担任过国务卿的政治顾问，战后担任过美国驻欧洲多国的大使。——编者注

相当的愚蠢，而我对此做了准备，我交给总统一张实际从事该工作的科学家的名单，表明他们具有很高的地位，其中包括4名诺贝尔奖获得者，以及几乎每一层次的物理学家都与我们一起参与了该工程。然后，我向他概述了工程的未来情况，何时可能完成，并告诉他做好准备是多么的重要。我向他列举了在该工程成功的情况下有关战后未来管制方面存在的两派想法，一派主张由那些目前的管理者尝试秘密近距离对该工程实行管制，另一派主张在科学自由和获得自由的基础上实行国际管制。我向总统指出，这些事情必须在第一颗原子弹使用之前解决，他必须准备一份声明，一旦原子弹被使用，就向人民发布。对此他表示同意。我告诉他，几周前，当恩格尔①在众议院威胁要发表有关这个问题的讲话时，我是如何解决他的抗命之举的，我邀请他到办公室，给他看了一些费用数字，并说服了他。然后我告诉他，我正建议，当下一次大笔拨款的时刻到来时——大概在4月，由众议长山姆·雷伯恩（Sam Rayburn）对该工程采取相同的对待方式。我向他指出，我想我们可能建议派4名众议员突破规定的限制，即建筑物的外面，让他们看一看制造的情况，普遍让他们能够表示，他们不会再加以反对。总的来说，我与总统的会谈是成功的。

格罗夫斯致马歇尔的备忘录②

（1945 年 4 月 23 日）

1940 年，在比利时的德国军队没收并运回德国大约 1200 吨铀矿石。只要这批材料一直隐匿在敌人的控制之下，我们就难以保证，敌人是否正准备使用原子武器。

昨天，我收到一封电报，获知我的人已经在德国的施塔斯富特附近找到了这批材料，现在正运往德国之外一个安全的地方，在那里，材料将处于美国和英国当局的完全控制之下。

俘获的这批材料，是欧洲可用的大数量的铀供应，看上去确切消除了

---

① 阿尔伯特·J. 恩格尔（Albert J. Engel），来自密歇根州的美国国会共和党众议员。——编者注

② Memorandum to the Chief of Staff from General Groves, 23 April, 1945, *Correspondence of the Manhattan Engineer District*, *1942 – 1946*, Record Group 77, M1109, Washington D. C. : National Archives Microfilm Publications, 1980, Roll 2, File 7.

德国人在这场战争中使用原子弹的任何可能性。

L. R. 格罗夫斯

史汀生与格罗夫斯向新任总统杜鲁门
汇报 S-1 问题以及相关备忘录①
（1945 年 4 月 25 日）

……②

　　中午十二点，我前往白宫参加我与总统关于 S-1 问题的会谈。格罗夫斯将军将在那儿与我碰面，但是他必须走一条秘密的路线，因为如果现在每天在总统接待室大量聚集的记者看见我俩一起出现在那里，他们肯定会猜到我见总统是为了什么。于是，总参谋部秘书麦卡锡上校③安排格罗夫斯将军通过地下通道进入位于总统旁边的房间，并等在那里，直到我已与总统谈了许久。谈话确实进行得很好。首先，我给总统看了我昨天和今早起草的文件。文件是有关 S-1 情况的政治方面以及关乎公众的问题。他认真地读着，并十分感兴趣。接着，我引见了格罗夫斯将军，并介绍了他关于生产活动的报告，格罗夫斯、我以及这份报告向总统解释了这件事情。总统留下一份副本，我则拿了另一份，我们开始讨论，并回答他的提问，告诉他所有关于制造方法的问题以及即将出现的问题，事实上，我认为这些使他非常感兴趣。他非常细致地对待这件事。他记得，当他身为杜鲁门委员会主席正调查这件事的时候，我拒绝让他调查该工程，他说，他现在完全理解了为什么对我而言除了我所采取的做法之外其他任何做法都是不可取的。

　　……④

---

①　*The Henry L. Stimson Diaries*, Reel 9, vol. 51, pp. 68 – 72; Memorandum Discussed with the President by the Secretary of War, *Harrison-Bundy Files*, Roll 4, File 60.

②　此处部分内容未译。——编者注

③　弗兰克·麦卡锡（Frank McCarthy），1943～1945 年担任美国陆军总参谋部秘书（Secretary of the General Staff）。——编者注

④　此处部分内容未译。——编者注

与总统会谈的备忘录①

(1945 年 4 月 25 日)

1. 4 个月之内，我们很有可能完成人类历史上迄今所知的最为可怕的武器，一颗炸弹能够摧毁整座城市。

2. 虽然我们与英国分享武器的开发，但实际上美国目前正处于控制制造和使用这种武器的资源的地位，而一些年里没有其他国家能够达到这种地位。

3. 尽管如此，几乎可以肯定的是，我们难以无限期地保持这种地位。

a. 在一些国家里，许多科学家广泛了解它的发现和生产的各个环节，但目前很少有科学家熟知我们已开发的整个流程。

b. 虽然依据现有方法进行制造需要大量的科学和工业努力以及原材料，这些暂时大多由美国和英国所掌握和知晓，但极有可能未来的科学家会发现更容易和成本更低的制造方法，加上分布更为广泛的材料的使用。由此，未来极有可能，更小的国家甚至团体，或者一个大国在更短时间内，能够制造出它。

4. 因此，有迹象表明，未来可能会出现这样一个时刻，恣意妄为的国家或团体秘密制造这种武器，并针对毫无戒备的规模和物质力量更大的国家或团体突然有效地使用这种毁灭性力量。在它的作用下，即使一个十分强大的毫无戒备的国家，也可能在短短几天内被一个小得多的国家所征服，但接下来几年里能够投入生产的唯一国家只有俄国。

5. 与其技术发展相比，目前处于道德进步状态的世界，将最终受到这种武器的控制。换句话说，现代文明可能彻底遭到毁灭。

6. 在我们国家的领导者认识不到这种新武器力量的情况下，以目前可能被考虑的任何方式来探讨世界和平组织，似乎是不现实的。以往考虑过的管制体系都不足以控制这种威胁。对任何特定国家内部和世界各国之间而言，管制这种武器无疑是一件最为困难的事情，涉及我们以往从未想过的检查和内部控制的完全权利。

---

① Memorandum Discussed With the President by the Secretary of War, *Harrison-Bundy Files*, Roll 4, File 60.

7. 另外，鉴于我们目前在这一武器上的立场，与其他国家分享以及如果分享依据什么条件的问题，成为我们对外关系的一个首要问题。我们在战争中和这种武器的开发中的领导地位，赋予了我们一定的难以推脱的道义责任，如果对任何文明的灾难没有十分严肃的责任感，将会助长灾难。

8. 另一方面，如果正确使用这种武器的问题能够得到解决，那么我们将有机会带给世界一种和平以及我们的文明能够获得拯救的模式。

9. 就如格罗夫斯将军报告所提到的那样，正在采取措施成立一个具有资质的专门委员会，以便在秘密不再完全有效时，为我们政府的行政和立法机构提供行动的建议。在这之前，该委员会还将对陆军部预计到战后问题所采取的相应行动提出建议。当然，所有的建议将首先提交给总统。

阿尔索斯小组的约翰·兰兹代尔中校
致格罗夫斯的报告①
（1945 年 5 月 5 日）

1. 1945 年 4 月 8 日，我在兰斯（Reims）的盟国远征军最高司令部拜访了史密斯将军②，向他传达了陆军部长、陆军参谋长和格罗夫斯将军之间会议的结果。史密斯将军表示，他明白事情的重要性，他已告诉帕什上校去同第 6 集团军群的哈里森将军（General Harrison）和布拉德利将军（General Bradley）商谈这件事，但事情呈现出很大的困难。他指示我接上帕什上校，尽快返回兰斯。

2. 我同弗曼少校（Major Furman）和帕什上校一道于 4 月 10 日上午回到盟军最高司令部，向斯特朗将军③提交了一份由弗曼少校尊其命令起草的情报总结报告。这使斯特朗将军对我们关于试验场所的结论的正确性感到满意。之后，帕什上校和我出席了史密斯将军、陆军参谋部作战处（G-3）

---

① From Col. Lansdale to General Groves, 5 May, 1945, *Correspondence of the Manhattan Engineer District, 1942–1946*, Roll 2, File 7. 约翰·兰兹代尔（John Lansdale），格罗夫斯手下负责曼哈顿工程安全与情报的官员，1945 年 4 月被派往欧洲执行抓捕德国核物理学家、搜寻德国核原料、检查德国核设施的被称为"港湾行动"（Operation Harborage）的任务，受阿尔索斯小组的负责人鲍里斯·帕什上校（Boris Pash）领导。

② 沃尔特·史密斯（Walter B. Smith），时为陆军少将，艾森豪威尔的参谋长。——编者注

③ 乔治·斯特朗（George V. Strong），曾任美国陆军负责军事情报的副参谋长，1944 年 1 月卸任退休后，仍为陆军部工作，陆军少将。——编者注

的布尔将军（General Bull）、情报处（G-2）的斯特朗将军、陆军部作战司（WD OPD）的克雷格将军（General Craig）和麦克罗伊先生之间的会议。布尔将军告知，预计的作战行动需要3个师——2个装甲师和1个空降师，正在进行防御作战的第6集团军群提供不出人手，只能由其他的集团军群提供这3个师。史密斯将军表示，目前的作战计划没有考虑美国部队在那一地区开展行动。已经考虑过，法国人将在两三周内进驻那里。我向他建议到，尽管陆军部认为应当采取这项行动，但超出这一范围，则完全是由他们做出决定的事情，我们的情报表明在那个地区不存在任何德国人开展行动的迫在眉睫的危险。他表示，他不认为他那时能够建议采取行动，但是他指出，他可以轰炸这一地区，并且一旦得到法国人正挺进该地区的消息，将在法国人的支援下派空降师进入。我提出，希望他考虑一下两种手段都使用，我们的想法是美国人应该抢在法国人之前俘获那里的人员和材料，或者如果不可能做到，就彻底毁掉。他称，已做出安排，如果不在那一地区开展大规模的军事行动，就完成这些目标。在这些问题上，我一直与你的办公室保持着联系。你重申了之前向我做出的指示，不应提出，这些行动问题不完全由战场指挥官决定。

3. 4月14日，在前往海德堡（Heidelberg）开展在施塔斯富特地区的行动的途中，我在兰斯停了下来，同查尔斯·汉布罗爵士①一起拜访了斯特朗将军。斯特朗将军告知，他刚参加完参谋会议，盟军总体计划有了变化，为了扫清侧翼，英美军队不指向柏林，而是总体沿着易北河一线行动。同时，艾森豪威尔将军已决定实施最初的"港湾"计划。决定行动的时间应取决于总的作战形势和法国人挺进的速度。接着，我们拜访了史密斯将军，他大体告诉了我们同样的事情。他表示，他认为行动将在大约两周内实施，但时间可能会更长。

4. 4月15日，我继续同查尔斯·汉布罗爵士、加蒂克尔先生和由布洛克（Bullock）率领的一支阿尔索斯行动队前往哥廷根。汉布罗爵士、布洛克、帕什上校和我拜访了第12集团军群的西伯特将军（General Siebert，G-2）。我们与他讨论了在施塔斯富特地区拟议开展的行动。他对整个事情有些心绪

---

① 查尔斯·汉布罗（Sir Charles J. Hambro），时任英国驻华盛顿原材料采购使团负责人，原为英国特别作战行动处高级官员。——编者注

不宁，并称要去见司令长官。他前去见了布拉德利将军①，后者当时正与在施塔斯富特地区开展行动的第9集团军指挥官辛普森将军（General Simpson）在一起。他们俩都支持我们的行动，于是，我们从西伯特将军那里得到了必要的授权信。

5. 4月16日，我们前往万茨莱本（Wanzleben）——第14军指挥部所在地，在那里我们从普拉特中校（Col. Platt，G－2）那儿得到可靠的消息，施塔斯富特地区相当安全。

6. 4月17日，我们前往卡尔伯（Calbe）——第83步兵师指挥部所在地。在参谋长博伊尔上校（Col. Boyle）、负责审讯平民的情报处处长德马塞上尉（Capt. de Masse，G－2）的指引下，我们到了利奥波德大厅附近的WIFO② 工厂。这座工厂已遭到我们的轰炸，被法国和意大利工人洗劫一空。档案无可救药地散落在这个地方。我们叫来了工厂的主管和经理。在经理的房间，有一份库存记录的副本。这些库存记录显示，存在我们感兴趣的材料。顺着许多其他物品，主管向我们指出了我们所要材料的位置。我们要的材料全都储存在地上的桶里。

7. 4月18日，我飞奔到居特斯洛（Gutersloh）——第9集团军的指挥部所在地，在那里我见到了情报处的肯普上校（Col. Kemph，G－2）和补给处的凯泽上校（Col. Kaiser，G－4），他们安排了两个卡车连给我们，将材料运送到希尔德斯海姆（Hildesheim）。之后，我飞奔到希尔德斯海姆，见到了第692野战炮兵队的指挥官休斯中校（Lt. Col. Hughes），他正忙着撤离大约1万名盟军的战俘。休斯中校表示，他可以护送这批材料，我们在前德国空军基地周围有设施，但超出该范围，他就无能为力了。我返回到万茨莱本，从第14军借了6名士兵，并派卡尔弗特（Calvert）与他们一起前往希尔德斯海姆，去安排接收和储存这批材料。

8. 4月19日，找到了一家纸袋生产厂，获得了1万个厚纸袋，并与已来报道的卡车连连长交代了运输细节。

9. 4月20日，在查尔斯·汉布罗爵士的陪同下，前往伦敦。

10. 与此同时，在南面的法国人比预想的挺进得更快。4月21日午夜，发现他们已经拿下了霍尔布（Horb），并渡过了河，在某几个地方已越过了

----

① 奥马尔·布拉德利（Omar N. Bradley），又译布莱德雷，第12集团军群司令长官，非之前提到的第6集团军群的布拉德利。——编者注
② 纳粹德国从事固体燃料研究的机构。——编者注

要他们停止的界线，显然他们想前往锡格马林根（Sigmaringen）——维希法国政府的所在地。德弗斯将军（General Devers）立即指派给帕什上校一个战斗工程营，即刻前往目标地区。在法国人抵达后大约不到一小时，这支部队抵达了海格洛赫（Haigerloch）。在海格洛赫，他们找到了目标，并将其保护起来，然后前往黑兴根（Hechingen），在那里做了相同的事，也是在法国人抵达后大约不到一小时之内。

11. 4月23日，我与英国人一道乘飞机前往海德堡。4月24日，我们抵达海格洛赫，但是得知帕什的指挥部在黑兴根，并且他为了小组要撤回来。4月24日，我们实地察看了海格洛赫的实验室，并开始拆除反应堆。那天晚上，我前往黑兴根，将英国小组留在了海格洛赫。那天晚上，我们得到消息，法国人正计划前往泰尔芬根（Tailfingen）。

12. 4月25日，在第6集团军群的哈里森将军的陪同下，与小组一道前往泰尔芬根。小组在法国人之前抵达了泰尔芬根，并占领了这个小镇。所有的目标都找到了，奥托·哈恩将他全部的文件交给了我们。

13. 与此同时，英国小组在帕里什中尉（Lt. Parrish）和一个工兵排的协助下，拆除了反应堆并将它们装到了卡车上。反应堆的外壳被用手雷给毁了。

14. 4月26日，与韦尔什（Welsh）和佩林一起，审讯了冯·劳厄、冯·魏茨泽克、维尔茨（Wirts）和哈恩。在多次询问之后，维尔茨同意向我们指出来自海格洛赫反应堆的重水和材料放在了哪里。我们拿到了材料，将其运上一辆卡车，送往了巴黎。

15. 4月27日，将战俘送往海德堡。就在准备离开之前，魏茨泽克告诉我们他的文件保存在哪里，于是我们将其拿到了手。

16. 4月28日，与英国小组一起前往兰斯。在那里，查尔斯·汉布罗爵士、弗曼和我拜访了斯特朗将军，并对战俘的住宿和照顾做了安排。另外，我们进一步确定了从希尔德斯海姆将材料运往英国的运输安排，在此期间，查尔斯·汉布罗爵士和弗曼已经就此开展了工作。

17. 5月1日，我见到了彻韦尔勋爵，并与他就美国商人的讲话事件进行了长谈。他称，事件大约发生在两年前，当时他、比弗布鲁克勋爵（Lord Beaverbrook）和那位美国商人一起共进午餐。他不记得那位美国商人的名字，但称他会找到，并让我们知道。

临时委员会会议记录[①]

（1945 年 5 月 31 日）

出席人员：

<u>委员会成员</u>

亨利・L. 史汀生部长，主席

拉尔夫・巴德阁下[②]（Ralph Bard）

万尼瓦尔・布什博士

詹姆斯・F. 贝尔纳斯阁下

威廉・L. 克莱顿阁下[③]（William Clayton）

卡尔・T. 康普顿博士

詹姆斯・B. 科南特博士

乔治・L. 哈里森先生

<u>受邀的科学家</u>

J. 罗伯特・奥本海默博士

埃里克・费米博士

阿瑟・H. 康普顿博士

E.O. 劳伦斯博士

<u>诚邀</u>

乔治・C. 马歇尔将军

莱斯利・R. 格罗夫斯少将

哈维・H. 邦迪先生

阿瑟・佩奇[④]（Arthur Page）先生

I. 主席的开场白

史汀生部长解释称，在征得总统同意的情况下，他已指定临时委员会

---

① Notes of the Interim Committee Meeting, May 31, 1945, *Harrison-Bundy Files*, Roll 8, File 100.

② 时任美国海军副部长。——编者注

③ 时任美国助理国务卿。——编者注

④ 美国电话电报公司副总裁和董事。——编者注

就战时临时管制、公开声明、立法和战后组织工作方面提出建议。部长高度赞扬了这个国家的科学家为工程提供的卓越且有效的帮助，对出席会议的 4 位科学家为这项工作做出的伟大贡献以及愿意为临时委员会必须面对的许多复杂问题提供意见，表示了由衷的感谢。他表示，希望科学家们在表达他们有关该领域任何方面的看法时感觉到完全的自由。

委员会已被命名为"临时委员会"，因为预计当该工程更广泛地为人所知时，将有必要通过国会行为或条约安排建立一个长期性的机构。

部长表示，马歇尔将军与他一道承担责任向总统提供有关该领域的建议，特别是有关军事方面的建议。因此，马歇尔将军出席此次会议，获取科学家们的第一手看法，被认为是十分可取的。

部长表达了这样一种看法，马歇尔将军也持同样的观点，不应简单地从军事武器方面考虑这项工程，而是应将其看作一种人类与宇宙之间的新关系。这项发现可能堪比哥白尼理论和万有引力定律的发现，而且在对人类生活的影响方面远比这些更重要。尽管迄今该领域的进步是由战争的需要所推动的，但重要的是要认识到该工程的意义远超出目前战争的需要。如果可能，则必须加以管制，使其成为未来和平的保障，而不是对文明的威胁。

部长提出，他希望会议期间讨论以下问题：

1. 未来的军事武器；

2. 未来的国际竞争；

3. 未来的研究；

4. 未来的管制；

5. 未来的发展，尤其是非军事领域。

Ⅱ. 开发阶段

作为讨论的技术背景，A. H. 康普顿博士阐释了不同的开发阶段。第一阶段需要分离 U_{235}。第二阶段需要使用"增殖"反应堆去生产浓缩材料，从中能够获得钚或新型的铀。第一阶段正被用来生产目前原子弹所需的材料，而第二阶段将生产出比目前生产中的那些原子弹爆炸威力巨幅增加的炸弹。现在，浓缩材料的生产达到了数磅或数百磅的级别，有人设想运转规模可以扩大到生产数吨。虽然从第二阶段产品中生产出炸弹尚未在实际操作中被证实，但生产这样的炸弹被认为有科学的把握。鉴于存在某些技术和冶金方面的困难，估计从 1946 年 1 月起，将花 1 年半时间去证实第二阶段，花 3 年时间去获得大量的钚，而任何竞争者要赶上我们大约要花 6 年时间。

《史汀生日记》摘录①
（1945 年 6 月 6 日）

......

然后，我开始谈我议程上的问题，告诉他上周临时委员会②首次工作的情况。他说，贝尔纳斯已经就此向他做了汇报，贝尔纳斯似乎对已做的工作非常满意。我接着说，所达成的一致意见和看法基本如下：

在第一颗炸弹成功投在日本之前，不应向俄国或其他任何国家透露我们 S-1 方面的工作。

最大的难题可能出现在三个大国的会议上。他告诉我，为了给我们更多的时间，他已经推迟了会期，直至 7 月 15 日。我指出，仍可能存在延误，俄国人应该会提出这个问题，如果是这样的话，并要求我们将他们当作合作的伙伴，我想他们的立场将是以其人之道还治其人之身，即简单地表示，我们尚未准备好这样做。

我告诉他，对于未来形势的控制，我们的委员会能够提供的唯一建议是，每一个国家应承诺公开它正在开展的这方面的全部工作，应建立一个国际管制委员会，拥有视察所有国家的全权，监督这种承诺是否得到了履行。我说，我承认这是不完美的，可能遭遇俄国的反对，但是，在那种情况下，我们将处于足够领先的地位，能够积累足够多的材料作为被无奈赶上的一种安全保证。

----

① *The Henry L. Stimson Diaries*, Reel 9, vol. 51, pp. 159－160.
② 临时委员会（Interim Committee），在杜鲁门总统的批准下，于 1945 年 5 月 2 日成立，专门负责使用原子弹以及由此产生的政治军事等相关问题，对战后安排提出政策建议等，称其为"临时委员会"，意在将来由国会建立一个常设委员会取而代之。委员会主席为史汀生，成员包括总统代表詹姆斯·贝尔纳斯（James Byrnes）、海军副部长拉尔夫·巴德（Ralph Bard）、助理国务卿威廉·克莱顿（William Clayton）、布什、卡尔·康普顿、科南特、史汀生特别助理乔治·哈里森。史汀生缺席的情况下，由哈里森代理主席，但贝尔纳斯作为总统代表在委员会中实际更有影响力。——编者注

我表示，不透露工作当然应针对任何国家，直到做出所有这样的管制承诺并得到证实。之后，我们还进一步讨论了在我们考虑将他们当作合作伙伴方面应当设立的交换条件。他称，他一直在想这件事，并提到了我正在思考的相同问题，即解决波兰、罗马尼亚、南斯拉夫和满洲的问题。

……

芝加哥大学"冶金实验室"主要成员关于"政治和社会问题"的备忘录[①]

（1945 年 6 月 11 日）

I . 前言

对待核力量不同于物理学领域所有其他开发问题的唯一原因在于，作为一种和平时期政治施压和一种战时突然毁灭的手段，它具有的令人吃惊的潜在价值。目前针对核子学领域研究、科学和工业开发、出版的组织工作的所有计划，都是以期望这些计划得以实施的政治和军事氛围作为前提条件的。因此，在做出有关战后核子学的组织工作的建议时，难以避免要讨论政治问题。该工程的科学家并不认为有权威发表国家和国际政策方面的看法。但是，情况使然，我们发现过去五年自己与如此一小撮公民的处境相同，都意识到这个国家的安全以及所有其他国家的未来面临着严重威胁，而其余的人则毫无察觉。我们为此感受到了我们的责任，应当认识到因掌握核能源而导致的政治问题的严重性，应采取恰当的行动对此展开研究，并做出必要的决定。我们希望，由陆军部长成立的委员会去解决核子学所有方面的问题，显示政府已经认识到这些含意。我们认为，我们熟悉科学方面的情况，长期关注其世界范围的政治影响，使我们有义务向该委员会提出可能解决这些严重问题的一些建议。

[①] Memorandum on "Political and Social Problems" from Members of the "Metallurgical Laboratory" of the University of Chicago, *Harrison-Bundy Files*, Roll 6, File 76.

＊　　＊　　＊

以往科学家常常被指责为国家间的相互毁灭提供新式武器，而不是增加它们的福祉。毫无疑问，情况的确如此，比如飞行的发现，相比给人们带来的享受和益处迄今更多的是悲剧。然而，在过去，科学家能够拒绝承担人类利用他们无私发现的直接责任。现在，我们不能采取相同的态度，因为我们在核力量开发方面取得的成功比起过去所有的发明都充满了无限的更大的危险。我们所有人，熟悉核子学的现状，生活中与出现在我们眼前的突然的毁灭降临在我们自己国家的想象相伴，在我们每一个主要城市，珍珠港的灾难以放大千倍的形式重复。

在过去，科学常常能够针对落入侵略者手中的新式武器提供足够的保护，但是，面对核力量的破坏性使用，则难以保证这样的有效保护。这种保护只能来自国际政治性组织。在所有呼吁建立有效的国际和平组织的理由中，核武器的存在是最令人不得不接受的一个。在缺乏国际权威使所有的国际冲突不诉诸武力的情况下，通过达成一项禁止核军备竞赛的国际协议，各国仍有可能避开必定走向完全相互毁灭的道路。

Ⅱ. 军备竞赛的展望

有人可能这样说，通过使我们的发现无限期保密，或者通过快速发展我们的核军备，以至于任何其他国家都因惧怕压倒性的报复而不会考虑进攻我们，至少就这个国家而言，能够防止被核武器毁灭的危险。

对于第一种说法的回答是，尽管我们目前无疑在该领域领先于世界其他国家，但核力量的基本事实是一个普遍知晓的问题。关于核子学战时的基本发展，英国科学家知道的和我们一样多——我们工程开发所利用的特定方法除外——而法国核物理学家的背景，加上他们偶尔与我们工程的联系，使得他们能够迅速赶上，至少在基本科学事实方面是如此。德国科学家，该领域整个的发展源于他们的发现，在战争期间显然没有发展到美国已有的程度；但是，直到欧洲战争的最后一天，我们还生活在对他们可能取得的成就的持续担忧之中。知道德国科学家在致力于这种武器的开发以及他们的政府在拥有它时会毫无顾忌地使用，是美国科学家以如此大的规模在这个国家为军事利用而倡议开发核力量的主要动机。在俄国，也是如此，1940年就对核力量的基本事实和意义有着充分的认识，俄国科学家在核研究方面的经验，完全足以使他们在几年之内步我们的后尘，即使我们竭力对他们隐瞒。此外，我们不应过多期望在和平时期能够成功地保守基本信息的秘密，因为熟悉这方面工作和与工程有关联的科学家散布在许多大学和研究院所，并且他们许多人会继续从事与我们开发的那些基础密切相关的问题。换句话说，即使通过维持全部有关于此和相关工程所取得成果的保密状态，我们能够在一段时期内保持我们在核子学基础知识方面的领先地位，但期望这可以保护我们超过几年时间的想法将是愚蠢的。

有人可能会问，我们能否在核力量的原材料方面实现垄断。答案是，即使目前已知的最大铀矿床在属于"西方的"集团（加拿大、比利时和英属印度）的大国的控制之下，但捷克斯洛伐克的老矿床处于这一范围之外。已知苏联正在它自己的国土上开采镭。即使我们不了解迄今在苏联所发现的矿床规模如何，但在一个占地球陆地面积1/5的国家（它的势力范围囊括了其他的领土），不会发现大规模铀储量的可能性太小了，以至于不能将其当作安全的理由。因此，我们不能期望避免一场核军备竞赛，无论是向竞争的国家保守核力量基础科学事实方面的秘密，还是垄断如此竞赛所需的原材料。

*　　*　　*

有人可能会进一步问，凭借我们更强的工业潜力，包括科学技术知识更广的传播，劳动力队伍更大的体量和更高的效率，以及管理方面更多的经验——所有这些因素的意义在这个国家在目前战争中转变为盟国军火库的过程中如此惊人地展现了出来，我们能否认为自己在一场核军备竞赛中是安全的。答案是，这些优势能带给我们的是积攒更多的更大且更好的原子弹——这种情况只发生在和平时期尽我们最大的生产能力制造这些炸弹，而不依靠战争开始后从和平时期的核子工业转变为军事生产。

然而，破坏力储备方面如此数量的优势，不会使我们免遭突然的打击。仅仅因为潜在敌人担心"数量上和火力上的劣势"，就会诱使它不顾一切地尝试无端发动突然的攻击——尤其是如果它怀疑我们怀有危害它安全或"势力范围"的侵略意图的话。再也没有优势如此集中在侵略者一方的其他类型的战争了。它可以提前将它的"地狱装置"放置在我们所有的主要城市，然后同时引爆，这样摧毁我们的大部分工业，消灭我们的大部分人口，尤其集中在人口稠密的大都市地区。我们报复的可能性——即使报复被看作对失去千百万生命和毁灭我们大城市的一种补偿——将遭遇很大的障碍，因为我们必须依靠飞机运送炸弹，特别是如果我们必须对付的敌人是一个其工业和人口散布在大片领土上的国家。

* * *

事实上，如果允许核军备竞赛形成，我们国家免遭突然进攻的瘫痪性后果的唯一明显方式是，疏散对我们战争努力至关重要的工业以及我们主要大城市的人口。只要核炸弹一直稀有（在铀和钍不再是制造它们的唯一基本材料之前，情况将是如此），有效疏散我们的工业和大城市的人口将大大减少用核武器攻击我们的诱惑。

10年后，一颗含有大约20公斤活性材料的原子弹，可能爆炸的效率在6%，因而效力等同于2万吨TNT。其中一个可能被用来摧毁类似3平方英里的城区。在10年内，预计可以获得含有更大数量活性材料但重量小于1吨的原子弹，能够摧毁一个城市超过10平方英里的地区。一个能够使用10吨核炸药准备对这个国家进行偷袭的国家，可以期望实现破坏所有的工业以及消灭500多平方英里区域的大部分人口。如果没有选择目标，美国领土内任何500平方英里的地区都将包含这个国家足够多的工业和人口，它们的毁灭将是对这个国家战争潜力和自我防卫能力的一种致命打击，而且袭击将不会受到惩罚，也许不用承担责任。目前，可以轻易地在这个国家选择100个5平方英里的街区，同时摧毁每一个街区将对国家构成巨大的打击（可能国家的整个海军力量被摧毁也只相当于这种灾难的一小部分）。由于美国的面积大约是600万平方英里，因此应该可以以这种方式疏散它的工业和人口资源，即不让任何足够重要的500平方英里地区成为核打击的目标。

我们完全认识到，我们国家社会经济结构方面如此根本性的变化所带来的巨大困难。但是，我们认为，必须说明两难的处境，指明如果未成功达成国际协议，将必须考虑什么样的防卫替代方式。必须指出的是，相比那些目前人口和工业分布更分散或是政府拥有不受限制的权力迁移人口和工厂的国家，我们在这方面处于更加不利的地位。

如果达不成有效的国际协议，预示着核军备竞赛的出现不会迟于我们首次展示核武器存在后的那个上午。此后，如果我们一直加紧这方面的工作，其他国家可能要花 3～4 年的时间去追赶我们目前的领先地位，花 8～10 年的时间去达到与我们相当的水平。这可能就是留给我们的不得不重新分布我们人口和工业的所有时间。显然，不应浪费任何时间，让专家对这个问题去开展研究。

III. 达成协议的展望

核战争的前景以及不得不采取的保护一个国家不因核轰炸而彻底毁灭的那种措施，对其他国家和对美国一样必定都是令人憎恶的。面对这样一种威胁，英国、法国和欧洲大陆更小一些的国家，包括它们聚集的人民和工业在内，都处于一种完全无望的境地。俄国和中国是唯一能够从核打击中幸存下来的大国……即使尤其俄国拥有重要工业得以疏散的广阔空间和能够下达这种疏散令的政府，也会有确信采取这样的措施是必要的那一天——无疑俄国也会对在目前战争中奇迹般保存下来的莫斯科和列宁格勒以及现在乌拉尔和西伯利亚的工业城市的突然毁灭不寒而栗。因此，只有缺乏相互信任，而不是缺乏达成协议的愿望，才能够阻碍防止核战争的有效协议的达成。这种协议的达成根本取决于，通过各方达成一致，一国让渡自己主权必要部分的意向和愿望的诚恳度。

＊　　＊　　＊

从这个角度看，首次向世界展示目前在这个国家秘密开发的核武器的方式，显得意义重大，也许具有决定性的意义。

一种可能的方式——尤其可以向那些认为核炸弹主要是一种为帮助赢得目前战争而开发的秘密武器的国家做出呼吁——是在不加警告的情况下对日本境内一个适当选择的目标加以使用。令人怀疑的是，第一颗可用的炸弹效力和尺寸都相对较小，是否足以击垮日本抵抗的意志或能力，尤其像东京、名古屋、大阪和神户这样的主要城市很大程度上因更缓慢的常规空袭过程已化为灰烬的事实。毫无疑问，这也许能够达到某种重要的战术结果，但我们还是认为，在对日战争中第一颗可用原子弹的使用问题，应不仅由军事当局，而且由这个国家的最高政治领导层，十分仔细地权衡。如果我们把全面防止核战争的国际协议看作至高的目标，并认为它可以实现，那么向世界展示核武器的这种方式可能轻易地毁掉我们成功的所有希望。俄国甚至对我们的方式和意图持更少信任的盟国，以及中立国，都会深感震惊。很难说服世界，一个有能力秘密制造并突然使用一种像火箭弹那样不分青红皂白且具有千倍破坏力的武器的国家，它所发表的希望通过国际协议消除这种武器的声明是可以信任的。我们拥有一大堆毒气，但没有使用过它们，最近的民调显示，这个国家的民意不赞成使用，即使它可以加速赢得远东的战争。情况的确如此，大众心理中的一些非理性因素使得毒气比炸药的爆炸更令人反感，即使毒气战比炸弹和子弹的战争绝不更加"不人道"。尽管如此，完全不能确定的是，如果能够接受原子弹爆炸后果方面的教育，美国的公共舆论仍会支持我们自己的国家以如此不分青红皂白大规模剥夺平民生命的方式首次使用原子弹。

因此，从"乐观的"角度看——期待达成防止核战争的国际协议——突然对日使用原子弹所带来的军事上的好处和挽救美国人的生命，可能被随之而来的席卷世界其他地方的信任丧失以及恐怖和排斥浪潮所淹没，也许甚至会导致国内民意的分裂。

从这一角度看，这种新武器的展示最好在沙漠或无人的岛屿上进行，当着联合国家所有成员国代表的面。如果美国能够向世界宣布，"你们看到了我们有什么样的武器，但我们没有使用。我们打算在未来放弃使用它，并与其他国家一道对这种武器的使用实施足够的监督"，那么就能够营造出达成国际协议的最佳氛围。

这听起来可能有些荒唐，但在核武器方面，我们现在完全拥有属于巨大破坏力的东西，并且如果我们想完全利用它带给我们的优势，我们必须使用时新的和富有想象力的方式。在如此展示之后，如果能够获得联合国家（以及国内民意）的支持，可能在对日发出敦促其投降的最后通牒或至少疏散某一地区作为完全摧毁这一目标的替代方案之后，再对日使用这种武器。

*　　*　　*

必须强调的是，如果人们持悲观的看法并怀疑对核武器有效的国际管制的可能性，那么尽早对日使用核炸弹是否明智则更值得怀疑——完全与任何人道主义考虑不相干。如果在首次展示之后没有立即达成国际协议，这将意味着不受限制的军备竞赛飞速开始。假如这种竞赛不可避免，为了进一步加强我们的领先地位，我们则有充分的理由尽可能地推迟它的开始。依据战时紧急情况的强制性要求，我们花了大约 3 年时间去完成生产核炸药的第一阶段——建立在分离稀有的裂变同位素 U_{235} 的基础上，或者利用它生产数量同样稀有的另一种裂变元素。这个阶段需要大规模的、成本高昂的建造工作和艰难的过程。现在，我们处于第二阶段的门槛——将相对丰富的常见铀和钍的同位素转变成裂变材料。这个阶段不需要精心的计划，并可以在 5～6 年内提供给我们大量的原子弹储备。因此，至少在第二阶段成功完成之前不开始军备竞赛，符合我们的利益。通过放弃尽早展示核炸弹并且使其他国家只是在猜测和未确定"此事能行"的基础上勉强地加入军备竞赛，所带来的对这个国家和未来挽救美国人生命的好处，可能远超过在对日战争中直接使用第一颗相对低效的炸弹所赢得的好处。至少，如此使用的利与弊，必须由国家的最高政治军事领导层仔细地权衡，所做的决定应当不仅基于军事战术因素的考虑。

有人可能会指出，科学家自身启动了这种"秘密武器"的开发，所以他们不愿意在一旦可用时就对敌尝试是令人感到奇怪的。以上给出了这个问题的答案——以如此速度创造这种武器的不得已的理由是，我们担心德国已拥有必需的技能去开发这种武器，却对它的使用没有任何道德上的约束。

还能够引述的一种一旦可用就赞成使用原子弹的理由是，在这些项目中投入了巨量的纳税人的钱，国会和美国民众需要他们的钱得到回报。以上提到的在对日使用毒气问题上的美国民意显示，能够期待他们理解有时研发出一种武器只是准备在紧急情况下使用；当向美国人民披露核武器的潜在后果时，可以肯定，他们会支持所有的尝试，使这种武器不能够被使用。

一旦实现了这一点，目前专门用于潜在军事使用的大型设备和积累的爆炸性材料，将为和平时期重要的开发所用，包括能源生产、大型工程事业和大规模放射性材料的生产。通过这种方式，战时开发核子学所花的钱可以变成和平时期发展国民经济的一种裨益。

Ⅳ. 国际管制的方式

我们现在考虑一下如何能够实现对核军备有效的国际管制的问题。这是一个难题，但我们认为可以解决。它需要政治家和国际法学家的研究，我们只能对这样的研究提出一些初步的建议。

考虑到相互信任和各方放弃一部分他们主权的意愿，以允许对国家经济的某些领域实行国际管制的方式，这种管制可以在两个不同的层面实施（替代或同时）。

第一个也是可能最简单的方式是，配给供应原材料——最主要的是铀矿石。核炸药的生产始于在大型同位素分离工厂或巨大的生产反应堆处理大量的铀。通过国际管制委员会的常驻代表，可以控制不同地方出产的矿石数量，每一个国家分配到的数量将不可能进行裂变同位素的大规模分离。

这样的限制也有不足之处，即使得为和平时期的目的开发核力量的生产成为不可能。然而，它不必在使这些材料的工业、科学和技术方面的利用发生突破性变革的规模上阻止放射性元素的生产，这样就不会消除核子学有可能带给人类的主要益处。

一项更高层级的协议，需要更多的相互信任和理解，将允许不受限制地进行生产，但对每一磅所开采的铀的结果保持准确的记录。这种管制方式所存在的某些困难将在生产的第二阶段出现，此时一磅纯裂变同位素将被反复利用以从钍中生产出额外的裂变材料。通过扩大对钍的开采和利用的管制，大概能克服这些困难，即使这种金属的商业利用可能会引起新的难题。

如果一直对铀矿和钍矿转变为纯裂变材料的过程进行检查，那么会出现如何防止大量的这种材料累积落入一个或数个国家之手的问题。如果一个国家违反国际管制，这种累积就可以轻易地被转化为原子弹。有人提出，可以就纯裂变同位素的强制变性达成协议——它们应在生产之后使用合适的同位素进行降解，从而使它们不能用于军事目的（除了如果提纯则它们的开发过程必须花两三年的时间），同时保留它们对于动力引擎的效用。

*   *   *

有一点很清楚：任何防止核军备的国际协议必须得到实际有效的管制

的支撑。任何书面协议都是不够的，因为这个国家和其他任何国家都不能拿自己的整个存在冒险，而相信其他国家的签字。任何妨碍国际管制机构的行为都必须被认为等同于解除协议。

几乎不需要强调的是，我们作为科学家相信，任何设想的管制机制都应为核子学的和平开发留有与世界安全一致的自由。

总　结

核力量的开发不仅构成了美国技术力量和军事力量的重要补充，而且为这个国家的未来带来了严重的政治和经济问题。

在超过几年的时间里，核炸弹不可能一直是这个国家独自控制的"秘密武器"。其他国家的科学家充分了解制造它们所基于的科学事实。除非对核炸药采取有效的国际管制，否则在我们首次向世界展示我们拥有核武器之后，核军备竞赛一定会随之而至。在10年里，其他国家可能会拥有核炸弹，任何小于1吨的一个炸弹都能够摧毁超过5平方英里的城市地区。在这样的军备竞赛可能引发的战争中，人口和工业相对聚集在几个大都市地区的美国，相比那些人口和工业散布在广阔地区的国家来说，将处于不利的地位。

我们认为，这些因素使得及早且不加宣布地使用原子弹攻击日本是失策的。如果美国成为第一个使用这种手段不分青红皂白地毁灭人类的国家，那么它将为此失去全世界的公众支持，促发军备竞赛，损害未来管制这种武器达成国际协议的可能性。

如果通过在一个恰当选择的无人地区的展示首次向世界公开核炸弹，将创造最终达成这种协议的更有利条件。如果当前必须略微考虑建立有效的核武器国际管制的机会，那么就不要及早对日本使用这些武器，而且甚至它们的过早展示可能有悖于这个国家的利益。在这种情况下，推迟这种展示具有尽可能延迟核军备竞赛开始的好处。在赢得的时间内，如果在这个国家能够获得广泛的支持去进一步开放这个领域，那么推迟将大大提升我们在目前战争中已建立起来的领先地位，我们在军备竞赛中或在任何以后尝试达成国际协议的行动中的地位由此将得到加强。

另一方面，如果在不展示的情况下在开发核子学方面得不到足够的公众支持，那么推迟展示可能被认为是不可取的，因为可能会泄露足够的信息导致其他国家开始军备竞赛，在这种情况下，我们将处于劣势。同时，被证实的处于保密掩护下的开发可能导致其他国家的不信任，使得最终与他们达成协议更加困难。

如果政府决定支持及早展示核武器，那么在这场战争中对日本使用这些武器之前，可能要考虑这个国家和其他国家的民意。这样，其他国家可能要为如此重大的决定承担一份责任。

总之，我们竭力主张，将这场战争中使用核炸弹的问题当作长远的国家政策问题而不是军事上的权宜之计去考虑，并且这种政策的首要目标是达成一项协议，从而对核战争的手段采取有效的国际管制。

从我们所知的保护这个国家唯一有效的替代方法是疏散我们主要城市和重要工业的角度看，这样的管制对我们国家的至关重要性是显而易见的。

联合政策委员会会议记录摘要[①]
（1945 年 7 月 4 日）

出席人员：
委员会成员
　　陆军部长，主席
　　陆军元帅亨利·梅特兰 – 威尔逊爵士
　　C. D. 豪阁下
　　万尼瓦尔·布什博士
受邀人员
　　哈利法克斯伯爵阁下
　　詹姆斯·查德威克爵士
　　L. R. 格罗夫斯少将
　　乔治·哈里森先生
联合秘书
　　哈维·H. 邦迪先生
　　罗杰·梅金斯先生 （Roger Makins）

---

① Minutes of Combined Policy Committee meeting held on July 4, 1945, *Harrison-Bundy Files*, Roll 3, File 37.

……

3. 针对第三方的武器使用

威尔逊元帅称，英国政府同意对日本使用管合金武器。他还称，首相可能希望在即将举行的柏林会议上同总统协商此事。

委员会：注意到，英国政府和美国政府已一致同意，应由美国对日本使用管合金武器，陆军元帅亨利·梅特兰－威尔逊爵士已传达了英国政府的同意意见。

4. 两国政府关于武器使用的信息披露

邦迪先生报告称，总统声明的草稿和陆军部长声明的草稿已经起草完毕。已经将草稿给英方成员过目，由他们提出一些意见，乍看之下未出现任何大的分歧。美方的临时委员会将对英方的意见予以考虑。

哈利法克斯勋爵称，声明已转交英国政府，他被要求就陆军部长的声明草稿提出两点主要意见：

（a）为了交代联合政策委员会的来龙去脉，声明应提及英国和美国的科学工作者在战争初期的合作；

（b）首相的顾问们对拟议的如此全面地披露有关材料生产的技术方法感到不安。

主席称，他认为总统声明的草稿基本是正确的，并已让总统过目。至于他自己的那份声明，应被看作一份初步的草稿，应根据英法的意见再次予以考虑。

哈利法克斯勋爵称，首相可能想向总统提出披露技术方法所涉及的广泛问题。

万尼瓦尔·布什博士指出，起草这些声明的目的是尽可能多地披露科学信息，同时不助推世界其他国家研制这种武器。陆军部长声明中所包括的信息少于武器使用后精干的科学家能够获得的信息。

詹姆斯·查德威克爵士表示同意；美中不足是，声明披露了电磁法取得了一定的成功。

布什博士称，类似的考虑将出现在拟议的科学声明中，该声明尚未准备提交。他认为，在使用这种武器之后，从国际的角度看，不可能使管合金开发一直处于保密状态，利益平衡在于，在提供最大可能的科学信息的同时，事实上又不会披露对其他政府构成实际帮助的技术数据。只有允许进行常规的科学交流，管合金的开发工作才能正常地进行。

　　格罗夫斯将军报告称，已经制定了一系列有关管合金开发的科学声明应遵照的原则。

　　哈利法克斯勋爵提出，应将华盛顿关于在何种程度上保密是可取的或是可做到的看法，以及所考虑的与公开声明有关的那种原则和保护措施，告知英国政府。他建议，詹姆斯·查德威克爵士应同布什博士和格罗夫斯将军协调，以便按这些路线向伦敦进行汇报。

　　主席称，得出了两个结论：

　　（1）一旦使用，武器的科学原理将不可避免地为人所知，其他国家将认识到，三或四种方法中的一种已得到了运用；

　　（2）不应且不必披露生产武器遇到的技术和机械难题，以及克服它们的方法。

　　哈利法克斯勋爵称，披露给其他国家的信息越多，对这些国家而言，同意采取国际管制措施的诱惑就越小，如果我们打算向他们提出这种建议的话。

　　主席称，他正在考虑在一个较早的时候，即不久与斯大林的会议，向斯大林透露美国研制原子弹之事。他本人的看法很大程度上受到武器可能在此次会议后几周内使用的影响。如果在这次会议上对管合金武器只字不提，那么其后及早的使用可能会对三大盟国之间的坦诚关系造成严重的后果。因此，他建议总统观察会议的气氛。如果发现在其他问题上相互间的坦诚是真实且令人满意的，那么总统可以指出，有关为战争目的开发核裂变的工作正在进行当中；并且已取得了良好的进展，将很快尝试使用这种武器，但不确定一定会成功。如果取得成功，则有必要讨论有助于世界和平而不是毁灭的对待开发的最佳方式。如果斯大林竭力要求立即披露详情，总统可能会表示，他不打算现在进一步讨论这个问题。主席还称，获悉在瑞典有大量的矿床没有使他改变向总统提出的建议。

　　哈利法克斯勋爵称，他将把史汀生先生所说的告诉约翰·安德森爵士。

　　主席表示同意。

　　布什博士指出，如果发表科学的声明，俄国人将不会得到任何他们尚不知道的东西，或者无法轻易地确定。他认为，最好向英国和美国的公众提供苏联将或者能够毫无困难地获得的科学信息。詹姆斯·查德威克爵士表示同意。布什博士建议，（1）委员会应批准有关披露管合金信息的原则和前提条件，（2）之后应留待科学顾问们去起草声明。在起草时，应征询詹姆斯·查德威克爵士的意见，他将代表英方成员证明，声明符合所规定的原则。

豪先生提出，鉴于加拿大在此问题上的利益，也应征询麦肯齐主席的意见。

委员会：一致同意，应提供给麦肯齐主席一份拟议的原则和科学声明的副本。

经进一步讨论后，委员会一致同意：

（a）詹姆斯·查德威克爵士、布什博士和格罗夫斯将军应制定关于披露管合金科学信息的原则和前提条件。

（b）在征求伦敦的意见之后，这些原则和前提条件应由委员会非正式批准或在下一次会议上批准。

（c）之后，将在格罗夫斯将军的指导下起草科学声明，格罗夫斯将军与詹姆斯·查德威克爵士一同进行审查，以便他能够证明声明符合原则的规定，因此能够被英方成员所接受。

（d）除了拟议的由两国政府发表的三份公开声明之外，对每一国政府而言，在对根据确定的原则和前提条件所做的披露进行解释时，都拥有适当的自由度，但是重要的额外披露只能由每一国政府在相互协商并得到另一方同意后才能做出。

……

丘吉尔与杜鲁门会谈的概要①

（1945 年 7 月 18 日）

总统让我看了有关最近试验的电报，并问我认为应当怎么告知俄国人。他似乎决定这样做，但想问一下时机，称他认为会议结束时会是最佳时机。我答道，如果他决心告知此事，那么最好紧紧抓住试验这一点，因为这是他和我们刚刚才知晓的一个新的事实。因此，他对任何询问——如"为什么之前你没有告诉我们这件事？"都会有一个很好的回答。他对这种想法似乎印象深刻，并会予以考虑。

---

① PREM 3/139/11A, Summarized note of the Prime Minister's conversation with President Truman, 18 July, 1945.

作为英王陛下政府的代表，我没有反对他提出的披露我们拥有了这种武器这一简单的事实。他重申，他决心不惜一切代价拒绝透露任何的细节。

美国总统关于对日使用原子弹的公开声明①

（1945 年 8 月 6 日）

美国总统的声明

16 小时前，一架美国飞机在广岛，一个重要的日军基地，投下了一枚炸弹。该炸弹的威力超过了 2 万吨 TNT。它是战争史上迄今使用过的最大炸弹——英国的"大满贯"（Grand Slam）爆炸威力的 2000 多倍。

日本人从珍珠港的上空开始了战争。他们已遭受了许多倍的报复。但一切尚未结束。有了这种炸弹，我们现在在破坏力方面增添了一种新的和革命性的力量，补充了我们武装力量不断增长的实力。目前这些炸弹正以它们现有的形式投入生产，而更具威力形式的炸弹则在开发之中。

它是一枚原子弹。它是对宇宙基本力量的一种利用。太阳从其中汲取能量的那种力量已被用在将战争带给远东的那些人的身上。

在 1939 年之前，科学家公认的看法是，释放原子能理论上是可能的。但没人知晓实现这一点的任何具体方法。然而，到了 1942 年，我们获悉，德国人正在狂热地致力于找到一种方式，将原子能添加进战争武器的行列，他们希望以此奴役世界。但是，他们失败了。我们可能要感谢天意，德国人只是较晚获得了数量有限的 V－1 和 V－2 火箭，更要感谢他们根本就没有拥有原子弹。

对我们而言，实验室的战争与空中、陆上和海上的战争一样，拥有致命的风险，而我们现在赢得了实验室的战争，正如我们赢得了其他战争一样。

从 1940 年开始，珍珠港事件之前，美国和英国之间就整合了战争中有用的科学知识，对我们的胜利而言，许多无价的帮助来自这种安排。根据这种总的政策，原子弹的研究开始启动。在美国和英国的科学家共同努力

① Statement by the President of the United States，August 6，1945，*Harrison-Bundy Files*，Roll 6，File 74.

的情况下，我们针对德国人展开了一场发现的竞赛。

在许多必要的知识领域，美国已拥有大量杰出的科学家。它拥有工程所需的巨大的工业和财政资源，它们能够被投入其中，而不对其他重要的战时工作构成过度妨碍。在美国，已经取得了实质性的开端的实验室工作和生产工厂将远离敌人的轰炸，而那时英国正遭受持续的空袭，并仍然面临入侵的威胁。出于这些原因，丘吉尔首相和罗斯福总统一致同意，在美国开展这项工程是明智的。目前，我们有两座大型工厂和许多规模小一些的工程致力于原子能的生产。在建设高峰期，雇用的人数达 12.5 万人，即使目前从事工厂运转的人数也超过了 6.5 万人。许多人在那里工作了两年半时间。但很少有人知道他们正在生产什么。他们看到大量的材料进去，但他们看不到这些工厂生产出的任何东西，因为炸药的物理尺寸非常小。我们花费了 20 亿美元用于史上最大的科学赌注，并取得了成功。

但最大的奇迹不是事业的规模、保密性，也不是它的花费，而是科学大脑的成就，将不同科学领域的许多人所掌握的无限复杂的知识汇集成一个可行的计划。几乎一样充满奇迹的是在工业设计、工作操作、机器和此前从未从事过的方法等这些方面拥有的能力，以至于使许多脑海中的想法以具体的形式呈现，并按预期的方式发挥作用。科学界和工业界都在美国陆军的指导下开展工作，后者在极短的时间内在管理如此复杂的技术进步的问题方面取得了独特的成功。在世界上是否能够聚集这样的另一次结合是值得怀疑的。已经做到的事情是史上有组织的科学上的最伟大成就。它是在高压之下做到的，并且没有失败。

我们现在准备更迅速且更彻底地消灭日本城市位于地面之上的每一个生产性企业。我们将摧毁他们的码头、工厂和交通设施。不会有任何失误，我们将彻底摧毁日本从事战争的力量。

正是为了使日本人民免遭最终的毁灭，才于 7 月 26 日在波茨坦发出了最后通牒。但他们的领导人立即拒绝了最后通牒。如果他们现在不接受我们的条件，等待他们的将是来自空中的毁灭性打击，从未在地球上见到过的景象。紧随这种攻击之后的是数量和力量他们从未见过的海上和地面的部队，其所具备的战斗力，他们业已心知肚明了。

一直与工程所有方面保持着个人联系的陆军部长，不久将发布提供进一步细节的声明。

他的声明将提供有关位于田纳西州诺克斯维尔附近的橡树岭基地、华盛顿州帕斯科附近的里奇兰基地以及新墨西哥州圣达菲附近一座设施的情况。虽然以上地点的工作人员正生产被用来制造史上最具破坏性力量的材料，但是他们自己并未处于超过其他职业的危险之中，因为针对他们的安全采取了最小心的措施。

我们能够释放原子能量的这一事实，宣告了人类认识自然力量的一个新时代的到来。未来原子能可以补充目前煤炭、石油和水落差产生的能源，但是目前商业上尚不能在与它们相匹敌的基础上进行生产。在实现这一点之前，一定会有很长一段深入研究的时间。

向世界隐瞒科学知识，从不是这个国家的科学家或这个国家政府政策的习惯。因此通常来说，关于原子能工作的每件事都将公之于众。

但是，在现有的情况下，为了进一步研究使我们和其余世界免遭突然毁灭危险的可能方式，我们不打算透露生产的技术方法或是全部的军事应用。

我将建议，美国国会应立即考虑建立一个恰当的委员会，去对美国境内的原子能生产和利用进行管制。关于原子能如何能够成为一种维持世界和平的强有力的力量，我将进一步予以考虑并向国会进一步提出建议。

陆军部长史汀生关于对日使用原子弹的公开声明①

（1945 年 8 月 6 日）

陆军部长的声明

最近对日本使用原子弹，今天由总统公之于众，是科学界和工业界与军方多年艰苦努力合作的结果。这项由成千上万具备最大精力和极高国家责任感的参与者推动的开发工作，具有最严格的保密性和最紧迫的时间表，可能代表了全部历史中科学界、工业界、劳工界和军方共同努力的最伟大成就。

从这项庞大事业的产品中锻造出的军事武器具有一种令人难以想象的爆炸威力。不久即将实现的改进将使目前的效力增加数倍。但是，对于这种新式武器的长远意义更为重要的是，经过大量的研究和开发之后，威力

---

① Statement of the Secretary of War, August 6, 1945, *Harrison-Bundy Files*, Roll 6, File 73.

有可能演变为另一个数量级。对于数年内原子弹可能发展到威力远远大于目前所拥有原子弹的程度，科学家们充满了信心。非常清楚的是，即使美国拥有目前形式的这种武器都将被证明对缩短对日战争是一种巨大的帮助。

安全的需要不允许在此时披露生产炸弹或它们机械作用的确切方法。然而，依据使国民完全了解符合国家安全的事情的政策，陆军部希望此时公布，至少以概括的方式，如此高效地开发这种威力巨大的武器以加快结束战争背后的故事。发布的其他声明将进一步提供有关工程科学和生产方面的具体情况，并给予使这种武器成为可能的科学家、技术人员、企业家和工人恰如其分的表扬。

I

导致研制出原子弹的一系列科学发现，始于放射性被发现的世纪之交。直到 1939 年，该领域的工作是世界范围的，尤其正在开展工作的是美国、英国、德国、法国、意大利和丹麦。

在欧洲的灯光熄灭和战争的到来导致安全限制之前，那些有关原子能的基本科学知识，已被美国开发为使用中的原子弹，在许多国家，无论是盟国还是轴心国，都广为人知。但是，战争终结了有关这个问题的科学情报交流，除了英国和加拿大之外，并不完全清楚其他国家在该领域的工作状况，但我们确信日本不可能在这场战争中使用原子弹。尽管知道德国正狂热地致力于开发这种武器，但它的彻底战败和被占领现在已消除了危险之源。因此，当战争开始之时，显然为战争目的开发原子能将会出现在不久的将来，并且它是一个哪个国家将会控制这种发现的问题。

当美国的科学界为战争而得到动员时，大批的美国科学家在这一富饶的新领域奋勇开拓科学知识的疆界。当战争在欧洲爆发之时，英国也正致力于原子裂变的工作。为了整合这方面和其他出于军事目的的重要科学研究的情报，英国的研究和这里的工作之间维持了一种密切的联系。以后罗斯福总统和丘吉尔首相达成了一致意见，如果所有的努力集中在美国，工程将最迅速且最有效地取得成果，由此确保了密切的合作，也避免了重复。作为这一决定的结果，一些正致力于这个问题的英国科学家在 1943 年末转移到了这里，从那时起，他们在美国参与到了项目的开发之中。

II

1939 年末，为军事目的利用原子能的可能性引起了罗斯福总统的关注。他任命了一个委员会去调查该问题。由于各科学委员会的建议，使用海军经费进行的小规模研究被置于一个完全规模的基础之上。1941 年底，做出了全力开展研究工作的决定，项目被置于科学研究与发展局一群杰出的美国科学家的管理之下，所有进行中的项目都和科学研究与发展局签订合同。万尼瓦尔·布什，科学研究与发展局的局长，直接向总统汇报主要的进展。同时，罗斯福总统任命了一个总的军事小组，成员包括前副总统亨利·A. 华莱士、陆军部长亨利·L. 史汀生、乔治·C. 马歇尔将军、詹姆斯·B. 科南特博士和布什博士。1942 年 6 月，该小组建议大大扩展这些工作，将项目的主要部分移交陆军部。罗斯福总统批准了这些建议，并加以执行。莱斯利·R. 格罗夫斯少将受陆军部长任命全面负责项目的行政管理，并直接向他和陆军参谋长负责。为了确保持续考虑项目的军事方面，总统的总政策小组任命了一个军事政策委员会，由布什博士任主席，科南特博士作为他的替补者，成员还有威廉·D. 斯泰尔少将、威廉·R. 珀内尔海军少将。该委员会负责考虑和制定与项目有关的军事政策，包括核材料的开发和生产、原子裂变炸弹的生产和它们作为武器的使用。

虽然在生产爆炸材料的数种理论上可行的方法仍然存在许多未解决的问题，但考虑到时间上的巨大压力，1942 年 12 月决定着手建造大型的工厂。其中两个工厂坐落在田纳西州的克林顿工程区，第三个工厂坐落在华盛顿州的汉福德工程区。当然，在如此早期的阶段决定开始大规模的生产是一种赌博，但正如战争中必需的那样，承担了可估量的风险，但风险得到了回报。

克林顿工程区位于田纳西州诺克斯维尔以西 18 英里大约 5.9 万英亩的一块政府保留地内。该场所面积大且位置偏僻，对于需要安全以防止可能的然而未知的危险而言是必要的。为了给致力于工程的人们提供住宿，在保留地内建立起了一个政府所属和管理的城市，即橡树岭。他们生活在通常的条件下，大小适当的住宅、宿舍、临时营房和房车，有对他们的宗教、娱乐、教育、医疗以及一座现代小城市来说该有的场所设施。橡树岭的总人口大约为 7.8 万人，包括建造人员、工厂管理者以及他们的直系亲属；其他人则居住在紧邻的周边社区。

汉福德工程区位于华盛顿州帕斯科西北 15 英里大约 43 万英亩的一块偏僻的政府保留地内。这里坐落着一座政府所属和管理的小镇，名为里奇兰，拥有大约 1.7 万人口，包括工厂管理者和他们的直系亲属。就如田纳西州的场所那样，出于安全的考虑使得该场所必须位于一处偏僻的地区。里奇兰的生活条件与橡树岭的相类似。

处理有关将部件组装成一枚有效炸弹的许多技术问题的特殊实验室位于新墨西哥州圣达菲附近的一处偏僻地区。这个实验室由 J. 罗伯特·奥本海默博士规划、组织和管理。炸弹的开发很大程度上归功于他的才干，以及他给予下属的鼓励和领导。

一些其他规模小得多的生产工厂位于美国和加拿大，以生产必需的材料。位于芝加哥哥伦比亚大学、加利福尼亚大学、爱荷华州立大学以及其他学校的实验室，与一些工业实验室一样，在为工程研究和开发特殊设备、材料和方法方面做出了实质性的贡献。在加拿大已建立了一个实验室，一座生产材料的实验工厂正在建造之中。在美国和英国的协助并维持适当的联络之下，这项工作正由加拿大政府开展。

尽管篇幅不允许完全列出所有对工程的成功做出突出贡献的工业公司，但其中一些应当被提及。杜邦公司设计和建造了位于华盛顿州汉福德的设施并对它们进行操作。纽约 M.W. 凯洛格公司的一家特殊子公司设计了克林顿的一座工厂，建造则是由 J.A. 琼斯公司完成的，运行则是由联合碳化物公司负责的。克林顿的第二座工厂由波士顿的斯通－韦伯斯特工程公司设计和建造，运行则由田纳西的伊士曼公司负责。美国几乎所有的重要企业都提供了设备，包括阿利斯－查默斯、克莱斯勒、通用电气和西屋公司。这些只是数千家——无论大小，为工程的成功做出贡献的企业中的一小部分。希望有朝一日可以将工业界对这一武器成功开发的更详细的贡献公之于众。

在这些具体成就的背后，是美国科学家的巨大贡献。为了国家的利益，怎么赞扬这个国家的科学家的慷慨努力、辉煌成绩和全身心投入都不为过。战时，世界其他地方的科学界都没有做到如此成功。所有的科学人员与工业界和军方有效合作，使工程取得的成果值得国民给予最高的感激之情。

在陆军部方面，成功开展工程的主要职责落在莱斯利·R. 格罗夫斯少将身上。他在如此之短的时间内为我们的武装力量实现了高效开发这种武器的工作记录确实是优异的，值得给予最高的嘉奖。

III

从一开始，围绕工程的是极其严格的保密性和安全性措施。这是由罗斯福总统亲自下的命令，并且他的命令被严格地加以执行。工作完全实行分割管理，以至于尽管成千上万的人以某种或其他方式与工程相关联，但没有人被提供多于他特定工作所绝对必需的情报。因此，只有少数政府和科学界的高层人士了解整个情况。当然，不可避免的是，公众对如此巨大工程出现的好奇心，以及民众向国会议员的问询。在这些情况下，国会议员给予了最大的合作，真诚接受了陆军部的说法，即军事安全不允许透露任何具体的信息。

在经费拨付方面，国会接受了陆军部长和陆军参谋长的保证，即拨款对于国家安全是绝对必要的。陆军部很有信心，国会会同意它的信任不是一种错误。因为对国会而言不可能始终仔细核查拨付给工程的资金花费——至 1945 年 6 月 30 日总计 19.5 亿美元，绝对有资质的科学家和工业企业管理者不时对工程关键的科学工作领域进行评估，以便确定支出得到了工程潜在价值的保证。国家的报纸和广播，与许多其他情况一样，全心全意遵守新闻审查署的要求，即关于该问题任何方面的公开报道都应禁止。

IV

为了使工程尽快取得成果，1943 年 8 月决定建立联合政策委员会，成员包括陆军部长亨利·L. 史汀生、万尼瓦尔·布什博士和詹姆斯·B. 科南特博士代表美国；陆军元帅约翰·迪尔爵士和 J. J. 卢埃林上校代表英国；[①] C. D. 豪先生代表加拿大。该委员会负责三国间工程的大方向。在一定限制的范围内进行情报交换。在科学研究和开发领域，在那些从事相同领域的人员之间，保持全面的情报交换；在大型工厂的设计、建造和运行方面，情报交换只发生在这种交换会加快武器研制的完成而用于目前战争的情形。所有这些安排需要联合政策委员会的批准。美国成员的科学顾问是理查

---

① 1943 年 12 月，卢埃林上校被罗纳德·I. 坎贝尔爵士取代，而后者以后又被哈利法克斯伯爵取代。1945 年初，陆军元帅约翰·迪尔爵士被陆军元帅亨利·梅特兰－威尔逊爵士取代。

德·C. 托尔曼博士；英国成员的科学顾问是詹姆斯·查德威克爵士；加拿大成员的科学顾问是 C. J. 麦肯齐主席。

很早就有这样的认识，为了确保这种威力巨大的武器不会落入敌人的手中，应当立即采取行动控制该领域的专利权，并对生产过程必不可少的矿石实现控制。在美国、英国和加拿大，已经实现了基本的专利控制。每个国家所有从事该工作的人员，不论是科学界还是工业界，都需要将他们在该领域任何发明的全部专利权转让给他们各自的政府。针对一国公民在另一国境内工作所取得发明的适当专利权交换，也做出了安排。然而，这样交换的专利权利、补偿和所有权凭证保持在一种信托的意义上，需要以后根据彼此满意的条款做出决定。围绕所采取的全部专利行动的是工程安全所需的所有防护措施。在原子裂变科学开发的现阶段，铀是生产武器至关重要的矿石。已采取措施——并将继续采取，确保我们获得足够的这种矿石的供应。

V

原子裂变具有很大的全面开发的前景，当和平到来时，通过它我们的文明可以丰富起来，但是压倒一切的战争需要阻碍了对这种新知识在和平时期应用的充分探索。然而，根据目前已掌握的证据，似乎不可避免的是，当世界形势使得科学界和工业界能够集中力量于这些方面时，最终将从这些发现中获得许多对人类福祉而言是有益的贡献。

原子能现在可以在一枚原子弹中被大规模释放的事实，引发了为和平工业目的利用这种能量的前景的问题。业已在生产一种元素的过程中释放出了大量的能量，不是爆炸性的，而是规定数量的。但是，这种能量是在过低温度下以热的形式存在的，无法实际用于传统动力装置的运转上。这将是一个进一步研究和开发以设计装置将原子能转变为可用动力的问题。没人能够预言这要花多长时间，但可以肯定会是一段持续多年的时期。另外，在我们能够说出在这个国家或任何其他国家原子能在多大程度上会弥补煤炭、石油和水作为基本的工业动力源之前，有一些经济因素要考虑。我们正处于一种新工业技术的入口，要花费许多年时间和许多资金去进行开发。

由于战前在这方面存在着的广泛了解和兴趣，任何长期的保密政策都不可能避免这种知识所固有的风险。意识到这些因素及其引起的有关这种武器的管制和这种科学对世界和平意义的严峻问题，在总统的批准之下，陆军部长任命了一个临时委员会去研究这些问题。该委员会的成员如下：陆军部长，主席；詹姆斯·F. 贝尔纳斯阁下，现任国务卿；拉尔夫·A. 巴德阁下，前海军副部长；威廉·L. 克莱顿阁下，助理国务卿；万尼瓦尔·布什博士，科学研究与发展局局长和华盛顿卡内基研究院院长；詹姆斯·B. 科南特博士，国防研究委员会主席和哈佛大学校长；卡尔·T. 康普顿博士，科学研究与发展局所属实地测试部门负责人和麻省理工学院校长；乔治·L. 哈里森先生，陆军部长的特别顾问和纽约人寿保险公司总裁。哈里森先生也是委员会的替补主席。

　　该委员会负责向总统提供建议，涉及建立战后机构指导和管理未来美国在该领域的走向，无论是整个领域的研究和开发还是军事上的应用。它还将针对国内和国际的管制问题提出建议。在考虑这些问题时，该委员会已受益于参与工程的科学家的观点。一个从这个领域最活跃的美国主要物理学家当中选出而组成的咨询小组，使委员会注意到了这些观点。这个小组的成员是 J. 罗伯特·奥本海默博士、E. O. 劳伦斯博士、A. H. 康普顿博士和埃里克·费米博士。临时委员会还征询了与工程的生产领域所面临的诸多问题关系最为密切的那些工业企业代表的意见。我们竭尽全力确保这种武器和支撑它的科学新领域得到明智的利用，从而有助于爱好和平国家的安全和世界的福祉。

英国首相艾德礼和温斯顿·丘吉尔关于
对日使用原子弹的声明①

（1945 年 8 月 6 日）

首相的声明

　　每个人都会看到美国总统杜鲁门和陆军部长史汀生先生就原子弹已经发表的声明。原子裂变释放能量的问题已经得到了解决，美国陆军航空队已将一枚原子弹投在了日本。

---

① PREM 3/139/9, Statements by the Prime Minister and Mr. Churchill issued on Monday, August 6, 1945.

在他们的声明中，杜鲁门总统和史汀生先生描述了这种新发现的性质和巨大意义。现在需要对这个国家在目前取得成果的这种非凡的科学进展中所发挥的作用做出一些阐述。在内阁变更之前，丘吉尔先生起草了以下的声明，我现在按照他所撰写的形式来发布它。

丘吉尔先生的声明

到 1939 年，多国的科学家已广泛认识到原子裂变释放能量是可能的。然而，在这种可能性能够被转变为现实成就之前，亟须解决的问题是多重和巨大的，那时很少有科学家敢于预言原子弹可以在 1945 年准备就绪。尽管如此，这项工程的潜在价值如此之大，以至于英王陛下政府认为应当开展研究，而不顾对我们科学人力的许多竞争性要求。在此阶段，研究大多是在我们的大学中开展的，主要是牛津大学、剑桥大学、伦敦大学（帝国学院）、利物浦大学和伯明翰大学。在联合政府成立之时，协调工作和向前推进的职责由飞机生产部承担，乔治·汤姆森爵士领导的一个由杰出科学家组成的委员会则充当顾问。

与此同时，根据当时执行的共同使用科学情报的总体安排，英美从事这项工作的科学家之间有着全面的意见交换。

取得的进展使得乔治·汤姆森爵士的委员会能够在 1941 年夏报告称，在他们看来，原子弹很有可能在战争结束之前制造出来。1941 年 8 月末，彻韦尔勋爵——他的职责是使我始终了解所有的有关这些和其他的技术发展，报告称正取得重要的进展。各种技术委员会所开展的科学研究的总体责任，由当时的枢密院大臣约翰·安德森爵士承担。在这种情况下（也考虑到我们最近经历过的普通高爆炸药的影响），1941 年 8 月 30 日，在以下备忘录中，我向参谋长委员会提到了这件事：

"伊斯梅将军转参谋长委员会。

虽然我个人对现有的炸药非常满意，但我认为我们不应阻碍这方面的进步，因此，我认为从这个意义上说应当依照彻韦尔勋爵所提的建议采取行动，负责此项工作的内阁大臣应是约翰·安德森爵士。

我很乐意知道参谋长委员会的想法。"

三军参谋长建议以最高的优先权立即采取行动。

于是，决定在科学与工业研究部之内成立一个特别部门管理这项工作，帝国化学工业公司同意放 W. A. 埃克斯先生负责这个部门，出于保密的目的，我们称其为"管合金局"。在约翰·安德森爵士不再担任枢密院大臣而成为财政大臣之后，我要他继续掌管这项工作，因为他具备特殊的资质。为了给他出谋划策，成立了一个由他任主席的顾问委员会，成员包括皇家学会主席、内阁科学咨询委员会主席、科学与工业研究部大臣和彻韦尔勋爵。当时的飞机生产部大臣布拉巴宗勋爵（Lord Brabazon）也是该委员会的成员。还有一个埃克斯先生任主席的技术委员会，成员是正指导这项工作不同方面和一些其他工作的科学家。该委员会最初的成员是詹姆斯·查德威克爵士、派尔斯教授、哈尔班博士、西蒙博士和斯莱德博士；以后加入的是查尔斯·达尔文爵士、考克饶夫教授、奥利芬特教授和费瑟教授。对大学和工业企业的实验室也进行了充分的利用。

1941 年 10 月 11 日，罗斯福总统在给我的信中提出，有关这一重要问题的所有最大努力都可以有效地协调甚至是联合开展。因此，所有英方和美方的工作被联合起来，一些相关的英国科学家前往美国。除了这些联系之外，全面保密保护着这些活动，没有任何一个人被告知对他的工作进展而言是不必要的东西。

到 1942 年的夏天，在更加确定和更广泛的基础上，这项扩大的研究计划确认了一年前预测的前景，必须做出是否要继续建造大型生产工厂决定的时机已经到来。同时，从初步实验可以明显看到的是，这些工厂必须是类似今天公布的美方声明中所描述的那种巨大的规模。

在这一时期，英国在战时生产方面已竭尽全力，我们经不起对我们战争行动所依赖的已有军火计划造成的严重妨碍。而且，英国处于易遭德国轰炸机袭击的范围内，不能忽视来自海上或空中的袭击风险。然而，已取得并行或类似进展的美国不会面临这些危险。于是，我们做出了在美国建造完整规模生产工厂的决定。

在美国，大型工厂的建造由美国陆军部长史汀生先生和美国陆军部负责，他们的出色工作和了不起的保密措施非常值得褒奖。主要的实际工作和事实上全部的巨大支出，现在都落在了由一些英国科学家协助的美国当局的肩上。后来罗斯福总统和我本人之间的会谈确定了英美工作分担的关系，并成立了一个联合政策委员会。

加拿大政府，它的贡献是最有价值的，为整个工程提供了必不可少的原料，以及根据三国政府的伙伴关系在加拿大开展的工程某个方面工作所需的设施。

1943 年达成的合作安排顺利地得到执行，对我们未来的关系而言，是一个令人高兴的征兆，为相关各方大大增了光——我们成立的联合政策委员会成员；我们的科学家和技术人员所赋予的他们的最大热情——尤其是詹姆斯·查德威克爵士放弃了他在利物浦大学的工作，充当政策委员会英方成员的技术顾问，且不遗余力；还有重要的是，整个美方机构欢迎我们的人员并使他们能够做出他们贡献的慷慨精神。

承蒙上帝的眷顾，英美的科学超越了德国所有的努力。这些努力具有相当的规模，但远远落后。德国在任何时候拥有这些力量，将可能改变战争的结局，得知情况的那些人都感到了深深的焦虑。我们的情报部门和皇家空军尽一切努力在德国搜寻类似正在美国建造的那种工厂。1942～1943 年冬天，一小股来自英国特种部队和挪威部队的志愿者，以非常沉重的生命代价，在挪威对储存的所谓的"重水"——可能方法之一能用到的元素，进行了两次最英勇的袭击。

全部执行的重担，包括建造工厂和实际领域一些与之相关的技术工艺，构成了有记录的美国——或者事实上人类——最伟大的胜利之一。此外，将这些巨大的资金用于一项工程的决定，不论美国和英国的研究多么有希望被证实，仍是一种令人心惊的风险。

现在轮到日本在惩罚它的第一枚原子弹的强烈光芒中去认识维持世界上的法律规则的这种可怕方式无限延续会是什么样的后果。

大自然秘密的这种展示，仁慈地长期不为人类所知，应当引起每一个能够理解的人从思想和良知上进行最庄严的反思。我们确实必须祈祷，这些可怕的力量将有助于国家之间的和平，而不是对整个地球造成无法估量的浩劫，它们可以成为世界繁荣的不老之泉。

艾德礼致杜鲁门的信件[1]

（1945 年 8 月 8 日）

当我们在波茨坦的时候，原子弹的潜力还未成为现实，并且眼下问题

---

[1] Francis Williams, *A Prime Minister Remembers: The War and Post-war Memoirs of the Rt. Hon. Earl Attlee, Based on his Private Papers and on a Series of Recorded Conversations*, London: William Heinemann Ltd. , 1961, pp. 95 – 96.

的压力太大，没有给我们提供讨论原子弹成功意义的机会。

现在，对广岛的轰炸向世界表明，一种充满无论是善还是恶的巨大可能性的新因素已经问世了。

细心的人已经认识到，有必要对政策进行重新评估，对国际关系进行重新调整。对于新的力量是被用来服务还是摧毁文明，存在普遍的焦虑。

在一些年内，这一发现的经济影响可能还不会自己显露，而对国际关系的影响则是即刻的。

我相信我们两国都深信不疑，如果文明要持久和进步，必须永远消除战争。

因此我认为，作为已控制这种伟大力量的政府的首脑，你和我应毫不迟疑地就我们利用这种伟大力量的目的发表一项联合声明，不是为了我们自己的目的，而是作为人类的受托者为了促进世界和平与正义符合所有人利益的目的。

需要认真考虑管制问题以及这种力量的存在对于新建立的世界组织的影响问题，但是我认为，目前发表一项目的声明将具有巨大的意义。

杜鲁门致艾德礼的信件①
（1945 年 8 月 9 日）

对你 8 月 8 日第 1 号电报的答复。我大体同意包含其中的你的建议。请将你认为此时适宜发表的联合"目的声明"的草稿发送给我考虑。

哈里·杜鲁门

艾德礼致杜鲁门的信件②
（1945 年 8 月 11 日）

我已阅读了包含在你 8 月 9 日广播讲话中的令人钦佩的声明，实际上它

---

① Telegram from President Harry S. Truman to Prime Minister Clement Attlee, August 9, 1945, Map Room File, London Files, Harry S. Truman Library & Museum, https://www.trumanlibrary.org/whistlestop/study_collections/trumanpapers/maprmhst/index.php? documentid = hst-map_naid4502907 – 37&documentYear = 1945&documentVersion = both.

② Francis Williams, *A Prime Minister Remembers*, p. 96.

同我脑海中的那种目的声明相差无几。在这种情况下，我认为任何联合声明应留待有关国家更全面考虑管制的手段和国际关系领域的意义之后再发表。

杜鲁门致艾德礼的信件①
（1945 年 8 月 11 日）

我同意你在第 2 号电报中关于联合声明的建议。

你所建议的声明与我的看法是一致的。

哈里·杜鲁门

曼哈顿工程外交史②
（1948 年 1 月 6 日）

引　言

这份报告是在副国务卿洛维特先生的要求下起草的。其目的在于，提供截至 1947 年 1 月 1 日美国与其他国家在原子能领域关系的全面背景，因为自此时起我不再被征求意见，也不再参与此类事务了。由于就文件的目的而言太过详细，一些信息被有意地删去了。这包括与加拿大项目进行情报交换的细节，在加拿大生产重水和建造重水反应堆安排的具体情况。报告还删去了国务卿贝尔纳斯在科南特博士的陪同下访问莫斯科期间与俄国人会谈的内容。

在文件涉及以下这些人所了解的部分时，我征询了他们的意见，并且

---

① Telegram from President Harry S. Truman to Prime Minister Clement Attlee, August 11, 1945, Map Room File, London Files, Harry S. Truman Library & Museum, https://www. trumanlibrary. org/whistlestop/study _ collections/trumanpapers/maprmhst/index. php？ documentid = hst-map_naid4502907 – 38&documentYear = 1945&documentVersion = both.

② The Diplomatic History of the Manhattan Project, 6 January, 1948, *Harrison-Bundy Files*, Roll 9, File 111. 另一文件 Roll 9, File 109 附有 39 个与此相关的附件，此处未选译。——编者注

将他们所提出的修改意见纳入报告中：V. 布什博士、J. B. 科南特博士、H. H. 邦迪先生，以及我办公室的前人员，包括约翰·兰斯代尔（John Lansdale）、小约翰·E. 万斯（Jr. John E. Vance）和 W. A. 孔索丹（W. A. Consodine）。然而，这些人未阅读最终的报告。

附件中给出的其他支持性文件，可以在联合政策委员会、联合开发托拉斯的会议记录以及名为《有关违反魁北克协定的事实概要附证据》的文件中找到，后者的一份副本归在国务院的文件中。

L. R. 格罗夫斯
美国陆军少将

Ⅰ. 1942 年 9 月格罗夫斯将军被指派承担曼哈顿工程任务之前的情况

美英代表之间在非正式的基础上就原子能开发进行会谈始于 1940 年初，当时美国的工作处于最初的"铀咨询委员会"① 的管理之下。当 1940 年 6 月遵照罗斯福总统的指示成立国防研究委员会（NDRC）的时候，铀咨询委员会被 NDRC 接管并重组。在英国大使洛西恩侯爵日期为 1940 年 7 月 8 日的一份备忘录中（附件 1），他向总统建议，美英两国政府之间应就机密的技术情报展开全面的交换。7 月 11 日的内阁会议讨论了这份备忘录，并得到了总统、陆军部长和海军部长的批准（附件 2 a、b、c、d）。国务院答复称（附件 2 e、f），美国打算着手会谈，并暗示只要不妨碍我们自己完成计划，我们总体同意该建议。国务卿提请陆军部长和海军部长留意这件事，他们的下属迈尔斯将军（G‑2）和安德森将军（ONI）将协调具体细节。1940 年 9 月，由亨利·蒂泽德爵士率领的一个英国技术使团来到美国，讨论两国之间的研究活动。该使团被授予披露秘密武器的权力。在我们陆、海军部门的同意之下，该使团与国防研究委员会的成员举行了会谈。亨利爵士建议就武器开发的研究和计划进行全面的情报交换。而布什博士与陆、海军部长往来的信件（附件 3）确认了这种做法的可取性。

1941 年 2 月，在接到来自英方的邀请之后，NDRC 派遣了由科南特博士

---

① 主席为 L. J. 布里格斯，标准局局长。

率领的一个使团前往伦敦，他是由罗斯福总统指定的，负责商谈情报交换事宜（附件4）。所达成的协议确定了整个战争期间的联系方式。它们规定，NDRC将直接与英国政府各部交换军事研究情报。双方一致达成的一项原则是，英国将关注那些以防御英国为直接目的的研究，而长远的开发总体上将由美国承担。1941年夏，两国非正式地交换了有关审查原子能问题的报告。数月之后，两名美国科学家——尤里博士和佩格拉姆博士，前往英国以熟悉英方的工作。根据已知的情况，直到科学研究与发展局成立之后，在原子能问题上不存在与英方的官方情报交换，即使可能具有如此做的足够权限。当1941年6月28日科学研究与发展局（OSRD）依照第8807号行政命令（1943年10月18日的第9389号行政命令做出了修改）成立的时候，NDRC成为OSRD的一部分。行政命令的第2段提到"按照总统可能不时发布的政策、规定和指示……OSRD应……（g）发起和支持依据1941年3月11日名为《促进美国国防法案》的条款总统认为对美国防御至关重要的任何国家的政府可能提出要求的科学和医疗研究；并为这些国家开展如此科学和医疗研究充当联络机构"。这道命令连同洛西恩的备忘录，构成了原子能问题研究和开发早期阶段与英方全面交换情报的基础。在这些最初的联系之后，从事基础研究的英美科学家群体之间建立起了一种关系。这包括每个国家正在开展的实验室规模的科学开发工作领域以及对于未来的计划。尽管据信罗斯福总统和丘吉尔首相就原子能问题交换了意见，但已知没有关于该问题的特别协议或者就情报交换、总体合作或生产达成任何协议。

1941年夏末，布什博士就整个铀问题向罗斯福总统建议应拓展该项目。此次会谈的一个结果就是，总统任命副总统华莱士、陆军部长史汀生、G.C.马歇尔将军、V.布什博士和J.B.科南特博士组成总政策小组。关于原子能总体政策的讨论被限制在该小组范围内。一段时间之后，W.D.斯泰尔少将——陆军后勤部队的参谋长，受马歇尔将军之命参与铀项目。斯泰尔将军积极参与了布什博士于1942年上半年对整个问题所做的评估。

Ⅱ. 格罗夫斯将军参与工程之后和1943年8月19日签订《魁北克协定》之前的情况

1942年春，布什博士得出结论，并告知罗斯福总统，研究已取得进展，足以能够指望及时制造出一枚在战争中发挥作用的原子弹。于是，他建议陆军应掌握这项工作。罗斯福总统批准了这一建议。1942年6月，工程方面的工作被置于工程兵团 J. C. 马歇尔上校的职责之下。实验室研究的管理暂时仍由 OSRD 负责。1942年9月，莱斯利·R. 格罗夫斯少将（当时为准将）被任命负责整个工程；并且成立了军事政策委员会①，负责考虑和制定有关该工程的军事政策。OSRD 逐渐将它全部的职责转交给了格罗夫斯将军。

在1942年9月23日的一次会议上，总政策小组与格罗夫斯将军②等人进行了会谈，决定推迟试图确定任何国际工作安排的做法，直到陆军部长弄清楚总统在这方面的政策③。1942年10月29日，陆军部长史汀生问罗斯福总统，是否对外做出了任何承诺。总统答复道，他只同丘吉尔谈过此事，而且是以非常笼统的方式。他建议，他和史汀生就该问题与丘吉尔进行一次会谈（附件5）。

在1942年夏天之前，两国正在开展的工作比例并没有过分失衡，此前情报交换正是在这种基础上进行的。军事政策委员会（特别是布什博士、科南特博士和格罗夫斯将军）研究了这个问题，并得出结论，预计英国未来的努力可能限于一小部分科学家的工作，而没有来自工业企业或政府的重要支持，这将导致大量的情报从美国传递到英国，而英国传递给美国的情报则几乎没有超出最初的实验室阶段。

1942年10月，英国政府派遣 W. A. 埃克斯先生到这个国家，和平时期他是帝国化学工业公司的一名高级职员，当时担任英国原子能工作的负责人。他与布什博士和格罗夫斯将军有过一些会谈。埃克斯先生表达了他关于传递生产工艺情报的看法，但格罗夫斯将军解释称，根据现有的协议，合作的规则已经确定，他没有权力进一步对它们进行扩展。关于这个问题，布什博士、科南特博士④和格罗夫斯将军之间召开了频繁的会议。他们普遍

---

① 主席为 V. 布什博士，J. B. 科南特博士为布什博士的替补者，W. D. 斯泰尔少将，W. R. 珀内尔海军少将。格罗夫斯将军被指定为该委员会的行政官。实际在委员会的运作中，科南特博士和格罗夫斯将军充当了委员会的正式成员。

② 格罗夫斯将军的说明——正是在这次会议上，我开始对国际问题有了最初的了解。

③ 格罗夫斯将军的说明——与我协商后，科南特博士要求这里插入这样一个说明，虽然没有达成明确的官方协议，但直到此时为止，针对交换情报提出了一些建议。值得注意的一点是，1942年夏在 S-1 执行委员会（OSRD）中拥有英方代表的请求（未得到批准）。

④ 格罗夫斯将军的说明——科南特博士要求，插入以下意思的注释：他回忆他采取的立场是，他关于最初达成的情报交换协议的判断是，只交换对两国军事努力有价值的情报。他尤其记得，英方没有告诉我们一种秘密的炸弹处理的方法以及其他几个类似的方面，因为它们不会有助于我们的军事努力。可以得出相似的结论，S-1 工程的情报将无助于英国在战争中的军事参与。

一致的意见是：（1）在谈到情报交换时，埃克斯先生很可能受到过度关注战后可能的商业利益的影响；（2）美国只同英方交换对于赢得战争有价值的情报。在没有任何官方命令的情况下，布什博士也拒绝考虑改变美方的政策。另外，从这些讨论中变得显而易见的是，英方难以开展任何大规模的开发或是生产运作。由于情报传递的削减，英方继续向布什博士和格罗夫斯将军陈述这样的情况，他们一直理解的是，即使情报交换超出了战争目的的需要，也会有全面的合作。

1942 年 12 月 15 日，军事政策委员会向总统提交了一份报告，对整个原子能工程已取得的进展进行了评估。除其他事项外，报告强调，在同英方和加拿大方未来关系的问题上，需要有一个明确的指示。报告指出的三种可替代的方案是：

（A）停止所有情报交换；

（B）不但在研究领域，而且在开发和生产领域，进行全面的情报交换，包括人员的自由交换；

（C）将情报交换限制在接受方目前能够利用的程度。

所提的建议是，对于与英方交换情报发布明确的指示，并且这些应以上述（C）段为基础。总统批准了报告中的建议。这为他们未来同英方合作提供了模式（附件 6）。

1942 年 12 月 15 日，埃克斯先生写信给科南特博士，阐述了他之前向布什博士、科南特博士和格罗夫斯将军提到过的看法。在这封信中，他对施加于情报交换的限制表示了严重的关注，称："英方团队的意图一直是，不但在研究工作方面，而且在生产方面，应维持尽可能密切的联系。"（附件 7）

如果英方没有表现出如此的兴趣，并且不坚持获得似乎只是对他们战后工业发展前途有价值的情报，已有的情报交换可能不会受到影响。谈判破裂不是由于美方的政策，而是由于英方拒绝接受美方的观点。合作应是出于赢得战争的目的，不是为了无关紧要的战后目的。因此，决定在没有任何国际协议的情况下，曼哈顿工程继续向英方提供情报是不合理的。

英方对因总统批准军事政策委员会报告而确立的新政策大为不满。

丘吉尔先生直接与总统提到情报交换问题，旨在去除已经施加的限制（附件 8）。1943 年 5 月 25 日，在尝试达成一致意见方面，哈里·霍普金斯、布什博士和代表丘吉尔先生的彻韦尔勋爵在白宫举行了一次会议。在这次会谈中，彻韦尔勋爵明确表示，"他们希望此时得到这方面情报的原因，是为了战后能够自己制造和生产这种武器，战争期间他们在这种武器方面有赖于我们，但他们准备在战后使自己有能力迅速开展这项工作。他否认商业方面的动机"。（附件9）显然，英方向总统所做的陈述并非完全不成功。

1943年7月，丘吉尔先生邀布什博士（当时他因其他事务在伦敦）商谈情报交换问题。布什博士告诉他，陆军部长史汀生和H. H. 邦迪先生（史汀生先生的特别助理）也在英国，他（布什博士）认为，当进行这样的讨论时，他们应在场。于是，会谈被安排在1943年7月22日，地点在唐宁街10号。在此期间，1943年7月20日，总统写了一封信给布什博士，表示他最近与丘吉尔讨论了这个问题，"虽然我关注到这方面安全的至关重要性，但我与英国人达成的谅解包括全面交换所有的情报。因此，我希望你以包括一切的方式，重新开始与英国政府全面交换关于管合金①的情报"。（附件8）在布什博士不在的情况下，这封信被提交给科南特博士，在布什博士缺席的情况下，由他替代布什博士负责OSRD事务。他也是军事政策委员会中布什博士的替补者。7月30日，科南特博士通过电报将这封信的内容告诉了布什博士，但电报在传送过程中出现了混淆（明显是在编码和解码的过程中），以至于布什博士没有获得总统指示的正确内容。在布什博士回国之后科南特博士给他的一份备忘录中，科南特博士进一步指出，"然而，我愿意将我的看法记录在案，重启与英方无保留地交换情报（相比数月前我们限制性的提议），无论如何都无助于战争努力，反而将大大削弱我们美国的安全规定。就赢得这场战争的使命而言，致力于同英方交换有关S－1②工程的那些情报，无论是时间上还是精力上，都是一种纯粹的浪费"。（附件10）代表英方的是丘吉尔、约翰·安德森爵士③和彻韦尔勋爵，代表美方的则是史汀生先生、布什博士和邦迪先生。丘吉尔竭力主张重新研究情报交换问题。他强调，对于未来英国的独立以及战争的胜利而言，拥有所有的情报都是必需的。一番讨论之后，丘吉尔改变了立场，同意只交换那些有助于战争努力的情报——由此不再同美方的立场相冲突。意味深长的是④，布什博士没有接到总统1943年7月20日信中所下达的命令（附件8），直

---

① 英方对于铀的暗语。
② 美方对于原子弹的暗语。
③ 处理原子能事务的英国内阁成员。
④ 格罗夫斯将军的说明——实际上非常走运。

到此次会议结束之后。丘吉尔先生表示，他赞成他本人与总统达成的协议具有以下几点：

1. 为这件事完全是一项共同事业起见而进行自由交换；

2. 每一国政府应同意，不使用该项发明来针对另一方；

3. 每一国政府应同意，在未获得双方都赞成的情况下，不将情报透露给任何其他方；

4. 他们应同意，在未获得双方都赞成的情况下，不针对任何方使用该发明；①

5. 关于英国在商业或工业上的利用，鉴于美方大量的额外花费，将以总统认为是公平且公正的方式加以限制。

除了放弃战后商业利益的愿望之外，提出这些点的原因并不清楚。这是由英方提出来的，以便消除他们的代表——埃克斯先生的态度对他们的诚意所造成的阴影。关于情报交换的定义，会谈时有进一步的讨论。几天之后，丘吉尔告诉史汀生先生，他收到了总统的电报，建议英方派一名代表前往华盛顿，讨论恢复合作的安排事宜。于是，他提出派约翰·安德森爵士。约翰爵士带着丘吉尔在 7 月 22 日会议上提出的协议要点的草稿，体现了那一场合达成的谅解（附件 12）。不知道史汀生先生何时将他在伦敦的会谈情况告诉了罗斯福总统，但不会是在 1943 年 7 月 31 日他返回美国之前。

1943 年 8 月 4 日，当时在华盛顿的约翰·安德森爵士给布什博士写了一封信，给出了一个指导未来合作的扩大版本的协议要点草稿。该版本包括成立联合政策委员会的建议（附件 13）。布什博士在 1943 年 8 月 6 日的答复中指出，协议草稿包含的前 4 点事关丘吉尔先生和罗斯福总统考虑的国际谅解；至于第 5 点，事关研究和开发项目的安排。布什博士指出，总政策小组②一致认为拟议的措施是现实可行的。关于情报交换的谅解是，只要情报的接受方将其作为一项战时措施而推动该工程，就将进行交换（附件 14）。适用于工程不同领域的情报交换的细节得到了确定。在 1943 年 8 月 6 日的信中，约翰·安德森爵士表示他同意布什博士关于贯彻未来合作措施的理解（附件 15）。应当注意布什博士 8 月 6 日信中接下来至最后一段的措

---

① 格罗夫斯将军的说明——对于不同人提出的任何看法，认为这一条款的措辞有着任何隐藏的或秘而不宣的含义或理由或背景或目的，我们未能找到任何正当的理由。

② 在布什博士的信中被称为政策委员会。

辞，它们事关确保两国政府有效合作的（b）条款和（d）条款的解释。
（b）条款仅旨在准许英方与他们直接的科学顾问商讨那些他们可能有的情
报。（d）条款规定了实际的交换行为。约翰爵士在回信中表示他完全同意
这种解释（附件 15）。

1943 年 8 月 7 日，布什博士致信总统，提到总统 1943 年 7 月 20 日表达关
于与英方全面合作愿望的那封信。布什博士称，他与约翰·安德森爵士来往
的信件确立了英美团队都感到满意的未来情报交换的模式（附件 16）。

1943 年 8 月 7 日至 8 月 19 日《魁北克协定》签订之间的事件记录相当
不完整。所知的是，无论是作为一个机构的军事政策委员会，还是作为个
人的布什博士，罗斯福总统都未征询他们的意见。此外有一份邦迪先生致
史汀生先生的备忘录记录，得到了马歇尔将军的赞同，强调应告诉总统布
什博士和科南特博士的强烈想法，"协议应建立在有所补偿的基础之上，交
换应限于有助于加速 S-1 项目发展的那些情报"，以便"不惜一切避免总
统受到指控：毫无远见地使用成百上千万纳税人的钱，或是采取超出赢得
战争目的的行动"。（附件 17）不清楚罗斯福总统在魁北克征求了什么美国
人的意见。是否有任何这样的人值得怀疑。全部已知的是，罗斯福总统签
署了《魁北克协定》，并且如最终签订的那样，它实际与几周前约翰·安德
森爵士在华盛顿向布什博士提出的那个版本相一致。

Ⅲ.《魁北克协定》

《魁北克协定》（附件 18）建立了英美在战时原子能项目方面官方关系
的基础。尽管理论上该协定可能仍然有效，但协定的情报交换部分不再有
效，因为它规定是为了战争目的而进行交换。

A. 联合政策委员会

联合政策委员会是根据《魁北克协定》成立的机构，旨在管理美英加
三方的联合努力。《魁北克协定》任命了该委员会的原始成员。该委员会根
据《魁北克协定》中所描述的指示履行职能。委员会的决定则由委员会的
会议记录记下备案。可以说，战争期间在业务开展方面委员会内部没有严
重的意见分歧。这很大程度上是由于英方意识到美方的巨大贡献。任何时
候，联合政策委员会的决定都未导致偏离美国的计划。

B. 情报交换

《魁北克协定》确定了指导情报交换的基本政策。这些政策基本上是安

排英国科学家参与到我们的某些实验室当中，并且我们为位于加拿大的重水反应堆项目提供某些情报、人员、设备和材料。有关英国科学家个人任务的详细情况由格罗夫斯将军和 J. J. 卢埃林———一名英方代表，做出安排，并且由联合政策委员会加以批准（附件 19）。至于加拿大的项目，一系列指导加拿大团队和美国不同团队之间情报交换的原则，由联合政策委员会下属的一个小组委员会于 1944 年 4 月 6 日制定。该小组委员会成员包括格罗夫斯将军、詹姆斯·查德威克爵士和加拿大的 C. J. 麦肯齐（附件 20）。这两份文件提供了直至 1946 年《原子能法案》出台之前的情报交换框架，除了他们的存在不再有价值，特别是在对日战争胜利之后，格罗夫斯将军催促英国科学家离开美国的设施。

C. 联合开发托拉斯

截至 1944 年春，曼哈顿工程所使用的原材料有三个来源：加拿大、科罗拉多高原和比属刚果。加拿大的原料是品位十分低的沥青铀矿，很难开采且更难以提炼，数量也不是很大。科罗拉多的原料包括品位极低的之前被用于加工钒的尾矿石；由于所含的铀数量少，只为铀成分而开采矿床是一项成本高昂的工作。来自比属刚果的原料包括一家比利时公司存放在这个国家安全保管的一定数量的高品位矿石，以及一些之后从刚果交付的低品位矿石。虽然我们希望并相信我们拥有足够的处于美国控制之下的矿石以确保赢得这场战争，但军事政策委员会认识到，如果我们拥有工厂和知识，但没有原材料，不想在战争结束时处于十分尴尬的局面的话，我们必须增加我们的原材料供应。军事政策委员会认为，如果英国利用比利时流亡政府位于伦敦的优势，或者英国对于比利时政策通常的强大影响力，就能够实现对比属刚果原材料的垄断。届时，美国将处于一种最为不利的处境，即使英方要花一些年去为军事或商业目的开发原子能。尽管曼哈顿工程区已着手安排与比利时矿业公司订立合同，重新开采比属刚果上加丹加地区被关闭的欣科洛布韦矿井并购买出产的全部矿石，但意识到我们从比利时人那里获得独家长期承诺的最佳前景将是通过比利时和英美之间的政府协议。于是，事情被提交给了联合政策委员会，委员会一致同意应与在伦敦的比利时政府谈判缔结一项三方协议。在期待与比利时人顺利完成谈判的同时，美英两国政府打算建立一个对国际协议[①]达成之后签订和管理商

[①] 格罗夫斯将军的说明——第一份合同实际上是协议的一部分。

业合同是适宜的美国－英国的联合机构。在倡导建立这一机构的谈判中，发挥主要作用的人士是，E. C. 贝茨将军（E. C. Betts）协助下的怀南特大使——前者是艾森豪威尔将军的军法署署长[①]，格罗夫斯将军手下的 H. S. 特雷纳少校（H. S. Traynor）——他为此被派往伦敦，约翰·安德森爵士及其助手威廉·戈雷尔－巴恩斯先生（William Gorrell-Barnes）。怀南特先生通过不断的电报与史汀生部长保持联系，而史汀生逐日批准怀南特先生的谈判。在这方面，协助史汀生先生的主要是邦迪先生和格罗夫斯将军。格罗夫斯将军指派了他手下的两名人员——服役前均是律师，起草了一份关于美国总统签订拟议类型的行政命令并适当考虑安全问题的法律权力的简要说明（附件21）。简要说明由小约翰·兰斯代尔中校和威廉·A. 孔索丹少校于 1944 年 3 月撰写。二等兵小约瑟夫·沃尔普（Joseph Volpe, Jr.）以资历较低的身份进行了协助。在简要说明被提交给伦敦的小组之后，托马斯·巴恩斯爵士（Sir Thomas Barnes）——财政大臣的法务官，建议采取普通法的信托形式，该机构被称为托拉斯。这些建议得到了贝茨将军和史汀生部长及其顾问的同意。结果就是 1944 年 6 月 13 日由罗斯福总统和温斯顿·丘吉尔签订的《托拉斯协定和宣言》（附件 22a）。

依据《托拉斯协定和宣言》在华盛顿成立的机构被称为"联合开发托拉斯"，处于联合政策委员会的指导和管理之下，依据协定所规定的政策，对美英领土之外的原材料获取计划进行监管。托拉斯的原始成员是代表美国的格罗夫斯将军（在第一次会议上被选为主席）、乔治·L. 哈里森先生和 C. K. 利思博士（C. K. Leith）；代表英国的查尔斯·汉布罗爵士和弗兰克·李先生（Frank Lee）；代表加拿大的乔治·C. 贝特曼先生（George C. Bateman）。托拉斯运作良好。除了提供助力推动签订各种控制原材料的国际协议之外，它还在世界范围内开展广泛的曼哈顿工程区已开始进行的勘探调查，从事有关提炼和改良低品位矿石的有价值的研究活动。托拉斯获取的全部原材料由联合政策委员会根据《托拉斯协定和宣言》的规定进行分配。

随着战争的结束，英国发现自己处于不利的地位，托拉斯获取的所有原材料都流向了美国，尽管这种流动只是开始。由于他们代表的坚持，在 1946 年 4 月 15 日的会议上，联合政策委员会成立了一个小组委员会。该小

[①]　格罗夫斯将军的说明——怀南特大使和贝茨将军后来都过世了。

组委员会就原材料分配给予了某些建议①，之后得到了联合政策委员会的批准（附件22b）。

D. 英方对《魁北克协定》的违反

1944年下半年，美方得知，在签署《魁北克协定》之前，英方已同法国达成协议，加拿大项目中英方所雇用的法国科学家能够向法国政府的官员传送受到限制的情报。因此，当英国签署《魁北克协定》的时候，它使自己处于这样一种境地，在不违反同我们达成的《魁北克协定》的情况下，它不再有权力履行之前它向法国做出的承诺。

1940年以后，汉斯·冯·哈尔班是作为一名英国公务人员在英国原子项目中从事工作的外国科学家之一。1908年，他作为一名奥地利公民出生在德国的莱比锡；1939年4月，他成为一名归化的法国公民，并且在法国沦陷时从巴黎到了英国。他带来了法国储存的重水、相关的科学文件副本和来自约里奥－居里的一项任务——后者是一位著名的法国科学家、政府所属的国家科学研究中心的负责人，充当法国原子能利益的受托人，特别是与约里奥有利害关系的某些专利权。尽管是非正式的，但这项任务法国政府是了解的。在接受在英国项目中工作的时候，冯·哈尔班就同英国政府达成了一项协议，将某些法国的专利权转让给英方，除了薪水之外，他接受了一份协议，英国将某些专利权重新转让给法国政府。在允许他们以法国政府部门的科学家身份不时访问法国的前提条件下，其他一些法国科学家被英国所雇用。这实际规定了将英国的原子能项目情报传送给法国。在《魁北克协定》签署之前，无论是联合政策委员会、军事政策委员会，还是曼哈顿工程区，都不知道这一安排，虽然美方被告知英方从冯·哈尔班及其一名同事那里获得了某些相关的法国专利权。在局势使得这种情况有必要被披露之前，美方一直不知道英方与冯·哈尔班之间协议的存在。如果保持协议不变，违反《魁北克协定》是显而易见的。

直到签署《魁北克协定》很久以后，英方与哈尔班及其同事的协议才引起我们的注意。问题公开是在1944年11月，当时哈尔班拜访了身在巴黎的约里奥－居里，这得到了英国政府的批准——如果不是在它的怂恿之下

---

① 格罗夫斯将军的说明——在极其勉强的情况下，我默认了小组委员会的协议，仅出于3个原因：（1）国务卿和陆军部长都表示赞成；（2）协议包含这样的说法，"该分配将在不损害随后几年里建立不同的分配基础的情况下进行"；（3）我个人认为，这是当时能够获得的最有利的协议。

的话，主要是讨论他（冯·哈尔班）作为约里奥受托人的行动，特别提到了专利权问题，以及在拥有权限的情况下透露了某些美方提供给英方的高度机密的情报。在英国政府约翰·安德森爵士的坚持下，怀南特大使同意了这次会见，安德森保证，不会泄露任何秘密，但该保证是站不住脚的。在拜访期间，在英方事先同意的情况下①，某些秘密科学情报被提供给了约里奥。虽然在这个国家的英国代表清楚我们的看法和判断，但高层没有对哈尔班事件采取任何行动。在一次与史汀生部长和格罗夫斯将军的冗长会议上，罗斯福总统以阅读和讨论特别报告的方式得知了这件事。他表达的看法是，怀南特大使被骗了。

Ⅳ. 与加拿大的关系

在工程的早期，我们与加拿大的关系是建立在一个纯粹的商业基础之上的。曼哈顿工程区与埃尔多拉多矿业公司（Eldorado Mining and Refining Company）之间达成了提炼一些我们从加拿大之外所获原料的合同，以及从埃尔多拉多公司的矿井采购和提炼原料的合同。此外，我们还达成了在加拿大建造和运行一座重水工厂的合同。后来，在 1944 年 1 月，加拿大政府把埃尔多拉多公司转移到了自己名下。在签署《魁北克协定》的情况下，虽然加拿大没有明确被认定为一个合作事业中的伙伴，但其因为在联合政策委员会当中拥有一名代表成员而获得了更强的地位。当 1943 年底联合政策委员会作为一项合作事业着手发起蒙特利尔研究项目时，从其中发展起了乔克里弗（Chalk River）重水反应堆项目，我们的关系变得更加的紧密。当 1944 年联合开发托拉斯成立时，加拿大也拥有代表成员。正如这份文件后面所指出的那样，英国渴望的战后协议——但没有实现，除资金方面之外，设想了加拿大与美国、英国的全面伙伴关系。

Ⅴ. 关于原材料的国际协议

A. 比利时协议（附件 23）

部分Ⅲ的 C 论述了导致三方协议缔结的事件。比利时外交部长斯帕克

---

① 格罗夫斯将军的说明——《有关违反魁北克协定的事实概要附证据 A 至 I》的报告中完整提到了这件事，国务院档案中有一份该报告的副本。尤其值得注意的是证据 F。

（Spaak）与约翰·安德森爵士、怀南特大使之间的来往信件，实现达成了
1944 年 9 月 26 日的协议。依据该协议条款，比利时政府承诺对比利时主权
下的所有铀矿和钍矿实行控制。比利时政府批准联合开发托拉斯与非洲矿
业公司之间签订的合同，交付指定大数量的氧化铀。在履行完成这一特定
合同之后的 10 年内，在保留合理数量用于自己科学研究的权利得到尊重的
情况下，比利时政府授予美国和英国对于比属刚果出产的所有铀矿和钍矿
拥有优先购买权。一项重要的协约条款的内容如下：

> 在美利坚合众国政府和联合王国政府决定为商业目的而将依据本
> 协议所获得的矿石作为一种能源利用时，上述两国政府将允许比利时
> 政府以平等的方式参与其中。

联合开发托拉斯与非洲金属公司签订了三份合同。第二份和第三份合
同规定交付优先购买权有效日期终止之前——在 1956 年 2 月 15 日前后，能
够开采全部比属刚果的氧化铀。

我们与比利时人的关系是最具合作性的。但是，左翼社会党人和共产
党分子向比利时政府施加了相当大的压力，迫使其公开秘密的协议，旨在
最终废除它，并在表面上出于商业目的而要求对矿石实行国有化。

B. 巴西协议（附件 24）

在曼哈顿工程的工作中，钍的可能价值并不清楚，并且依然未知。但
是，据认为应当就来自世界主要独居石矿床——巴西、荷属东印度和印度
的特拉凡哥尔邦（Travancore）——钍的长期权利做出安排。最后提到的
地点位于联合开发托拉斯覆盖的领土之外；与特拉凡哥尔的谈判由英方
负责。

1945 年 2 月 17 日，在从雅尔塔返回的途中，国务卿斯退丁纽斯[①]跟巴
西政府进行了最初的接洽；瓦加斯总统（Vargas）同意就该问题进行谈判。

1945 年 7 月 6 日，在里约热内卢与巴西签订了含钍原料的协议，代表
巴西的是瓦伦廷·博萨斯先生（Valentim Boucas），而代表美国的是 S. M.
麦卡山先生[②]（S. M. McAshan）。协议从 1945 年 7 月 16 日起生效，并且规

---

① 格罗夫斯将军的说明——得到了我的下属约翰·E. 万斯少校的协助。

② 格罗夫斯将军的说明——得到了我的三名官员的协助，约翰·兰斯代尔中校、约翰·E. 万
斯少校和小约瑟夫·沃尔普中尉。

定，如果可以获得的话，在 3 年内美国以规定的价格每年购买不少于 3000 吨特定质量的独居砂石（含钍）；另外，美国被赋予购买权，购买这一时期内巴西出产的全部或任何的独居石部分或者含钍的化合物。协议进一步规定了连续 10 个每 3 年延长一次协议的自由选择权。这些原料将只交付给美国，或是美国所指定的个人。

在商业的基础上，该协议的处理方式类似于之前美国和巴西之间的战略原料协议。没有提到钍可能的最终利用，只是表示它具有潜在的军事意义，取决于实验的结果。没有向巴西承诺将来在实验成功情况下的特别补偿。

在谈判时，向巴西政府告知了英国政府在任何协议中的权利，签订协议时，英国的弗兰克·G. 李先生在场。

通过代理国务卿（1945 年 9 月 15 日）与英国驻美大使（1945 年 9 月 24 日）交换信件的方式，英国政府承诺，如果巴西、美国和英国共同达成协议，则依据巴西协议所应承担和获得的那样，承担相同的义务，并正式获得相同的权利（附件 25）。

我们最初要求 30 年的协议有效期——并有权续订同样的期限，以及他们做出某种承诺将全部可能数量的含铀原料出售给我们。在英国与巴西达成的协议中，这种要求后来被加以修改，体现拟议的出售最初少量含铀原料的承诺，并且美国和英国在他们以后希望购买时有权购买额外数量的原料。

出于政治原因，瑞典政府拒绝与我们达成任何形式的协议。然而，他们表示，如果这成为联合国家管制的一件事情，那么他们自然会达成任何适当的协议。1945 年 9 月 11 日，瑞典政府递送给约翰逊先生一份照会，承诺获得议会通过立法[①]，禁止出口含铀原料，并表示如果认为有必要或应当改变这种政策，美国和英国将首先被给予机会去商讨如此改变政策的后果，并达成相互满意的安排。外交部长温登先生（Unden）口头表示，在立法通过之前，他的政府将通过拒绝授予许可的方式阻止出口。温登先生还口头同意，他的政府将向我们提供关于铀资源任何想要的情报，以及任何其他国家政府就铀资源与瑞典政府接洽的情况（附件 27）。

---

① 后来通过了这样的法律。

E. 缴获的原料

格罗夫斯将军指示他在欧洲的情报小组，去追回位于敌国或敌占区的所有铀和钍的存货。以往，几乎所有的这种原料都通过购买或夺取落入德国控制之下；铀都来自比利时拥有人之手。1944 年 9 月，情报小组在比利时和法国南部追回了少量吨数的铀盐。在比利时发现的全部原料，在比利时当局知道并同意的情况下，都被运往英国，而在法国发现的原料则被直接运往美国。1944 年 9 月 14 日，联合开发托拉斯召开会议，格罗夫斯将军称，已采取措施去获取盟军在欧洲缴获的全部可能库存的铀和钍。在 1944年 10 月 26 日的会议上，他声称已对上述所缴获原料进行了安置，会议一致同意这样的原料将转入托拉斯的控制之下，可能发生的任何费用将由托拉斯的经费支付。格罗夫斯将军告诉联合开发托拉斯的成员，原料已被美军缴获，但盟国政府对于战利品的处置尚未做出决定，关于所有权（即托拉斯还是美国）的最终决定不能由他做出。

后来在德国找到了大量的原料，并转移至托拉斯安全保存。此时难以确定原始的比利时拥有方——矿业联盟，是否拥有任何的所有权。该公司的高级职员被口头告知，如果证明存在任何这样的权利，公平的解决将在以后做出。经与英国政府协商一致，大部分的原料被运往美国，因为只能在这里进行必要的化学提取和精炼。

在其他占领地区，也采取了类似的做法，但在欧洲之外没有找回任何大数量的原料。

VI. 《海德公园备忘录》（附件 28）

1945 年春，在华盛顿的英方代表开始敦促起草一份有关规定美英战后合作的协议。在这些讨论中——大部分是同格罗夫斯将军，没有提及《海德公园备忘录》，但任何这样的文件都将对问题具有很大的影响。罗斯福总统逝世之后，联合政策委员会中的英方代表提请我们关注备忘录。该备忘录事关英方所称的 1944 年 9 月 18 日罗斯福总统与温斯顿·丘吉尔在海德公园进行的一次谈话。这是第一次我们被告知存在这样的文件。据信，也是第一次告知在这个国家的英方代表。不久之后，在我们的要求之下，威尔逊元帅于 1945 年 6 月 20 日交给史汀生部长一份副本。1945 年 7 月 3 日，史汀生部长要求威尔逊元帅安排提供一份原始文件的影印件供我们永久存档。

此后在 1945 年 7 月 18 日，丘吉尔先生交给史汀生部长一份影印副本。尽管多次搜寻，但在美国档案或美方人员记忆中没有发现任何线索，说明我们曾拥有任何这样原始状态的文件。

对于美英合作而言，这份备忘录是事关重大的，因为存在这样的说法，"在打败日本之后，英美两国政府之间为军事和商业目的开发'管合金'工程的全面合作应继续下去，除非或直到共同协议终止"。在力图延续战争结束之后我们的合作方面，英方赋予了这份文件非常重要的意义。

VII. 拟议的修改协定

1945 年秋，在战争停止之后，英方试图将我们战时的合作延续到战后。他们尤其急于去除《魁北克协定》第 IV 条款对战后英国商业应用所做的限制。美国方面，也有一种认识，即有必要根据战后的形势重新评价秘密的战争时期的《魁北克协定》。1945 年 11 月 1 日，陆军部长帕特森（Patterson）给国务卿写了一封信，鉴于艾德礼首相即将访问美国，敦促国务院特别着手研究这个问题（附件 29）。

1945 年 11 月，艾德礼先生在约翰·安德森爵士的陪同下抵达华盛顿。在所进行的会谈中，总统和国务卿是主要的美方代表。总理麦肯齐·金（Mackenzie King）和皮尔逊先生（Pearson）代表加拿大，哈利法克斯勋爵协助艾德礼和约翰·安德森爵士。布什博士、约翰·安德森爵士和皮尔逊先生（加拿大驻美国大使）是此次会晤最活跃的代表。海军上将李海也在场。

在这些会谈结束时，1945 年 11 月 15 日发表了《杜鲁门－艾德礼－金声明》（附件 30）。此外，决定应指示联合政策委员会起草一份取代《魁北克协定》和《托拉斯协定和宣言》的协定草稿，并确定未来合作的政策；对于约翰·安德森爵士及其顾问同帕特森部长领导的美方小组的一系列会议做出了安排（附件 31）。这些会议期间发生的事情的详细叙述被附加在了附件 32 中。对于想要正确认识背景的人来说，他必须阅读这一附件。普遍一致的意见是，联合政策委员会和联合开发托拉斯应当继续存在，以监督相互同意做出的如此具体的安排，但《魁北克协定》以及《托拉斯协定和宣言》应当被终止，并被一个更适合战后形势的新协议所取代。最终决定事情最好可以这样处理，由总统和英国首相、加拿大总理发表一个简短声明，指出三国应在原子能领域进行合作，联合政策委员会和联合开发托拉斯将继续存在，而联合政策委员会应为此目的考虑和建议恰当的安排。这份声明，被称为《杜鲁门－艾德礼－金声明》①，签署于 1945 年 11 月 16 日（附件 33）。

这份声明不能被孤立看待。它还决定，为了协助联合政策委员会提出建议，将由格罗夫斯将军和约翰·安德森爵士起草一份意图备忘录（memorandum of intention），列出在取代《魁北克协定》的新协议中所应当包含的各个要点。1945 年 11 月 16 日，在帕特森部长办公室的会议结束后不久，起草并签署了这份备忘录，之后《杜鲁门－艾德礼－金声明》才被提交白宫签字（附件 34）。"格罗夫斯－安德森备忘录"的第 5 段，对"全面和有效的合作"做了更充分的定义。这是在格罗夫斯将军的提议下嵌入的，约翰爵士明显愿意表示同意，但遭到其助手之一、英国驻美公使里基茨（Rickets）最强烈的反对。没有这一段，就难以读懂《杜鲁门－艾德礼－金声明》。该段内容如下：

> 5. 在基础科学研究领域，三国之间应进行全面和有效的合作。在工厂的开发、设计、建造和运转领域，原则上被认为适宜的合作应按照联合政策委员会间或批准的互利的<u>特别</u>安排加以执行。

要强调的是，该备忘录仅仅是作为一种一般性的指导意见，而不是作为对于基本政策的一种承诺。与《魁北克协定》主要的不同之处在于，它将加拿大作为一个伙伴包括进来，并且规定所有的原子能原料，不论来源都将由联合政策委员会进行分配。关于情报交换的条款，没有实质性的变动。

在联合政策委员会 1945 年 12 月 4 日的会议上，委员会考虑了杜鲁门－艾德礼－金备忘录以及由格罗夫斯将军和约翰·安德森爵士签署的备忘录。联合政策委员会的会议记录显示，"帕特森法官解释称，在艾德礼先生和约翰·安德森爵士访问期间，没有充足的时间去起草一份正式的文件取代《魁北克协定》。现在的文件意在构成协议要点，以便加以讨论和考虑，而格罗夫斯将军和约翰·安德森爵士之间已起草出了该文件。它属于初步的

---

① 格罗夫斯将军的说明——在帕特森部长的办公室里，约翰·安德森爵士坚持在这份声明的第一句中添加了"全面和"（full and）的话，即使安德森爵士称，在他看来，他们对声明的内容未做任何添加。我强烈反对这种看法，因为我认为，这不是正确地发出美国政策的声音。就我回忆，帕特森部长最终同意应插入这样的话，称在他作为一名律师看来，这没有多大的不同。

工作文件性质。哈利法克斯勋爵认为，该备忘录构成了联合政策委员会应如何执行总统、首相和总理签署的备忘录的第 3 段的一般指导性意见"。

在邦迪先生的助手戈登·阿尼森上尉（Gordon Arneson）1945 年 4 月 17 日的备忘录中，他为陆军部长很好地概括了相关的部分，内容如下（附件 32）：

> ……关于情报交换，（意图）备忘录建议，在基础科学研究领域，应有全面和有效的合作，而在开发、设计、工厂的建造和运行方面，合作——原则上承认是可取的——应受到联合政策委员会做出的特别安排的管理。

当接到杜鲁门－艾德礼－金的指示时，联合政策委员会在其 1945 年 12 月 4 日的会议上任命了一个小组委员会，由格罗夫斯将军、梅金斯先生和皮尔逊先生各自代表美国、英国和加拿大，去起草一份取代《魁北克协定》的新文件。小组委员会召开了数次会议，起草了一份新协议和必要的执行文件，以供联合政策委员会考虑①。1946 年 4 月 15 日的委员会会议记录足以覆盖关于这个问题的讨论。一致意见没有达成，主要是因为美方成员认为，缔结新秘密条约或拟议类型的协定，将直接违反《联合国宪章》的第 102 条。有人认为，不应采取"以任何方式可能危及联合国框架内磋商成功"的行动。于是，国务卿、英国大使和加拿大代表承诺将这个问题提交 11 月 16 日声明的签字者解决。

与此同时，英方正在他们认为对他们拟建的原子能项目成功必不可少的情报问题上施压。他们想得到的实际上是我们所有的开发、设计和生产资料，除了同气体扩散法项目有关的之外。这种资料的范围远远超出了《魁北克协定》、1945 年 11 月 15 日《杜鲁门－艾德礼－金声明》、1945 年

---

① 格罗夫斯将军的说明——尽管小组委员会起草并提交了协议的草稿，但这份草稿在什么对美国是公平的问题上同我的看法不一致。对我来说变得明显的是，在草稿起草期间，英方代表在两方面不愿意贯彻我所理解的被替代文件的最初精神：（1）他们指望在两国开展的工程不应出于共同的利益，而是出于英国的优先利益；（2）他们指望美国向英国提供详细的科学技术情报和帮助，不是为了加强共同的地位，而是加强英国的地位。基于这些原因，我个人非常反对这些文件，同意他们的意见，只是为了避免引起不愉快，而不利于将来的谈判。于是，我向联合政策委员会中的美方成员提出忠告，并提出了可能违反《联合国宪章》的问题，我也是刚刚意识到这个问题。

11 月 16 日他们的说明，或者拟议的新协定的草稿所视为可能的交换范围。"1946 年 4 月 16 日，艾德礼首相发电报给总统称，在他看来，'全面和有效的合作'可能意味着就是全面的情报交换和原料共享。他表示，任何达成的协议都可以通过三国政府首脑下发的并行指示加以制定。"（附件 36）杜鲁门总统在 1946 年 4 月 20 日与艾德礼先生进行了沟通，阐明了美方在这个问题上的立场，并指出，鉴于我们所称的竭力主张通过联合国实行国际管制的意图，我们协助英国建造原子能工厂是不明智的（附件 37）。1946 年 6 月 7 日，艾德礼先生电函总统，针对执行 1945 年 11 月 16 日《杜鲁门－艾德礼－金声明》所提出的"全面和有效的合作"，他提出了强烈的抗议。他坚称，继续合作与我们倡议的国际管制并不冲突，并啰唆地试图证明，作为我们战时有限合作的自然发展结果，全力以赴的战后合作是合理的（附件 38）。1946 年 12 月 17 日，艾德礼先生再次联系总统，努力打破自《麦克马洪法案》通过以来就情报交换而言已形成的彻底僵局（附件 39）。截至 1947 年 1 月 1 日，这个问题尚未得到解决。

VIII. 英方的贡献

英国对于曼哈顿工程工作所做的贡献，按照它们的重要性从高到低排列如下：

A. 官方最高层的激励和支持。

B. 国际镍业公司（International Nickel Company）在威尔士一家工厂生产重要的原料产品。但是，可以由同一家公司在美国的工厂做这件事，尽管必须安装某些设备。

C. 关于气体热扩散法初步的研究和实验室工作。

D. 向我们的某些机构提供极少数的科学工作者。

E. 关于重水潜在价值的某些初步研究。重水事实上从未在美方项目中使用。

F. 提供一些多方面的科学和技术情报。

1941 年底，布里格斯博士领导的国防研究委员会的铀部门当时直接负责美国的工作，决定该工作要么应当中止，要么应当以更大的规模推进，向研究投入数百万美元，（如果研究产生预期的结果）以后将再向生产工厂投入数百万美元。对两份报告进行了研究，一是国家科学院特别评估委员会的报告，一是英方的报告。英方的报告比美方的报告更加乐观。这一事实以及英方团队通过温斯顿·丘吉尔向罗斯福总统所做的陈述，在我们决定扩大我们的实验室工作以致达到 1942 年秋天的程度方面，是一个很重要的因素。没有这种扩大，曼哈顿工程的科学研究和其他工作就不可能在陆军那时已开始负责的期间如此迅速地取得成果。

除了获取裂变材料的四种方法之外，我们最终渡过了难关，进入了生产阶段，我们的实验室还研究了其他十几种方法。英方研究了通过气体扩散法分离 U_{235}，并在 1941 年做出决定，该方法没有实现任何重要的分离。尽管所获得的这方面情报对我们没有积极的帮助，但它确实减少了我们展开努力的可能领域。

在我们工作的后来阶段，英方派遣了大约十几名科学家，包括他们一些顶尖的核专家。在很多情况下，这些人肯定是有帮助的，但是变得很明显的是，他们的首要目的是效仿我们的工作，并从我们这里获得情报。此外，有一些获得有限成就的英国和加拿大科学家，总共不超过 10 人，他们在我们的机构中从事常规的工作。由于我们缺少科学家，即使如此少的人数，也是有帮助的，但是他们的任务美国人能够完成。

在工作初期，英方在英国储存有 50 加仑重水，并在重水的核特性方面开展了一些早期的实验。后来，当我们生产出大量重水时，我们重复进行了这些测算，并获得了更可靠的数值，主要是因为可用于实验的重水数量更大。由于重水没有在我们最终的成果中发挥任何作用，重水方面的工作被证明是对战后科学开发而不是对曼哈顿工程成功的一种贡献。

从英国实验室里获得的科学和技术情报对我们而言价值很小，以至于事实上可以忽略不计。他们最重要的情报，如果不是他们唯一有价值的情报的话，是他们发现某种橡胶是令人满意的扩散工厂的密封材料。由于在英国开展的实验室工作局限于气体扩散法方面，所以他们显然对反应堆、电磁分离法或液体热扩散法没有做出贡献。

总的来说，英国在科学方面的贡献比一般所认为的要小得多。它绝不是至关重要的，甚至事实上是不重要的，从定量的角度评价，其占到总量的 1% 也是对它的高估，其在工程和技术上的贡献实际上为零。即使完全没有来自英方的贡献，我们最终成功的日期也未必会被延误一天，这无疑是真实的。

参考文献

一 官方档案文件

（PREM 3）Prime Minister's Office：Papers concerning Defence and Operational Subjects，1940－1945，Winston Churchill，Adam Matthew Publications，1999.

（CAB 66）UK's Cabinet Office：Memoranda of the War Cabinet and Cabinet，1939－1945.

Bush-Conant Files Relating to the Development of the Atomic Bomb，1940－1945，Records of Office of Scientific Research and Development，Record Group 227，National Archives Microfilm Publications，M1392，Washington D. C.，1990.

Harrison-Bundy Files Relating to the Development of the Atomic Bomb，1942－1946，Record Group 77，National Archives Microfilm Publications，M1108，Washington D. C.，1980.

Correspondence of the Manhattan Engineer District，1942－1946，Record Group 77，M1109，Washington D. C.：National Archives Microfilm Publications，1980.

McJimsey，George，ed.，*Documentary History of the Franklin D. Roosevelt Presidency*，vol. 43：*The Atomic Bomb*，*Development and Diplomacy*，LexisNexis，2009.

Hennessy，Peter，ed.，*Cabinet and the Bomb*，Oxford：Oxford University Press，2007.

二 私人文件和日记

Rutherford，Ernest，*The Collected Papers of Lord Rutherford of Nelson*，vol. 2，New York：Routledge，2014.

Stimson，Henry L.，*The Henry L. Stimson Diaries*，New Haven：Yale University Library，1973.

Weart，Spencer R.，and Gertrud W. Szilard，eds.，*Leo Szilard：His Version of the Facts*, *Selected Recollections and Correspondence*, New York: William Morrow and Company, INC. , 1970.

三 回忆录和传记

Andrade, Edward N. da C. , *Rutherford and the Nature of the Atom*, New York: Doubleday, 1964.

Brown, Andrew, *The Neutron and the Bomb*: *A Biography of Sir James Chadwick*, Oxford: Oxford University Press, 1997.

Fort, Adrian, *Prof*: *The Life of Frederick Lindemann*, London: Jonathan Cape, 2003.

Williams, Francis, *A Prime Minister Remembers*: *The War and Post-war Memoirs of the Rt Hon. Earl Attlee*, *Based on his Private Papers and on a Series of Recorded Conversations*, London: William Heinemann Ltd. , 1961.

威廉·李海:《我在现场：罗斯福、杜鲁门顾问回忆录》，华夏出版社，1988。

温斯顿·丘吉尔:《第二次世界大战回忆录》（第一卷 风云紧急）、（第四卷 命运的关键），南方出版社，2005。

四 专著

Gowing, Margaret and Lorna Arnold, *Britain and Atomic Energy 1939 - 1945*, reprinted, London: Macmillan, 1965.

Rhodes, Richard, *The Making of the Atomic Bomb*, New York: Simon & Schuster, 1986.

Smyth, Henry D. , *Atomic Energy for Military Purposes*, Pennsylvania: Maple Press, 1945.

赫伯特·威尔斯:《获得自由的世界》，太白出版社，2004。

阎康年:《卡文迪什实验室：现代科学革命的圣地》，河北大学出版社，1999。

詹姆斯·马哈菲:《原子的觉醒——解读核能的历史和未来》，上海科学技术文献出版社，2011。

五 期刊论文

Chadwick, James, "Possible Existence of a Neutron," *Nature*, vol. 129, No. 3252, Feb 27, 1932.

Meitner, Lise and Otto R. Frisch, "Disintegration of Uranium by Neutrons:

A New Type of Nuclear Reaction," *Nature*, vol. 143, No. 3615, Feb 11, 1939.

Halban, H. von, F. Joliot and L. Kowarski, "Number of Neutrons Liberated in the Nuclear Fission of Uranium," *Nature*, vol. 143, April 22, 1939.

六　网络文献

杜鲁门总统图书馆 https://www.trumanlibrary.org

图书在版编目（CIP）数据

美英核合作关系资料选编：1940～1945 / 耿志编
. -- 北京：社会科学文献出版社，2019.6
（20 世纪国际格局的演变与大国关系互动研究丛书）
ISBN 978 - 7 - 5201 - 4483 - 4

Ⅰ. ①美…　Ⅱ. ①耿…　Ⅲ. ①核武器问题 - 国际关系
史 - 研究 - 英国、美国 - 1940 - 1945　Ⅳ. ①D815.2

中国版本图书馆 CIP 数据核字（2019）第 047402 号

20 世纪国际格局的演变与大国关系互动研究丛书
美英核合作关系资料选编（1940～1945）

编　　者 / 耿　志

出 版 人 / 谢寿光
责任编辑 / 赵　晨

出　　版 / 社会科学文献出版社·历史学分社（010）59367256
　　　　　地址：北京市北三环中路甲 29 号院华龙大厦　邮编：100029
　　　　　网址：www. ssap. com. cn
发　　行 / 市场营销中心（010）59367081　59367083
印　　装 / 三河市尚艺印装有限公司

规　　格 / 开　本：787mm×1092mm　1/16
　　　　　印　张：18.5　字　数：310 千字
版　　次 / 2019 年 6 月第 1 版　2019 年 6 月第 1 次印刷
书　　号 / ISBN 978 - 7 - 5201 - 4483 - 4
定　　价 / 98.00 元

本书如有印装质量问题，请与读者服务中心（010 - 59367028）联系